Joachim Kaiser   Große Pianisten in unserer Zeit

Joachim Kaiser

Große Pianisten
in unserer Zeit

Stark erweiterte
und überarbeitete Neuausgabe

R. Piper & Co. Verlag
München · Zürich

Bildernachweis

CBS (2) – Electrola (1) – Deutsche Grammophon (3) –
Philips (1) – Phonogram (1) – Teldec (3)

ISBN 3–492–01972–2
2. Auflage, 7.–9. Tausend 1974
© R. Piper & Co. Verlag, München 1972
Gesetzt aus der Garamond-Antiqua
Gesamtherstellung: H. Mühlberger, Augsburg
Printed in Germany

Für den Professor, der meist mithörte

Inhaltsverzeichnis

Vorwort

Wie spielen sie eigentlich Klavier – alle die großen Pianisten, die alten Herren, die fünfzigjährigen Männer und die hochbegabten jungen Leute, die hier und heute auf den Konzertpodien erscheinen, die jetzt ihre Schallplatten herausbringen? Das ist, auf den ersten Blick, ein herrliches, unausschöpfliches Debattier-Thema für Musikfreunde und späte Stunden. Man darf, inmitten einer Welt, die uns wahrlich mit schlimmeren und darum leider wohl auch »wichtigeren« Themen konfrontiert, über unpolitische Kunstdinge nachsinnen, unkriegerische Heroen miteinander vergleichen, von Sonaten und Variationen reden. Doch auf den zweiten Blick stellt sich heraus, daß selbst die so ungefährlich klingende Frage danach, wer die großen Pianisten unserer Zeit sind und wie sie spielen, vermessen ist.

Denn jeder Pianist, der Bach oder Schönberg oder Beethoven spielt – gut oder schlecht, eigenwillig oder zurückhaltend, risikofreudig oder routiniert –, gibt damit, ob er will oder nicht, eine Antwort auf die Herausforderung, die in den großen Werken der Klavierliteratur beschlossen liegt. Keine Komposition ist je gesicherter Besitz. In jedem Konzert fällt eine, manchmal leise, manchmal aber auch laute, vernehmliche Antwort darauf, wie wir mit dem »großen Bestand« fertig werden, ob dieser Bestand noch weiterlebt. Diese Antwort erteilt nicht nur der Pianist, sondern auch das Publikum. Je nachdem, wem es zujubelt, von wem es sich abkehrt, was es sich gefallen läßt oder nicht gefallen läßt, entscheidet es mit. Dabei geht es oft nur um winzige Energien, die aber in ihrer Gesamtheit einen Teil unserer Kultur bedeuten.

Unsere Bestandsaufnahme will sich dem stellen, was heute geschieht, nicht dem Vergangenen oder Wünschenswerten. Nur diejenigen Pianisten wollen wir eingehend zu würdigen und zu charakterisieren versuchen, die in unserem Jahrzehnt leben, Konzerte geben oder Schallplatten einspielen.

Denn man kann nicht ernsthaft so tun, als ob sich im gleichen Tone reden ließe von Franz Liszt und Wladimir Horowitz, von d'Albert und Solomon, von dem Klavierspieler W. A. Mozart und unserem Friedrich Gulda. Das verbietet sich nicht nur deshalb, weil – einem tiefsinnigen Wort zufolge – ein toter Bettelmann vornehmer ist als ein lebender König. Man kann nicht vergleichen: von vielen Großen der Klaviergeschichte gibt es gar keine, von manchen nur höchst undeutliche, nichtssagende »historische« Aufnahmen. Die fast unermeßliche Wirkung, die Eugen d'Albert in seiner Zeit hatte – Harold C. Schonberg beschreibt sie anschaulich in dem Buch »The Great Pianists from Mozart to the Present« (New York 1963; deutsch München 1965) läßt sich auf Grund der Platten, die d'Albert eingespielt hat, beim besten Willen nicht begreifen. Wahrscheinlich hat d'Albert diese Platten zu einer Zeit aufgenommen, als er nicht mehr im vollen Besitz seiner Fähigkeiten war, vielleicht hat er sich auch für das damals relativ unwichtige, verzerrende Medium keine Mühe gegeben. Aus dem merkwürdig unbeholfenen und unrhythmischen Spiel läßt sich jedenfalls nur mit sehr viel gebildeter Einfühlung heraushören, daß ein großer Pianist an der Arbeit war, jemand, von dem alle, die ihn selbst gehört haben, im Tone höchster Bewunderung reden. Aber wenn wir selbst einen d'Albert, den manche Lebende noch hörten und bewunderten, heute nicht mehr »unbefangen« – also auf Grund seiner Konzerte oder Platten – würdigen können, dann sind wir gegenüber einer Sophie Menter, einem Carl Tausig oder einer Clara Schumann noch viel hilfloser, nämlich überhaupt nur auf Beschreibung, Briefe, Kritiken angewiesen. Wahrscheinlich wäre es sogar ungerecht, wenn wir alle die mehr oder weniger unbewußten Hörgewohnheiten, Tempo-Vorstellungen, Stilansprüche und Interpretationsideale, die jeder Zeitgenosse seiner Zeit schuldet, naiv und direkt den Epigonen Liszts oder den Produkten des Wiener Großpädagogen Theodor Leschetitzky entgegenhielten.

Nie wird die Frage zuverlässig zu beantworten sein, ob Wladimir Horowitz Liszts h-Moll-Sonate besser oder schlechter spielt, als Liszt selbst sie spielte. Heutzutage neigen viele Musiker zu der Annahme, »damals« sei längst nicht so perfekt und präzis musiziert worden. Man weiß, daß Clara Schumann die Händel-Variationen von Brahms für unausführbar zu halten schien und daß Werke, die heute jeder Konservatoriumsabsolvent »drauf« haben muß, zur Zeit ihrer Entstehung für unspielbar galten. Allein wenn man die ungeheuer getürmten Schwierigkeiten ermißt, die ein Franz Liszt wohl auch nicht gerade in der Überzeugung in seine Kompositionen hineinbaute, daß niemand sie einigermaßen auszuführen vermöge, dann fragt man sich wieder, ob nicht doch ein Tausig mehr konnte, als ein Cherkassky kann.

Wir wollen sowohl die öffentlichen Konzerte berücksichtigen als auch die Schallplatteneinspielungen. Alle hier gewürdigten Künstler erscheinen ja, von ganz wenigen Ausnahmen abgesehen, immer wieder auf den Konzertpodien der Alten und der Neuen Welt. Die *Schallplatten-Übersetzung* der künstlerischen Leistung soll dabei am Original des lebendigen Konzert-Eindrucks geprüft werden. Heute ist es gewiß keineswegs mehr statthaft, ohne Mithilfe der Schallplatte einen Atlas der Klavierwelt herzustellen. Doch die meisten Schallplatteneinspielungen lassen sich nur dann gerecht würdigen und begreifen, wenn man den betreffenden Pianisten auch »in Natur« gehört, seinen Anschlag erlebt hat.

Oft täuscht die Platte. Edwin Fischer spielte doch fesselnder und schöner, als seine Platten klingen. Der späte Backhaus hat auf dem Konzertpodium eine linde Bewegtheit, eine männliche Innigkeit, von der die Platten kaum etwas verraten.

Dem Einfluß, den Konzertkultur und Schallplatte auf einander haben, soll das Einleitungskapitel gelten. So wird der Leser immer wieder auf Schallplatten hingewiesen werden, von denen man in zahlreichen Schallplattengeschäften behauptet, es gäbe sie gar nicht. Die großen Firmen streichen nämlich alle die Platten, die schlecht gehen oder einem Favoriten im Wege stehen könnten, von den gebräuchlichen Listen – und das oft nicht übermäßig ausgebildete Verkaufspersonal, dessen Bibel in Deutschland der sogenannte Bielefelder Katalog darstellt, macht es schlecht informierten Käufern fast unmöglich, in den Besitz jener Platten zu gelangen, die aus irgendeinem Dispositionsgrund aus dem Katalog gestrichen wurden oder gar nicht erst in ihm erschienen.

Da hier von vielen bemerkenswert guten, wenn auch nicht mit dem Bielefelder Segen versehenen Platten die Rede sein soll und die Bestellnummern gegeben werden, besteht wenigstens die Möglichkeit, daß manche Interessenten ihre Wünsche doch durchsetzen können. (Der Verfasser besitzt Briefe deutscher Musikfreunde, aus denen hervorgeht, daß viele Liebhaber in Not kommen, wenn sie vermeintliche Sonderwünsche äußern.)

Immer wieder habe ich mir die Frage gestellt, ob ein solches Pianisten-
buch nicht spontan-flüchtige Eindrücke ungerecht verfestigt und falsche
Schlüsse daraus zieht, daß Herr X die Appassionata am Freitag, dem
13., besonders langsam spielte, weil er sie im vorausgehenden Konzert
am Mittwoch, dem 11., allzu rasch genommen hatte und dabei an die
Grenzen seiner Technik gestoßen war (was aber der Freitagszuhörer
keineswegs weiß). Ein solcher Einwand ist unabweisbar. Auch läßt sich
nicht verkennen, daß der späte Rubinstein mit dem »frühen« Rubinstein wenig zu tun hat, daß gerade den erstklassigen, wagemutigen
Pianisten eher einmal ein schlechter Abend unterläuft als denen, die
immer nur sichergehen wollen, die sich nie verirren – aber darum auch
kaum je ein lohnendes Ziel erreichen.

Doch wer sich an diesem unvermeidlichen Zufallsmoment stößt und
die Gefahr falscher Fixierung junger Talente nicht in Kauf nehmen
möchte, der hadert in unserem Pianisten-Spezialfall mit Unvollkommenheiten, die sich immer einstellen, wenn Lebendiges und Widerruf-
liches und Wachsendes ins feste Schriftbild geholt werden soll. Zwei
Biographien stoßen zusammen, wenn ein siebenunddreißigjähriger kritischer Musikfreund hört, wie der fünzigjährige Svjatoslav Richter
Brahms' B-Dur-Konzert spielt. Richter hat sich verändert und wird
auch beim nächsten Mal ein wenig anders spielen – und der Hörer
dürfte in zwanzig Jahren seinerseits andere Einsichten und Sehnsüchte
haben. Doch was besagt das? Nichts anderes, als daß im Bezirk der
Kunst Wahrheit ohne den Einsatz von Subjektivität und ohne spezifische Situation kaum gedacht werden kann.

In dem Augenblick, da es um Schauspieler, Dirigenten oder Pianisten geht, da Menschen charakterisiert werden sollen und nicht nur
Werke, die sich von den Menschen ablösten, um ihren eigenen Schick-
salen entgegenzuharren – in dem Augenblick wird der Moment als ein
Symbol verstanden. Das kann niemand ändern oder umgehen. (Und
selbst über die Werke läßt sich wenig »Objektives« sagen, wenn die
Sphäre des ästhetischen Urteils erreicht und die des Meßbaren verlassen
ist.) Immerhin scheint ein allzu herber Triumph des Zufalls doch ausge-
schlossen, wenn man einen Künstler über Jahre hin immer wieder hört,
wenn man die Konzerteindrücke, die trügerisch sein mögen, mit den
Schallplatten vergleicht, die der Künstler eingespielt und freigegeben
hat, so daß sie zumindest verraten, was er will, wennschon nicht, was
er kann. Und schließlich stellt ja ein Konzert auch mehr dar als eine

Summe aus richtigen und falschen Tönen: dahinter steht ein Mensch, der sich treu bleibt, die Identität einer Künstlerpersönlichkeit, die auch in den Extremen nicht ihrem eigenen Gesetz entrinnen kann, selbst wenn sie es möchte.

Das alles klingt vielleicht verstiegen – läßt sich aber sogar technisch konkretisieren. Auch ein erstklassiger Pianist zum Beispiel kann einen rabenschwarzen Abend haben, kann haarsträubend falsch und unmusikalisch spielen. Doch selbst dann wird die rhythmische Gespanntheit da sein. Die Linke wird vielleicht scheußlich, aber nicht dilettantisch begleiten. Und die Rechte wird vielleicht grell oder tot oder besinnungslos phrasieren – aber nicht kitschig, nicht trivial. Der Typus bleibt trotz aller Anfechtungen erhalten. (Und nun warte ich auf Gegenbeispiele . . .)

*

Felix Mendelssohn hat die Bemerkung gemacht, daß Musik keineswegs immer undeutlicher sei als das präzisierende Wort, sondern daß sie manchmal auch viel differenzierter über seelische Zustände rede, als Worte es vermöchten. Es gibt Zwischentöne, an die reicht kein Adjektiv heran.

Wer über Musik und Musiker schreibt, kann entweder versuchen, mit der Sprache doch das Unmögliche zu leisten, oder er kann darauf hoffen, daß zwar nicht ein einziger Satz das Un-Sagbare einfängt, aber vielleicht eine Fülle von Sätzen es einkreist. Der zweite Weg scheint mir gangbarer. Denn allzuleicht gerät man ins Geschraubte, Überdifferenzierte und Nuancenselige, wenn man für jeden Sachverhalt ein neues Vokabular ersinnen will. Nicht auf den einzelnen Feststellungen, Lob- oder Tadelsprüchen liegt das Gewicht, sondern auf dem Zusammenhang, den sie bilden. Natürlich ist manchen unter den besten lebenden Pianisten unserer Zeit manches gemeinsam – Souveränität, die Tendenz zur Neutralität oder zur Manier. Dergleichen darf nicht verschwiegen werden, nur weil es für den Nachbarn auch gilt. Wer ein Buch über Chirurgen schreibt, kommt um den Hinweis, daß A *und* B eine sichere Hand besitzen, kaum herum; wer über Heilige berichtet, muß davon reden, ob es fromme und wahrheitsliebende Leute waren. Es mag schriftstellerisch ergiebiger und amüsanter sein, wenn sie es nicht waren. Doch in der Regel sind sie es.

So lasse man sich nicht von dem Sachverhalt überraschen, daß auch den großen Pianisten vieles gemeinsam ist. Natürlich wollen wir die

Unterschiede genauer ins Auge fassen als die Gemeinsamkeiten. Doch wäre es, wie ich glaube, unredlich, um der Überdeutlichkeit willen zu verschweigen, was die Besten verbindet – und daß es mehr Arten des Pianissimo gibt als Adjektive, sie zu benennen.

Dieses Buch basiert auf einer Interpretationsreihe, die ich im Auftrag des Westdeutschen Rundfunks verfaßte. Ohne die Unterstützung von Karl O. Koch, ohne die liebevollen Hinweise und den Rat von Herrn Dr. Kruttge und Herrn Manfred Gräter wäre es nicht möglich gewesen, das oft gar nicht leicht zugängliche »Hör-Material« zu beschaffen. Ich hoffe, daß wir alle – nämlich die Leser, die Helfer, der wohlmeinende Verleger und der Verfasser – noch so manches Jahr zu Füßen aller der Pianisten sitzen dürfen, denen wir nun voller Respekt auf die Finger sehen wollen.

J. K.
München, den 1. Juni 1965

Sieben Jahre sind keine Kleinigkeit

Vorbemerkungen zur Neuausgabe

In den sieben Jahren, die seit dem ersten Erscheinen meines Buches »Große Pianisten in unserer Zeit« vergangen sind, hat sich viel ereignet: Vorhersehbares, Erwartbares, Überraschendes, völlig Neues. Aber nicht nur die persönlichen Entwicklungen, die Repertoires der großen Pianisten und die Schallplattenverzeichnisse veränderten sich, es kamen nicht nur einige sehr gewichtige junge Interpreten hinzu, sondern im Zusammenhang mit der intellektuellen Kulturrevolution, die über die westliche Welt hinwegrollte, wurde der gesamte Konzertbetrieb so grundsätzlich und massiv wie wohl noch nie in Frage gestellt. Was Anfang der sechziger Jahre nur als individuelle Schwierigkeit etwa von Glenn Gould und Friedrich Gulda verstehbar war, das erweiterte sich zur objektiven Fragestellung.

Alle diese vielfältigen Entwicklungen lassen sich keineswegs, genauso wenig wie das Leben selbst, auf nur einen Nenner bringen. So ist hier, neben allem möglichen Krisenhaften, auch über eine staunenswerte und noch unabsehbare Erweiterung in der Beziehung zwischen Künstler, Werken, öffentlichem Auftreten und Schallplatten-Objektivierung zu berichten: Ich meine damit die zunächst belächelte und gerade von den Fachleuten verspottete, langsam aber doch unübersehbar und wichtig gewordene Rolle der Musikaufzeichnungen und Musikdarbietungen des Fernsehens. Von Martha Argerich, Stephen Bishop, Friedrich Gulda, Wladimir Horowitz und Arturo Benedetti Michelangeli gibt es – um nur einige Namen zu nennen – mittlerweile Fernsehaufzeichnungen, denen interpretationsgeschichtlicher Rang zukommt. Martha Argerich hat etwa vor den Kameras des Westdeutschen Fernsehens und auch im Zusammenhang mit einem Berliner Gala-Auftritt Chopins Mazurken und Liszts Es-Dur-Konzert unvergleichlich besser gespielt als auf ihren DGG-Schallplatten; Stephen Bishops Interpretation der Beethovenschen Diabelli-Variationen scheint, ganz abgesehen von ihrer erlauchten Qualität, ein noch sehr gewagt anmutender Schritt auf dem Wege zu einer phantasievollen, halbwegs adäquaten Musikaufzeichnungs-

Kultur des Fernsehens zu sein. Friedrich Gulda spielt, gleichfalls im Fernsehen, Beethovens G-Dur- und Es-Dur-Konzert durchaus vehementer und spontaner als bei seinen etwas unbeteiligt wirkenden Schallplatten-Aufnahmen mit Horst Stein. Die berühmt gewordene und berüchtigt teure Fernsehaufzeichnung eines »Recitals« von Wladimir Horowitz (mit einer sensationellen Interpretation der Chopinschen fis-Moll-Polonaise, einer sublimen Darstellung der Schumannschen »Arabeske« und einer niederschmetternd virtuosen, geradezu kauzig überlegenen Wiedergabe seiner »Carmen«-Variationen) machte es dem Klavier-Gott möglich, in unsere Wohnzimmer hinabzusteigen: ein Mythos konnte besichtigt werden, Klavierlehrerinnen aller Länder waren sich darüber einig, daß Horowitz zwar eigentlich eine falsche Handhaltung praktiziere, unerlaubterweise aber trotzdem besser spiele als alle Musterschüler mit korrekter Fingerstellung. Und Arturo Benedetti Michelangeli holte vor der Kamera die Eisblumen-Zerbrechlichkeit später, erinnerungssüchtiger Chopin-Mazurken ins sozusagen zeitlose Museum großen Klavierspiels heim.

Nun stellte sich angesichts so vieler neuer Entwicklungen und Einspielungen – gerade das Beethoven-Jahr bewirkte förmlich eine Interpretations-Explosion – die Frage, ob die Struktur und die spezifische Fragestellung dieses Pianisten-Buches überhaupt noch beibehalten werden könnten. Ich entschloß mich zunächst nur zu einer eingreifenden Erweiterung, nicht aber zu einer völligen Neufassung, und zwar aus folgenden Gründen:

Der meist politisch oder radikal-soziologisch vorgetragene, kulturkritisch motivierte Zweifel an der »Konzert-Kultur«, am Sinn der Vermittlung von großer Musik, ja an großer Musik selber, hat nicht nur eine unbezweifelbare Verunsicherung der klavierspielenden Welt zur Folge gehabt, sondern offenbar auch das genaue Gegenteil einer solchen Verunsicherung: nämlich leidenschaftliche, manchmal geradezu fluchtartige, manchmal aber auch sehr bewußt auf den spezifischen Qualitäten großer Musik und großer Interpretation beharrende Spezialisierung. In einer Zeit allgemeiner Verunsicherung wurde nicht nur von den Protestierenden (lauthals und vorübergehend) gegen das oft wirklich abscheuliche, tatsächlich mittlerweile legerer gewordene bürgerliche Frack-Ritual des Konzertbetriebs geschimpft, sondern diese Verunsicherung führte auch dazu, daß viele Verstörte, zumal solche, die mit der modernen Literatur, ihrer ideologisch-propagandistischen Einseitigkeit oder ihrer abstraktionistischen Abseitigkeit nichts mehr anfangen konnten oder wollten, im Bezirk bedeutender Musik noch ein Refugium erspürten. Schallplattensammelei, Discophilie, Interesse für Musik und vergleichende Interpretationssendungen wurden in den letzten Jahren zur weitverbreiteten Sucht, zum »Hobby«, wenn nicht »Kult« einer erstaunlich großen Minderheit! Man kann Chopins Terzen-Etüden eben nicht kommunistisch oder spätkapitalistisch interpretieren. (Als Werk kann man sie vielleicht gesellschaftspolitisch interpretieren, aber man kann sie nicht politisch links oder rechts spielen, sondern nur mit linker und rechter Hand.) So führte die allgemeine Verunsicherung, die auch den Konzertsaal attackierte, gleichfalls dazu, daß Musik und Klaviermusik als heißgeliebte und unpolitisierbare Reservate individueller und objektiver humaner Äußerung mit leidenschaftlicher Anteilnahme »verfolgt« wurden und werden. Auch mein Buch hat von dieser, für mich sehr erfreulichen, Anteilnahme erheblich profitiert. Trotz relativ hoher Auflage ist es seit Jahren restlos vergriffen. Zahllose Leser haben sich mit teils kritischen, überwiegend aber mit lobenden und ergänzenden, Namen und Platten nennenden Briefen zu Worte gemeldet; Übersetzungen erschienen; sachkundige, ausführliche, hauptsächlich positive Rezensionen musikkritischer Kollegen machten den Verfasser stolz und ein Lob aus dem Munde von Arthur Rubinstein sogar glücklich.

Kein Zweifel: gegenwärtig ist manches große Talent im Begriffe, sich vom Klavier abzuwenden. So wehrt sich beispielsweise der glänzende Wiener Pianist Otto M. Zykan dagegen, in Konzerten »klassische Musik« zu spielen, obwohl er sie, privat und schizophren, liebt; seine klare, technisch und geistig gleichermaßen fesselnde Schönberg-Gesamteinspielung beweist darüber hinaus, daß Zykan Schönbergs Klavierwerk moderner, brahms-ferner, klarer und vehementer versteht als etwa der große Schönberg-Schüler Eduard Steuermann und daß dieser unbekannte Otto H. Zykan Schönbergs Opus 11 engagierter und pianistisch »richtiger« zu spielen weiß als der weltberühmte Glenn Gould. Auch der differenzierte und souveräne Komponist und Liedbegleiter Aribert Reimann hält öffentliches Auftreten für »nicht mehr möglich«; glücklicherweise hält er sich nicht immer daran, was er für richtig hält. Wenn solche Köpfe feiern, welch ein Verlust für unseren Staat, könnte man, im Hinblick aufs Klavier-Imperium, mit Schillers König Philipp sagen . . .

17

Doch diese Grundsatzkrise hat, ich deutete es schon an, auch eine offensichtliche Stärkung des musikalischen Widerstands, also der Interpretations-Seriosität, zur Folge gehabt. Daniel Barenboims hier noch ausführlich zu analysierender Welterfolg in den letzten Jahren war ein Welterfolg reiner Musikalität. Der Pianist Alfred Brendel gewann eine neue Qualitätsdimension hinzu, die er als 30jähriger wohl noch nicht hatte und jetzt besitzt: In seinem Falle geschah das seltene Wunder, daß jemand nicht ein Leben lang (trotz mannigfachem Hin und Her) dem »Gesetz, nach dem er angetreten«, verhaftet blieb, sondern wirklich über sich hinauszuwachsen wußte. Auch Martha Argerich und Maurizio Pollini eroberten Neuland. So kann im großen und ganzen die ursprüngliche Struktur dieses Buches beibehalten bleiben: hier sollen nach wie vor zeitgenössische Pianisten gewürdigt werden, die während der sechziger Jahre des 20. Jahrhunderts spielten oder Schallplatten herausbrachten. Man möge es dem Verfasser verzeihen, daß er dabei nunmehr einige Inkonsequenzen in Kauf zu nehmen bereit ist. Nach Vollendung des Buches starben Elly Ney (1968) und Wilhelm Backhaus (1969). Die Platten des krank darniederliegenden britischen Pianisten Solomon mögen hauptsächlich bereits während der fünfziger Jahre eingespielt worden sein. Doch wäre es nicht unmenschlich korrekt-konsequent, auf diese drei Künstler, die doch alle noch während der sechziger Jahre lebten – und im öffentlichen Bewußtsein lebendig waren! –, nun im Namen eines strengen Gegenwärtigkeits-Prinzips zu verzichten?

In unserer Neufassung mußten die meisten Monographien verändert oder erweitert werden: Horowitz' neue Entwicklung, Guldas große Kassetten, Wilhelm Kempffs Schubert-Gesamteinspielung, Wilhelm Backhaus' letztes Konzert wenige Tage vor seinem Tod. Wichtig sind die »Neuen«, vor allen: Daniel Barenboim, aber auch Jean-Bernard Pommier und André Watts. Das Schallplatten-Verzeichnis bedurfte einer gründlichen Revision. Und der Einleitungs-Essay »Konzertkultur und Schallplatte« mußte weitergeführt werden. Er heißt jetzt: »Konzertkultur, Schallplatte und Fernsehen«.

Die hier vorliegende Erweiterung kann natürlich nicht endgültig sein. Ich hoffe, auch mit diesem Buch die Anteilnahme der Leser zu erreichen, arbeite gerade daran, wie sich die Klaviersonaten Ludwig van Beethovens im Licht traditioneller und gegenwärtiger Interpretation ausnehmen. Es ist mir klar, daß in neuer Darstellungsform auch der bemerkenswerten Bereicherung unserer überraschend aktivierten Klavierliteratur sorgfältig und zusammenfassend Rechnung getragen werden müßte: Wenn während weniger Monate gleich mehrere Einspielungen sämtlicher Skrjabinscher Klaviersonaten erschienen (John Ogdon; vorzüglich: Michael Ponti; weniger gut: Roberto Szidon), wenn es fast ein halbes Dutzend neuer Ravel- und Debussy-Kassetten gibt, wenn die moderne Klaviermusik nicht mehr nur die Domäne der hochspezialisierten Kontarsky-Brüder ist, dann muß allmählich auch ein Weg gefunden werden, solche Entwicklungen zu benennen. Und ein Weg, diese Entwicklungen, wie ich es mit aller großen Musik zu tun mich bemühe, auch auf ihre Wahrhaftigkeit, ihre Notwendigkeit und ihre Schönheit hin »abzuhorchen«.

J. K.

München, den 1. März 1972

Konzertkultur, Schallplatte und Fernsehen

In Mitteleuropa wundert man sich nicht darüber, in einer Schule, einem Gemeindesaal, einem Wirtshaus, an Bord eines Personendampfers oder in einer bürgerlichen Wohnung – auf ein Klavier zu stoßen. Man kann hier keine Rundfunkzeitung aufschlagen, keine Litfaßsäule überfliegen, keine Konzertvorschau studieren, ohne auf Klaviermusik und Pianisten gelenkt zu werden. Die Zeit, da Klavierstunden für höhere Töchter ein »Muß« waren wie die Tanzstunde, ist zwar mitsamt den höheren Töchtern dahin, aber sie wirkt noch nach. Auch heute hat das Klavier – trotz unserer Dreizimmerwohnungs-Zivilisation, die alles Üben und Klimpern zur beinahe unzumutbaren Belastung für Familienangehörige und Nachbarn macht – seine große, interessierte Gemeinde. Klavierlehrer sind nicht brotlos, Nachwuchs drängt auf die Podien, Klaviernoten und Klavierplatten sind gut verkäufliche Ware. Niemand findet etwas dabei, wenn in den Tageszeitungen spaltenlange Berichte über die jüngste Interpretation der Wanderer-Fantasie durch Herrn X stehen.

Abend für Abend kommen in den kleinen und erst recht den großen Städten unseres Kulturkreises festlich gekleidete Menschen in Konzertsälen zusammen – nicht so viele, wie zu einem Fußballspiel, aber manchmal doch zweitausend und mehr –, um einen Pianisten zu hören. Gewiß: daß man sich festlich kleidet, wenn man ein Konzert hören will, ist dem Mitteleuropäer selbstverständlicher als etwa dem Engländer – obschon die freie bürgerliche Konzertkultur sich in Großbritannien bereits zu Beginn des 18. Jahrhunderts etablierte, während sich in Deutschland und Österreich erst seit der Mitte des 18. Jahrhunderts die »regulären« Konzertveranstaltungen einbürgerten.

Es gibt also eine mehr als zweihundert Jahre alte Konzertkultur. So kommt es, daß heute in Wien oder München ein halbes Dutzend mehr oder minder brauchbarer Konzertsäle zur Verfügung steht, während beispielsweise in Athen, von wo immerhin die Kultur des Abendlandes ausging, selbst namhafte Künstler in Kinos spielen müssen. Nichts versteht sich von selbst, wo die uns selbstverständliche traditionelle Konzertkultur fehlt. Ich hörte in Athen einmal die treffliche Rena Kyriakou Beethovens c-Moll-Sonate op. 111 in einem Kino darbieten. Technisch einwandfrei, aber die Künstlerin hatte offenbar nicht den Schatten einer Ahnung, woran sie gerade die Hand legte. Die Rückungen der Maestoso-Einleitung, die ekstatischen Akzente, die langen Atempausen: alles das sagte der Dame mit den schwer arbeitenden Fingern nichts. Doch die wenigen Zuhörer im Kinoparkett (es waren nur die vordersten Reihen besetzt mit meist Auswärtigen und Botschaftsmitgliedern, hinten im Saal verteilten sich ein paar Einheimische) schienen nichts zu vermissen. Bei der 32stel-Variation der Arietta kam die Künstlerin in Feuer: die schwarzen Haare flogen, die Technik glänzte, aus einer wohlvorbereiteten Pianistin wurde eine Athena Promachos, eine siegende südliche Göttin. Es ist beunruhigend, sich vorzustellen, daß wir vielleicht die klassischen griechischen Tragödien genauso verfehlen.

Kehren wir von dieser athenischen Modulation wieder zurück zu unserem Thema: zur mitteleuropäischen Konzertkultur, die sich mittlerweile über einen großen Teil der Welt ausgebreitet hat. Diese Konzertkultur ist kein Geschenk; sie will erworben, bewahrt und verteidigt sein. Denn manchmal scheint es auch hierzulande, als gehöre die noble, individuelle, gesellige Lust am Klavier und seinem einzelgängerischen Ausdruck einer versinkenden Epoche an. Man braucht sich dabei gar nicht die immer besonders exaltiert und anachronistisch wirkende Zuhörerschaft etwa von Chopin-Abenden zu vergegenwärtigen, wo erlesene Toiletten, rhetorisch rote Haare und flammend verfallene Augen den Ästheten an Dekadenz, den Mediziner eher an Morphium denken lassen. Man könnte auch argwöhnen, daß im Zeitalter der zwar noch verbreiteten, aber eben doch bedrohten Hausmusik, der Schallplattenkultur und der Massenmedien das notwendige Interesse für etwas lockerer gespielte Oktaven oder etwas sensibler begriffene Pralltriller im Schwinden, gewissermaßen die Marotte einer aussterbenden Kaste sei. Aber das Konzert selbst stellt eine vielgeliebte, notwendig anachronistische Form öffentlicher Kunstübung dar. Diese Form dürfte erhalten bleiben, solange Bachs Fugen, Beethovens Sonaten, Chopins Etüden und Brahms' Intermezzi noch Bestandteile unseres geistig-musischen Seins sind und persönlich-spontane Auslegungen provozieren.

Während die Arbeitsteilung in weitester Form, das Prinzip des Teamworks, nicht nur in die technischen, sondern auch in die geisteswissenschaftlichen Fächer drängt, ist der Pianist – wie der Dirigent – großer Einzelner geblieben. Immer, wenn ein einsamer Interpret am Flügel gegen ein Werk, ein Orchester und ein Publikum antritt, umgibt ihn darum eine Aura – so wie der Dirigent oft genug etwas vom beschwörenden Medizinmann hat. Das ist kein Zufall. In welcher Reproduktionssparte noch hängt alles so sehr vom einzelnen, seinem Empfindungs-, Gestaltungs- und Dispositionsvermögen ab wie beim Klavierspiel? Selbst der Sologeiger, selbst die Primadonna brauchen im allgemeinen einen Begleiter oder ein Begleitorchester. Auch die Dirigenten, so einsam und groß sie manchmal scheinen wollen, wären ohne den Widerhall eines lebendigen Orchesters tot. Nur der Pianist – und natürlich in entscheidend anderer, viel weniger sichtbarer, konzertanter und individueller Weise auch der Organist – ist ganz auf sich gestellt, bietet im Zeitalter des Teamworks, der Arbeitsteilung und vielfacher Absicherung das Bild des heroischen, großen, auf sich selbst gestellten Subjekts. Er hat etwas vom einsamen Helden, vom Gladiator. Solange dieses »Subjekt« noch für sich zu interessieren vermag, solange man seinen Jubel und seine heimliche, das heißt bis zur letzten Reihe hin hörbare Träne noch vernehmen will, so lange wird es Klavierabende geben.

Mit dieser einsamen Selbständigkeit des Klaviers mag zusammenhängen, daß die Tasteninstrumente seit den Tagen von Johann Sebastian Bach den Intimbereich vieler großer Komponisten darstellen. Mozart, Beethoven, Schubert, Schumann, Chopin, Liszt, Brahms und Reger traten als Klavierspieler hervor. Sie schrieben alle mithin »für sich selbst«, machten das Pianoforte zum Ort ihrer persönlichen Experimente. Beethoven war auf dem Klavier seinem Komponieren gleichsam voraus; er hat bestimmte formale und dynamische Bezirke in der Pathétique, der Mondschein-Sonate und der d-Moll-Sonate op. 31,2, also zuerst auf dem Klavier, ausprobiert. Die überwältigenden, mit diesen Klavierentdeckungen zusammenhängenden Neuerungen des symphonischen Ausdrucks oder der Streichquartett-Polyphonie kamen jeweils später. Bei Brahms war es nicht anders. Seit Chopin, Liszt, d'Albert und Rachmaninow gibt es zudem den Typus des großen und geistvollen Komponisten und Virtuosen. Es war höchst folgerichtig, daß der berühmteste aller Pianisten, nämlich Franz Liszt, auch die

Form des Soloabends einführte, nachdem man vorher (allzu) bunte Programme bevorzugt hatte, die Sänger, Orchester und Instrumental- solisten nacheinander auftreten ließen. Der Klavierabend, gar der einem einzigen Komponisten gewidmete Klavierabend, mußte »er- kämpft« werden. Heute macht mitunter ein (allzu) braver Stilwille aus dem Programm manchmal ein Exerzitium. Abwechslung braucht nicht immer gleich Stillosigkeit zu sein. 1835 war es allerdings noch möglich, daß Liszt den Parisern zum erstenmal Beethovens Mond- schein-Sonate vorführte, dabei aber nur den zweiten und dritten Satz auf dem Flügel spielte. Das einleitende Adagio, dem die cis-Moll- Sonate wohl ihren Namen verdankt, wurde damals von einem Orche- ster vorgetragen. Das Liszt-Zeitalter ist versunken. Wenn man die große Rolle erwägt, die das Klavier für Komponisten und Virtuosen des 19. Jahrhunderts spielte, dann ist auffallend, wie entschieden die Komponisten des 20. Jahrhunderts vom Klavier abrückten. G. Mahler, Strawinsky, Richard Strauss, Webern und Berg haben wenig Klavier- werke hinterlassen. Oft, zumal bei Strawinsky, nehmen die spärlichen Klavierwerke den Charakter von Pflichtstücken an. Auch bei Hinde- mith spielen die Tasten keine zentrale Rolle, bei Schönberg gleichfalls nicht. Nur Prokofieff und Bartók – die ohnehin eher der »gemäßigten Moderne« zuzurechnen sind – schrieben zahlreiche effektvolle Sona- ten, Stücke und Konzerte für ihr Lieblingsinstrument.

Für manche modernen Komponisten klebt möglicherweise am Kla- vierton zuviel »Salon«, zuviel spätromantischer Titanismus. Die Bevor- zugung des Orchesters oder des kleinen Bläser- beziehungsweise Strei- cherensembles mag auch damit zu tun haben, daß selbst begabte Ama- teure heutzutage nicht imstande sind, Klavierkompositionen des 20. Jahrhunderts – seien sie nun von Schönberg, Křenek oder Boulez – sinnvoll zu spielen. Die zeitgenössische Klaviermusik kann also nicht mehr mit jenem Unterbau von talentierten und interessierten Laien rechnen, der für Bach oder Brahms selbstverständlich gewesen sein muß. Der Anreiz, Klaviermusik mit dem Ziel zu komponieren, daß sie »populär« werde (so wie einst Chopins Es-Dur-Nocturne op. 9,2 zum Schlager wurde), existiert nicht mehr. Nur Hindemiths Sonaten und ein paar Arbeiten von Debussy, Ravel und Bartók sind in be- trächtlicherem Umfang über den Zirkel der Fachleute hinausgedrungen.

Man muß also folgendes für gegeben nehmen: Die manchmal ana- chronistisch wirkende öffentliche Konzertkultur bietet in unserer

Gegenwart nach wie vor die Auseinandersetzung des großen »Einzelnen« mit dem Riesenstoff überkommener Klaviermusik. Moderne Kompositionen werden in durchschnittliche, mittlere Klavierabendprogramme nur ausnahmsweise hineingenommen. Das Renommee eines Pianisten hängt davon ab, wie er das 18. und vor allem das 19. Jahrhundert bewältigt. Für Modernes gibt es einige vorzügliche Spezialisten. Von jenen Werken abgesehen, die mit eindeutig pädagogischer Tendenz geschrieben wurden, gehört die Klaviermusik des 20. Jahrhunderts nicht zum eisernen Bestand der Hausmusik. Das kann sich ändern. Doch da die Bereitschaft, viel Zeit und Energie an Hausmusik zu wenden, eher nachläßt, ist fraglich, ob die schwierigen Stücke der letzten Jahrzehnte je integriert werden.

Mögen aber alle an der Konzertkultur Beteiligten noch so »willig«, die pädagogischen Tricks noch so ausgeklügelt, die Techniken des Zusammenschneidens und Manipulierens von Tonbändern noch so fein, die allgemeinen Voraussetzungen noch so günstig sein: der ganze Musikbetrieb hat eine leere Stelle, auf die alles blickt. Es ist die optimale Interpretationsleistung, von einem einzelnen zu bestimmter Zeit vollbracht. Nichts kann diesen einzelnen ersetzen, sein Fehlen bemänteln.

Die Virtuosen, die großen interpretierenden Virtuosen unserer Zeit füllen eben diese leere Stelle aus. Es ist unter feinsinnigen Kunstfreunden üblich, vom »Virtuosen« abfällig zu sprechen, so als ob man auch nur einem einzigen derjenigen, die über ein oder mehrere Jahrzehnte tonangebend zu spielen wissen, vorwerfen könnte, er wäre nichts als »rein virtuos«. In Wahrheit besitzen die Großen, die nicht nur von einer Mode hochgetragen wurden, einem wohlgefälligen Äußeren oder einem anekdotischen Umstand, sämtlich auch interpretatorische Originalität. Jedes Publikum ist ja zugleich naiv begeisterungsfähig und naiv grausam. Es neigt zur mechanischen Bewunderung ebenso wie zum mutwilligen Verrat: »X hat nicht gehalten, was sein Anfang versprach«, »früher hatte Y's Spiel mehr Glanz«, »Z ist steril geworden«: In solchen Sätzen schwingt eine oft unbewußte Zerstörungslust mit. Beständiger Ruhm festigt sich nur, wenn er diese Zerstörungslust übersteht. Die Gladiatoren müssen nicht nur spielen, sondern auch kämpfen. Sie setzen sich, so will es das Raubtier Publikum, ein.

Die Virtuosen erfüllen ein elementares Bedürfnis. In ihnen muß sich Sensibilität mit grob-gesunder Konstitution verbinden. Sie bereisen die Kontinente und sollen – hundertmal im Jahr oder mehr, und das über die Jahrzehnte hin – zugleich den objektiven Stand höchster Interpretationskultur und darüber hinaus etwas ganz Persönliches, Unverwechselbares bieten. Was für ein Leben! Sie alle können viele Sprachen, kennen die Manager, die Mächtigen, die Hotels und die guten Restaurants, sind Bewunderung gewöhnt. Rubinstein hat gestanden, er beginne sich zu langweilen, wenn er sich zu lange an einem Ort aufhalte – offenbar brauchte er die Abwechslung des ständig neuen (neu zu erobernden) Publikums. Arrau, der innerhalb weniger Wochen in Japan, wo angeblich das Beethoven-Publikum so gut ist, in Amerika, London, München und dann wieder in London konzertiert, findet, nur ständige Luftveränderung sei erfrischend, sie halte die Physis spannkräftig und gesund. Zwar können die Weltberühmten nicht mit blinder Begeisterung rechnen. Aber die Bereitschaft, sich begeistern zu lassen, dürfen sie bei ihrem Publikum voraussetzen. Sie müssen dafür den ganzen, absoluten Einsatz leisten. Es gibt dafür kein diskreteres, weniger knalliges Wort. Schon »Hingabe« klänge zu passiv. Rubinstein hat gesagt, wenn der Pianist im Konzert nicht ein paar Tropfen Blut und ein paar Pfund verlor, dann war das Konzert nicht gut. Das ist kaum eine Übertreibung: Ich habe erlebt, wie Walter Gieseking sich in Frankfurt gleich am Anfang von Tschaikowskis b-Moll-Konzert verletzte und auf allmählich rot werdenden Tasten das Fortissimo-Stück zu Ende brachte. Der alte Cortot stand derartige Strapazen nicht mehr durch. In London verlor er bei Chopins f-Moll-Konzert (das er tausendmal gespielt hatte) den Faden, es kam zum sogenannten »Schmiß«. Aber Cortot deutete mit generösen Gesten an, daß er schuld habe, daß nicht die begleitenden Orchestermusiker versagt hätten, sondern er selbst.

Die Nerven müssen aus Eisen sein. Viele halten das nicht aus, nicht durch. Wenn Arturo Benedetti Michelangeli, vielleicht der talentierteste Pianist seiner Generation, spielen soll, verzweifeln die Konzertunternehmer. Mögen die Vorbereitungen noch so exakt, die Karten noch so teuer sein: er wird doch absagen, so daß manche Veranstalter jubilieren, wenn er gleich resigniert und es gar nicht erst zu umfangreicher Vorarbeit kommen läßt. Der phänomenale Wladimir Horowitz trat nach jahrelanger depressiver Pause endlich wieder einmal öffentlich auf. Die New Yorker standen eine Nacht lang an für Karten zu einem Klavierabend! Das war eine Sensation – kaum jemand hatte noch

damit gerechnet, Horowitz wieder zu hören. Byron Janis, Horowitz'
einziger prominenter Schüler, fragt vor Konzerten, die er geben soll,
nervös beim Wetterdienst an. Wird es regnerisch, dann klingt der Flügel unbrillant und stumpf. Der junge Glenn Gould ist beispiellos
exzentrisch, von Krankheiten geplagt, von Zerstreutheiten und Kreis-
laufinsuffizienzen gezeichnet, er spielt selten und offenbar nicht mehr
sehr gern. Selbst ein so ruhiger, anscheinend unanfechtbarer Mann wie
Wilhelm Backhaus drohte, nachdem törichte Verehrer ihm aus der
Hamburger Musikhalle seinen Klavierstuhl gestohlen hatten, er werde
nie mehr in Hamburg spielen – und er werde vielleicht überhaupt
nicht mehr spielen. Glücklicherweise machte er diese Drohungen nicht
wahr.

Wir wollen hier nicht den Nachweis führen, daß alle bedeutenden
Künstler Sonderlinge seien. Wohl aber läßt sich dieser Aufzählung
entnehmen, was für ein spannungsvoller, gefährlicher und belasteter
Beruf das Virtuosen-Dasein ist. Man muß Ehrfurcht haben vor jenen
oft körperlich so schwach und zart wirkenden Heroen, die von der
mühseligen Leidenschaft und Lebensaufgabe besessen sind, sich den
Meisterwerken, den Ansprüchen der Gegenwart und einer ebenso auf-
dringlichen wie ungreifbaren »Weltöffentlichkeit« auszusetzen.

Unsere Konzertkultur kann, sowohl im Hinblick auf die historischen
Umstände ihrer Entstehung als auch auf ihre Art und ihren Anspruch,
bürgerlich genannt werden. Seit etwa zweihundert Jahren besteht sie
– seit die Musiker sich nicht mehr selbstverständlich als Angehörige
einer alten Zunftordnung fühlen, in der die Bezüge fest geregelt waren,
sondern zum Privatunternehmertum mit freier Konkurrenz und freier
Erwerbsmöglichkeit tendieren; seit das Publikum gegen Entrichtung
eines Eintrittspreises sowohl in die zunächst halbprivaten Hauskon-
zerte und Vereinsveranstaltungen als auch in die öffentlichen Konzerte
freien Zutritt hat. Wahrscheinlich hat es während dieser zweihundert
Jahre keinen größeren musiksoziologischen Einschnitt gegeben, als
ihn die Verbreitung von Rundfunk und Schallplatte darstellt. Inter-
pretationsleistungen sind jetzt omnipräsent. Wenn man will: demokra-
tisiert. Die Veränderung läßt sich in Zahlen ausdrücken – doch die
Quantität hat tiefgreifende qualitative Folgen. Die Konzertkultur
steht nicht mehr allein. Zugleich hat sie sich, weil Hörsituation und
Hörbewußtsein nicht unberührt bleiben konnten, gewandelt.

Zunächst muß man sich die Tatsache vor Augen halten, daß sogar in

Deutschland – wo jemand, der als seinen Beruf »Musiker« angibt, der sich etwa als Klarinettist in einem Orchester bezeichnet, genauso selbstverständlich geachtet und akzeptiert wird wie jemand, der sich in Frankreich »Schriftsteller« nennt, was hierzulande wohl immer noch die Assoziation brotlosen und unzuverlässigen Literatentums auslöst (man verheiratet seine Tochter lieber mit einem Bratschisten als mit einem »Autor«) – der Besuch eines Symphoniekonzertes lange Zeit das mehr oder weniger selbstverständliche Privileg gebildeter Bürger war. Noch vor dem Ersten Weltkrieg hat Paul Bekker die Nachteile dieses Zustands mit klassenkämpferischem Pathos beschrieben: »Das wahre, zu schöpferischer Mitarbeit befähigte Publikum«, so meinte er, »steht noch draußen vor den Türen. Es muß sich entweder mit Volkskonzerten abspeisen lassen oder es bleibt, unvermögend, dieser Art des Musikbetriebes einen zur Mitbetätigung drängenden Anreiz abgewinnen zu können, teilnahmslos beiseite.«

Wir wollen nicht zu sicher sein, daß die von Bekker beschriebene Kluft sich schon geschlossen habe. In England etwa meidet anscheinend auch heute noch ein klassenbewußter Proletarier Konzerte oder die dort als »Recital« bezeichneten Soloabende: da gehöre er nicht hin.

Solche soziologisierenden Unterstellungen wirken immer recht vage und provozieren Gegenbeispiele. Aber vergessen wir, berauscht vom Idol des freien Zutritts, nicht zu schnell, in wie hohem Maße der Konzertabend ritualisiert scheint? Man muß »eingeweiht« sein, um sich hinzutrauen. Man muß vieles für selbstverständlich und für gegeben halten. Man muß zum Beispiel wissen, wie man sich für einen Opernabend oder ein Kirchenkonzert kleidet, wann man klatscht, was eine Kadenz in einem Instrumentalkonzert ist. Man muß daran gewöhnt sein, eine Bruckner-Symphonie lang nicht zu rauchen, eine Generalpause als Ereignis zu begreifen und nicht als Nichts. Man muß wissen, was eine »Zugabe« ist, warum die Solistin, wenn sie sich dem Beifall stellen darf, nicht nur dem Dirigenten, sondern auch einem Geiger und einem Cellisten (nämlich den Konzertmeistern) die Hand schüttelt. Natürlich: man *muß* das alles keineswegs wissen. Es geht auch so. Aber wer es nicht weiß, wer nicht eingeführt ist in diese Riten – der dürfte sich doch ein wenig so fühlen, als ob er einem Spiel zusähe und zuhörte, dessen Regeln er nicht kennt. Ob das viel Spaß macht? Ob L'Ingénu wirklich nach einer Wiederholung eines solchen Konzertabends lechzt?

Musikfreunde ahnen meist gar nicht, wie vieles ihnen selbstverständlich ist. Als John F. Kennedy den Cellisten Pablo Casals, den Pianisten Mieczyslaw Horszowski und den Geiger Alexander Schneider zu einem Konzert ins »Weiße Haus« lud, das am 13. November 1961 vor einer illustren Zuhörerschaft stattfand, da klatschte man nach jedem der vier Sätze des Klaviertrios in d-Moll von Mendelssohn, sogar nach dem langsamen. Doch offenbar hatten die Applaudierer dabei das berechtigte Gefühl, irgend etwas sei nicht ganz in Ordnung. Denn am Schluß klang der Beifall freier, als es die schüchternen Bekundungen unbefangener Anteilnahme während des Stückes gewesen waren.

Was aber hat sich verändert, seitdem der Rundfunk und die Schallplatte sich ins Musikleben drängten? (1962 wurden allein in der Bundesrepublik 5,7 Millionen Langspielplatten sogenannter E-Musik – also angeblich »ernster«, »klassischer« Musik – verkauft.) Die Antwort klingt radikal: In unserem Verhältnis zur Musikinterpretation ist nichts unberührt geblieben. Diese Veränderung hat die passiven, die nicht-ausübenden, sondern nur zuhörenden Musikfreunde genauso ergriffen wie die musizierenden Dilettanten, die professionell Beteiligten (Manager, Organisatoren, Lehrer, Musikschriftsteller, Kritiker) und die Künstler selbst.

Es existiert heute eine erstaunlich große, wenn auch schwer faßbare Schicht von Interessierten, deren Beziehung zur Musik nur durch die Schallplatte hergestellt wird. Auf dem Lande und in kleinen Städten, wo nur wenige oder nicht allzu reizvolle Konzerte stattfinden, leben wohlinformierte Schallplattenfreunde und -sammler (oft mit Bandapparaturen zum »Mitschneiden« wiederholungswürdiger Rundfunkdarbietungen ausgestattet), für die das »Plattenhören« Regel ist und das Konzert seltene Ausnahme – wenn sie überhaupt noch in Konzerte gehen. Auch in Großstädten gibt es viele, die der Unbequemlichkeit des Konzertbesuchs ausweichen, die sich aus gesundheitlichen, finanziellen oder ästhetischen Gründen auf den privaten Genuß sogenannter »Musikkonserven« beschränken. Je mehr sie sich ans Plattenhören gewöhnt haben, desto schwerer wird oft die Umstellung, wenn sie es doch einmal mit dem Konzerteindruck und seinen Unvollkommenheiten versuchen. Der Nachbar hustet, der Vordermann bewegt sich, der Künstler verspielt sich, das Werk wird durch Beifall, schlechte Akustik, endlosen Hin- und Rückweg belastet. Lieber verharrt man im reinen, imaginären Museum der Bänder, Platten und Rundfunkkonzerte.

Diese große Gruppe existierte vor dem Auftauchen des Grammophons und des Rundfunks natürlich nicht.

Aber auch die Musikfreunde, die immer noch – und zunehmend – fasziniert sind vom festlichen »hic et nunc« des Konzertes, die spüren, wie wenig die obertonreiche Klangfülle zumal eines Orchesters sich im viel zu kleinen Wohnzimmer oder Studio selbst von der raffiniertesten Apparatur reproduzieren läßt: auch sie hören jetzt, beeinflußt durch die Schallplattenerfahrung, im Konzert anders zu. Und die Künstler spielen in dem Bewußtsein, an den Schallplatten der Konkurrenten gemessen und mit den eigenen Schallplatten verglichen zu werden.

Diese Beobachtungen scheinen auf etwas ziemlich Selbstverständliches hinauszulaufen: das an Schallplatten gewöhnte Publikum ist aufgeklärter. Es hat überall eine genauere Vorstellung vom Möglichen als früher: Höchstleistungen sind beliebig verfügbar. Jetzt kann selbst im entlegenen Provinzort nicht mehr die »führende« Klavierlehrerin oder der herrschende Kapellmeister unangefochten bestimmen, was als gut und richtig zu gelten habe, wie es früher so oft der Fall war. Solche Schallplattenaufklärung bringt mit sich, daß »Ruhm« nicht mehr allein durchs persönliche Auftreten erworben werden kann. Manche Künstler haben über die Schallplatten ihr Publikum gewonnen. Sie hatten in manchen Städten schon bei ihren Debüts voller Häuser (Fischer-Dieskau, Van Cliburn, Herbert von Karajan). Doch darf man diesen Echoeffekt der Schallplatte nicht überschätzen. Auch heute noch fällt die erste und wichtigste Entscheidung über den Rang und die Qualität eines Künstlers wohl doch in der Öffentlichkeit, angesichts der Öffentlichkeit des Konzertsaals. Wenn ein durchs persönliche Auftreten in Musikzentren oder Hauptstädten erworbener Ruhm sich dann durch die Schallplatte erweitert und vervielfacht, ist etwas hinzugekommen, aber nichts Entscheidendes hat sich geändert. Liszt und Paganini konnten auf ihren Deutschlandtourneen auch da mit »vollen Häusern« rechnen, wo sie zum ersten Male auftraten. So gesehen, wäre Schallplattenruhm nur eine neue Nuance des einst durch Reklame, Kritiken oder Gerüchte gleichfalls verbreiteten »Vor-Ruhms«. Nur daß die Schallplatte kein Gerücht ist, sondern ein Dokument.

Kann man sich naiv stellen und die Unterschiede zwischen kunstvoll manipuliertem Schallplatteneindruck und direktem Konzerteindruck einfach ignorieren? Es gibt viele Musikfreunde, die einer Platte zuhören wie einem Konzert. Sie adaptieren. Sie stellen in ihrem Bewußtsein für die Platte den Rahmen des Konzerts her und lassen die Unterschiede auf sich beruhen. Man kann dies Verhalten einüben. Denn man kann ja auch einen im Fernsehen gezeigten Spielfilm unwillkürlich als Spielfilm anschauen, kann sich trotz des Fernsehformats die Größe einer oft angeschauten Filmleinwand vorstellen und sich so darüber hinwegmogeln, daß Fernsehdramaturgie und Filmdramaturgie zwei verschiedene Dinge sind. Genauso ist es möglich, fotografiertes Theater im Fernsehen doch als Theateraufführung wahrzunehmen, indem man die Theaterumstände hinzubringt. Man löst dann den Fernseheindruck gleichsam aus dem Apparat heraus und transponiert ihn auf eine gedachte Theaterbühne.

Ganz gelingt das wohl nie. Bei einiger Übung – und unter der Voraussetzung, daß man sich gleichmäßig viel mit den beiden Medien beschäftigt, die man da vertauscht – mag es annähernd möglich sein.

Doch worin bestehen die Veränderungen der Hörgewohnheiten selbst jener Musiker und Musikfreunde, die meinen, für sie stelle die Schallplatte nur ein notwendiges, weil informierendes, sorgfältiges Studium ermöglichendes Akzidenz zum entscheidenden Konzerteindruck dar? Darüber, daß die Akustik nicht die gleiche ist wie im Konzertsaal, daß technisch bestochen oder gemogelt oder auch verfehlt werden kann, ließe sich rasch Einigkeit herstellen. Einigkeit dürfte auch darüber zu schaffen sein, daß die Wiederholbarkeit der Schallplatte etwas am Charakter des Hörerlebnisses ändert.

Paradoxerweise verändert sich aber auch ein Element, das doch als einziges nachweisbar konstant zu bleiben scheint: nämlich die Zeit. Schallplattenhörzeit und Konzerthörzeit sind genauso unterschiedlich wie physikalische Zeit und Erlebniszeit – wenn auch nicht in dem Sinne, daß man die Schallplatte etwa weniger »intensiv« erlebt. Worin liegt der Unterschied? Furtwängler und Fischer benötigen doch für Beethovens Es-Dur-Konzert sowohl auf dem Podium wie auch auf der Platte die gleichen 38 Minuten und 25 Sekunden (zumal wenn die Platte ein Konzert-Mitschnitt ist). Von dem Problem, daß viele Interpreten tatsächlich andere Tempi wählen (meist raschere!), wenn sie langsame Sätze auf Platten einspielen, wollen wir absehen. Denn der Unterschied besteht auch dann, wenn die jeweiligen Aufführungen gleich lang sind.

Fangen wir mit einer ganz simplen Erfahrung an: Ein Konzert, das man am Abend zwischen acht und halb elf erlebt hat, verkürzt sich staunenerregend, wenn man sich danach zu Hause das soeben gehörte Programm noch einmal von Platten vorspielt. Tüchtige, leidenschaftliche Schallplattenhörer können an einem Abend ohne weiteres das Programm von drei oder vier Klavierabenden absolvieren. Das Gesamtwerk von Anton von Webern, den viele für den folgenreichsten Komponisten des 20. Jahrhunderts halten, paßt auf vier Langspielplatten. Man beginnt nach dem Abendessen mit Opus 1 und ist noch vor Mitternacht mit der tönenden Essenz eines langen Musikerlebens »fertig«. Es geht uns jetzt nicht um die angeblich stärkere Intensität des Zuhörens im Konzert. Man kann auch der Schallplatte andächtig lauschen, unbelästigt von der zu spät kommenden, mit klirrenden Kettchen, Ringen und Goldmünzen behängten, herzlos gähnenden Nachbarin. Wer weiß, ob man nicht zu Hause genauer, unbestechlicher hinhört, weil man in die Noten schaut und sogar zurückgeht, falls man den Faden verlor.

Der Gegensatz zwischen Konzerthörzeit und Schallplattenhörzeit ist nicht reduzierbar auf Gegensätze wie Konzentration und Zerstreutheit, Erlebnisfähigkeit und Fahrigkeit. Was aber hat es mit der »Isoliertheit« und dem »Gewicht« des jeweiligen Höreindrucks auf sich? Man frage einmal Musikfreunde, die oft in Konzerte gehen und gern Schallplatten hören, nach ihren größten Musikerlebnissen. Wahrscheinlich werden sie nur über leibhaftige Konzerteindrücke reden, wahrscheinlich werden sie gar nicht auf den Gedanken kommen, Schallplatten zu erwähnen. Denn die mit dem Bewußtsein der Nicht-Wiederholbarkeit gehörte Musikzeit, die Einmaligkeit des Augenblicks ist für uns Sterbliche offenbar Voraussetzung für die Tiefe eines Erlebnisses (ebenso wie für tragisches Verhängnis). Das Bewußtsein: dies alles kann ich noch einmal genauso haben, beschädigt nicht die Konzentration, die Freude, die Andacht – wohl aber die Gewichtigkeit, die mit Recht sogenannte »Einmaligkeit« des Eindrucks. In dem Aufsatz »Das Kunstwerk im Zeitalter seiner technischen Reproduzierbarkeit« hat Walter Benjamin den Begriff »Aura« geprägt für alles das, was dem technisch reproduzierten Werk genommen wird. Benjamin hat sich damals nicht gekümmert um die Möglichkeit der Adaption, um die neue Unmittelbarkeit, die entstehen kann, wenn ein und derselbe Mensch versucht, die Mondschein-Sonate zu spielen, wenn er ins Konzert geht, um sie zu hören – und bereit ist, sie von Schallplatten zu vernehmen.

Zur »Einmaligkeit« des Konzerteindrucks gehört aber noch mehr als nur das Bewußtsein von Unwiederholbarkeit. Nämlich: die Bestätigung durch Öffentlichkeit, die Empfindung mitzutun, indem man antwortend, irgendwie steigernd, begeistert, begeisternd oder auch protestierend – dabei ist. Öffentlichkeit und Anwesenheit sind notwendig, damit ein Urteil sich bilde, das nicht mehr Geschmacksurteil eines noch so gebildeten privaten Zuhörers ist.

Alles das, die Minuten des Beifalls, der Vorbereitung, der Entstehung einer kollektiven Reaktion, des beteiligten und erwartungsvollen Pausengespräches, entfällt zu Hause. Darum geht es in den eigenen vier Wänden soviel rascher. Um dieser Einsamkeit zu entfliehen, sind viele Schallplattenfreunde von einer unwiderstehlichen Demonstrationssucht besessen. Sie werden nicht müde, ihre Platten stolz vorzuführen. Sie verhalten sich, als hätten sie sie nicht nur entdeckt, sondern auch gespielt. In Wahrheit suchen sie nach Beglaubigung für ihr Glück. Sie ahnen, daß Bestätigung durch einen oder gar mehrere andere die Platte zwar nicht verbessert, aber dem eigenen Eindruck doch Recht und Dauerhaftigkeit verleiht. So kommt es, daß Schallplattenbesitzer manchmal Anekdotensammlern gleichen. Jeder will selbst zu Wort kommen, nicht dem andern zuhören, sondern vorführen. Mit dem eigenen paradieren, so als wäre es ein Teil des Selbst, was 25 DM gekostet hat.

»Realistische« Musikfreunde – so etwas gibt es, obschon die contradictio in adjecto schwerlich überhörbar ist – werden solche Spekulationen über »Zeit« und »Anwesenheit« eben als »Spekulationen« zurückweisen. Die Existenz von Glühbirnen ändere nichts an der Sonne, werden sie sagen. Unbeeindruckt werden sie fragen, inwiefern man in Konzerten anders zuhöre als vorher. Daß die Schallplatte an Perfektion gewöhnt, besage nichts. Falsche Töne seien seit Orpheus Tagen falsche Töne. Daß heute auch eine musikalisch gebildete Mittelschicht die falschen Noten zu erkennen gelernt habe, berühre in keiner Weise die Relation richtig–falsch.

Dem wäre folgendes entgegenzuhalten: Die Verfügbarkeit von Schallplatten und der große Schallplattenkonsum (ganz zu schweigen von den vielen tausend Schallplattenstunden, die der Rundfunk sendet, von Bändern und Wiederholungen) haben mittlerweile die Beziehung zwischen – ganz wertfrei seien die Begriffe hier benützt – »Konserve« und »Natur« umgekehrt. Wer überhaupt an der Schallplattenkultur teilhat, hört höchstwahrscheinlich viel mehr von Platten als vom Podium. Selbst in einer Großstadt müssen viele Jahre vergehen, bis ein interessierter Musikfreund die »Eroica« auch nur fünfmal gehört hat. Wenn er Platten sammelt, genügt dazu ein Winter, ja auch nur ein Monat oder eine Woche, je nach Lust und Laune. Wer einen guten Rundfunkapparat besitzt, kann die Symphonie wahrscheinlich jeden Abend von irgendeinem Programm hören. Ist nun Erwin Stein im Recht, wenn er aus dieser Verfügbarkeit eine gefährliche Präformierung des Hörers ableitet? Stein schreibt: »Studenten und die Hörer von morgen müssen verwirrt werden von der unterschiedlichen Interpretation, die, sagen wir, Toscanini, Weingartner und Furtwängler einer Beethoven-Symphonie angedeihen lassen ... Ich will die Beispiele großer Interpreten keinesfalls unterschätzen. Begabte Studenten können viel daraus lernen, aber sie eignen sich doch oft mit den Vorzügen zugleich auch deren Fehler an.« (Erwin Stein: »Musik. Form und Darstellung«, München 1964, S. 14)

Diese Gefahr besteht. Platten, mit denen man aufwächst, können an die Stelle der Sache selbst treten. Ich kann mir zum Beispiel den Variationssatz aus Mozarts A-Dur-Sonate kaum mehr anders vorstellen, als Wilhelm Kempff ihn vor Jahrzehnten auf eine Platte spielte. Oder für die große Durchführungsstelle aus dem 1. Satz des Violinkonzertes von Brahms hat mir Ginette Neveu ein für allemal die Ohren geöffnet – beziehungsweise mich eben präformiert. Wer weiß, ob solche bildenden (nicht: Bildungs-) Erlebnisse den Hörer nicht ungerecht machen gegenüber anderen Bemühungen. Doch das gilt ja wohl nicht nur für Schallplattenerfahrung, sondern erst recht für manche Konzerterlebnisse, Lehrer, Freunde, Kindheitserinnerungen usw. Darum ist auch nicht einleuchtend, wie Erwin Stein den Vorwurf der Fixierung zusammendenken möchte mit dem Vorwurf der Verwirrung. Nur die oft grotesken Unterschiede zwischen mehreren Interpretationen sind es doch, die Fixierungen auflösen und den Eindruck musikalischer Vaterfiguren relativieren können.

Man hat sich schon oft darüber Gedanken gemacht, ob nicht die künstlich erzeugte Schallplattenperfektion das Publikum an einen Standard gewöhne, der das Virtuosendasein in unzumutbarer Weise zum Seiltanz mache. Es ist klar: jemand, der, wie Jürgen Meyer-Josten, nicht weniger als zweiundzwanzig Wiedergaben des Klavierkonzerts a-Moll von Schumann klug miteinander vergleicht (»fono forum«, März 1964, S. 99 ff.), hat sich in eine Situation begeben, die im schlechten Sinne eine »künstliche« ist. Denn vor der Erfindung der Schallplatte war eine Verkettung von Umständen, die dazu führte, daß jemand 22mal dasselbe Stück von verschiedenen Interpreten in ganz kurzem Zeitraum hören konnte oder hören mußte, einfach nicht vorstellbar. Heute sind die Schallplattenzeitungen voll davon. (Ein Pianist, der das Konzert studiert, spielt es gewiß öfter noch als 22mal, aber er gleicht dann einem meißelnden Bildhauer, nicht einem immer wieder hinstarrenden Betrachter.) Natürlich kann sich Meyer-Josten zum Schluß, trotz Gieseking, Lipatti, Richter, Rubinstein, Cortot und vielen anderen, für überhaupt nichts mehr entscheiden. Er beginnt seinen Bericht: »22× (op.) 54 = 0, so muß ich leider konstatieren, denn die künstlerische Rechnung ging nicht auf, das Resultat ist enttäuschend . . . eine für mich in jeder Hinsicht ideale Wiedergabe des Schumannschen Klavierkonzerts habe ich auf Schallplatten noch nicht gehört. Im Konzertsaal allerdings bisher auch nicht.«

Dann charakterisiert der Kritiker alle 22 Aufnahmen und kommt zu einem Fazit, das demonstriert, wohin die freie Verfügbarkeit über Zeit und Raum, die Ubiquität des Schallplattenhörens führen kann. »Schade«, meint Meyer-Josten, »daß es keine Aufnahme des Schumann-Konzertes mit Wilhelm Furtwängler, Edwin Fischer (aus dessen bester Zeit) und den Berliner Philharmonikern gibt. Vielleicht wäre das die ideale Version geworden.« Diese Äußerungen eines professionellen Schallplattenhörers bezeichnen natürlich ein Extrem. Doch am Extrem werden die Konsequenzen am deutlichsten sichtbar. Nehmen wir an, jemand wie Meyer-Josten – also ein ebenso leidenchaftlicher, kritischer, vielseitig erfahrener Schallplattenhörer – gehe in eine Konzertaufführung des Stückes. Wie wird er dem Gebotenen gegenüberstehen?

Ihm wird kein falscher Ton entgehen – genausowenig wie einem Pianisten, der das Stück auswendig beherrscht. Vielleicht wird er jedoch die »Perfektion«, also den Mangel an falschen Tönen, für zu selbstverständlich nehmen. Er hat das Werk nicht geübt. Er weiß nicht, wie schwer es war, das Richtige zu erlernen – und wie leicht dennoch etwas passieren kann.

Anders ausgedrückt: der Schallplattensammler wird gegenüber dem »Richtigen« um eine Spur zu gleichgültig – und im Hinblick auf die falschen Töne um die gleiche Spur zu anspruchsvoll sein.

Das hat aber eine paradoxe Folge: nicht Überschätzung, sondern die Unterschätzung von manueller Virtuosität. Man ist so sehr ans »Richtige« gewöhnt, daß man es kaum mehr realisiert. Dem entspricht die beim Schallplattenhören kaum mehr in Erscheinung tretende Differenz zwischen Mittelmäßigem und Mittelgutem. Selbst ein schwacher Pianist läßt heute keine Platte mehr herausgehen, auf der allzu viele sinnstörende Fehler stehen – und ein mittelguter Pianist kann auch kaum mehr tun, als das gleiche Konzert musikalisch achtbar und technisch sorgfältig zu spielen. Die Schallplatte läßt die Energie verschwinden, die zur Überwindung technischer Schwierigkeiten geführt hat. Darum wirken auch manuelle Spielereien, wie etwa Stücke nur für die linke Hand, auf der Schallplatte überhaupt nicht (wenn sie nicht musikalisch wirken!). Man sieht ja die Beschränkung nicht, genausowenig wie man die Anstrengung ermißt, die zur Überwindung dieser Beschränkung führte. Das aber hat eine Konsequenz, von der sich die Verächter der Schallplatte nichts träumen lassen. Virtuosität, die im Konzert oft genug als reiner Kraftakt (mit Recht) Bewunderung hervorruft, bleibt auf der Schallplatte gleichgültig, wenn sie nicht darüber hinaus etwas ausdrückt. Wenn sie nicht einsteht für ein zwingendes Temperament, ein strahlendes Lebensgefühl, eine hochfahrende Anspannung der Seele. Horowitz spielt auf Platten nicht mehr richtige Töne als Byron Janis, und er spielt sie auch nicht schneller. Trotzdem hört man ihm gebannter zu, denn seine »Richtigkeit« wird bestätigt von der Wahrheit eines entfesselten pianistischen Temperamentes. Daß Byron Janis oder Van Cliburn auch keine Fehler machen, zählt demgegenüber, auf Platten, weniger! So lenkt die Platte eher von der Virtuosität ab. Sie läßt sie, als Voraussetzung, verschwinden. Das jedoch müßte im Sinne der rein musikalischen Gralshüter sein.

Aber auch die raffiniertesten Manipulationen können aus einem technisch schwachen keinen sehr guten Pianisten machen. Gewiß, es gibt Aufnahmen, die hat eigentlich nie jemand gespielt. Variation für Variation wurde da so oft wiederholt, bis die Anzahl der richtigen Töne genügte, um eine fehlerfreie Fassung zusammenzubasteln. Ein Glück, daß die Schallplattenindustrie meist nicht genug Zeit aufwendet, um solche manipulierten Fassungen in Härtefällen auch herzustellen. Gegen die Auswechslung einer mißglückten Passage indessen wäre wenig einzuwenden, obschon der Zusammenschnitt fast immer jener Spannung entbehrt, die eine homogene Fassung haben kann. Zudem sind bei Orchesterkonzerten die Aufnahmestunden viel zu teuer, als daß einem schlechten Pianisten die notwendigen Einspielwochen gewährt werden könnten. Die Konsequenz von alledem klingt beruhigend: Schlechte Pianisten sind auch auf Platten schlechter als gute. Beckmesser aller Zeiten und Länder können nicht nur auf alten Schellackplatten, die ja in einem Zug aufgenommen werden mußten, sondern auch auf den heutzutage hergestellten, manipulierten, ohne weiteres zahllose Fehler, Ungenauigkeiten, Artikulationsschwächen nachweisen. Auch die Klavierwahrheit ist also über faule Umwege nicht zu haben.

Gelegentlich eines sehr scharfen Angriffes auf Sergej Rachmaninows Platten hat der intelligente (wenn auch beim »Verriß« der von Rachmaninow eingespielten Chopinschen »Trauermarsch«-Sonate für die ersten beiden Sätze trotz gegenteiliger Versicherung exakte Begründungen sich schenkende) Pianist Alfred Brendel die Schwächen mancher elektroakustisch forcierten Klavieraufnahmen umschrieben: »Ich warte noch immer auf den Fachmann, der mir erklären kann, warum der Klavierton Cortots oder Edwin Fischers auf den ›historischen‹ Schallplatten der dreißiger Jahre getreuer reproduziert wurde als auf allen Nachkriegsaufnahmen. Man hat den Eindruck, in einem guten Saal auf einem guten Platz zu sitzen. Man vernimmt das persönliche Timbre. Als Hörer zahlreicher Hi-Fi-Klavieraufnahmen hingegen sitzt man unversehens im Flügel oder darauf, oder man hängt sogar irgendwo unter der Decke.« (» phono«, Wien, Jahrg. 8, Nr. 6, S. 117 ff.) Mit dieser Kritik an Aufnahmen, die alle möglichen Raffinessen elektroakustischer Steigerung in den »Dienst« an der Sache stellen und doch nur erreichen, daß der Schallplattenflügel klingt wie kein irdischer Flügel, hat Brendel eindeutig recht. Indessen gehört es zur Patina der »historischen« Aufnahmen, die Individualität des Klaviertons von Rachmaninow oder Cortot oder Schnabel gebrochen zu reflektieren. Diese Platten prätendierten nicht, sie seien Ersatz für die Klangrealität. Darin lag ihre Unvollkommenheit, aber auch ein Vorteil. Man wurde gar nicht in Versuchung gebracht, Plattenmusik und Konzertmusik miteinander zu identifizieren. Karl Kraus hat in ganz anderem Zusammenhang – nämlich als er 1908 beklagte, daß Alexander Girardi von Wien nach Berlin gehen wollte – diese gewissermaßen »verfremdende« Qualität der Schallplatte gerühmt. Von dem »lieben Menschen Alexander Girardi«, schrieb er, geben uns Wienern »nur noch ein paar Grammophonplatten Kunde. Er war Patriot genug, uns vor seiner Übersiedlung etwas hineinzusingen. Ich lasse mir die alten Lieder manchmal aufspielen, denn, klangen sie stets wie der Abschied versinkender Herrlichkeit, so gibt ihnen jetzt das Geräusch des von der Maschine eingefangenen Lebens einen schaurig ergreifenden Ton.«

Aber sind die eigentlich Leidtragenden der Schallplattenevolution nicht doch jene Künstler, die allzusehr über die Schallplatte – und ihre Folgen auf das Bewußtsein und die Hörgewohnheiten des Publikums – nachdenken? Wer, wie Claudio Arrau oder Rubinstein, fortwährend mit Kraft und Lust konzertiert, Schallplatten macht, dieselben Werke sogar mehrfach und durchaus verschieden auf Schallplatten einspielt, der mag die Band- und Plattenkultur als eine angenehme und steigernde Bereicherung der Konzertkultur empfinden.

Doch nicht alle Künstler können das. Für manche reproduzierenden Virtuosen existiert wirklich jenes Gespenst, das zwischen ihnen und dem Publikum steht, wenn sie aufs Podium hinaustreten: die Schallplatte. Sie fürchten dies Gespenst, sie können ihm nicht entfliehen. Denn sie sind es selbst. Schlimmer noch, als mit eigener Leistung und Individualität gegen die Plattenperfektion oder die Interpretation eines Kollegen anzutreten, muß es sein, gegen die eigene Platte im Ohr des Publikums anzuspielen! Manche haben schon stöhnend eingestanden, daß das beinahe über Menschenkraft gehe. Schallplatten schaffen präzise Erwartungen. Wer Wolfgang Schneiderhans Aufnahme des Beethovenschen Violinkonzertes ein dutzend- oder gar mehrere dutzendmal gehört hat, der weiß – so groß kann die Macht einsamen Schallplattenhörens sein – wahrscheinlich Ton für Ton, wie Schneiderhan das Werk spielt. Und folgert nun, daß Schneiderhan es im Konzert genauso, zumindest nicht weniger schön, nicht weniger rein, nicht weniger »perfekt« spielen werde. Mag diese Erwartung unbewußt sein: sie ist da. Man wird jede Abweichung, jedes Mißlingen, jede Unreinheit – wie sie im Konzert wegen der nicht nur auf Perfektion abgestellten Bedingungen unvermeidlich sind – als Beeinträchtigung empfinden. Dann ist die Schallplatte ein Gefängnis für Virtuosen, macht sie unsicher und verlegen und verführt sie dazu, sich selbst zu kopieren – also geradezu zur leibhaftigen Schallplatte ihrer selbst zu werden, was den Tod aller künstlerischen Freiheit bedeutet. Wie suggestiv die Macht einer Schallplattenvorprägung sein kann, läßt sich daran ermessen, daß man bei oft gehörten Schallplatten im Konzert unfehlbar jene Stelle erkennt, wo die Platte umgedreht werden müßte. Überraschenderweise aber spielen die lebenden Künstler auch so weiter...

Nur Unbefangenheit kann dieses Gespenst bannen. Wilhelm Furtwängler, über dessen Kampf mit den Aufnahmeapparaturen viele Anekdoten umgehen, hat sie offenbar nicht besessen. Er hatte nicht die Fähigkeit und den Wunsch, auf Technisches (außerhalb des Musikalisch-Technischen natürlich) einzugehen. Dabei bietet die Schallplatte auch die Möglichkeit, musikalische Dinge schöner und richtiger ausdrücken zu können als je im Konzert oder in der Oper. Karl Böhm hat einmal betont, daß in jeder Opernaufführung der »Elektra« die Sängerin der Titelrolle »am Schluß müde ist und das Orchester natürlich laut«. Bei einer Plattenaufnahme könne man jedoch nicht nur das Mikrophon über Elektra so stark »aufdrehen«, daß die Stimme der Sängerin mühelos auch über dem tobenden Orchester hörbar bleibt und sogar verständlich ist – sondern man habe natürlich auch die Freiheit, die schweren Schlußstellen aufzunehmen, solange die Sängerin frisch ist. Ein solcher Hinweis, dem sich natürlich tausend ähnliche anfügen ließen, belegt, wie sehr die Platte interpretatorischer Eindeutigkeit und Wahrheit dienen kann. Am Horizont dieser Möglichkeiten taucht dann eine spezifische Schallplattenkultur auf, die nicht mehr ersetzen will, sondern auf ihre Weise interpretieren. Der Tonmeister wird zum Klangregisseur – und die Platte bietet nicht mehr das vermeintliche Abbild eines Konzertes, sondern eine elektroakustische Deutung der Partitur, der keine »Wirklichkeit« mehr zu entsprechen vermag.

Dann steht die Platte so weit jenseits des bloßen Dokuments, wie die »Patina-Tönung« der historischen Aufnahmen diesseits gestanden hatte. Dann ist sie auch nicht mehr nur ein Hilfsmittel für die »Öffentlichkeitsscheuen«, die im Konzert nie alles geben können wegen Befangenheit und Aufgeregtheit, sondern ein Interpretationsmittel eigener Art. Da sie heute bereits alle diese Funktionen zu erfüllen beginnt, wäre ein Blick auf die zeitgenössische Interpretationskultur nicht nur unvollständig, sondern geradezu ungerecht, wenn er die Mühe nicht berücksichtigte, die der Schallplatte galt und gilt, und wenn er von den Leistungen und Ergebnissen absähe, die auf Schallplatten festgehalten sind – und nirgendwo sonst. Natürlich, jeder Künstler widmet der Schallplatte gegenwärtig einen anderen Anteil seiner Energie, seiner Kunst, seiner Ernsthaftigkeit. Doch in der zweiten Hälfte des 20. Jahrhunderts gibt es keine Pianistenkarriere ohne Schallplatte mehr. Im Augenblick besteht eine produktive Spannung zwischen Konzertkultur und Schallplatte. Es wäre ein Zeichen von Taubheit, Schallplatten totzuschweigen.

Wäre es aber auch ein Zeichen von Blindheit, vor den Musikaufnahmen und Konzert-Dokumentationen des Fernsehens die Augen zu verschließen?

Diese Frage läßt sich nicht mit dem Hinweis auf ein paar belustigende oder belästigende, grotesk anti-musikalische Musikaufzeichnungen von Fernsehregisseuren beantworten. Gewiß: wir haben schon oft spüren müssen, daß die jeweiligen Regisseure sowohl die Musik als auch die Interpreten für ein mehr oder weniger langweiliges Objekt gehalten und sich optisch ausgetobt haben. Da wird dann zwischen mehreren starren Kamera-Einstellungen ein verwirrendes Hin und Her vorgeführt, bei leisen Stellen sieht man die Hände der Solisten, die Lippen der Bläser, die Impfpocken der beschäftigungslos dasitzenden Geigerinnen – bei lauten rückt die Kamera weg und zeigt eine Totale, aus der als weiße Flecken die Noten und die Beleuchtungskörper herausstechen, während man, ohne sich doch wirklich orientieren zu können, winzige schwarze Jacken und Ärmel bei symphonischer Bewegung wahrnimmt. Die andere Methode, fortwährend sanft hin und her zu fahren, so als ob der Betrachter in einem Helicopter über den Musikern schwebe und sich ihnen sanft nähere oder entferne, schafft regelrechtes Schwindelgefühl.

Nie stellt sich bei solchem Fernseh-Karussell jene Ruhe her, die man als Zuhörer und natürlich auch Zuschauer im Konzertsaal ja auch hat, wo man es sich doch nicht einfallen läßt, unter den Flügel zu kriechen oder in einer Ecke des Saales zu verschwinden oder dem Schweißtropfen eines Interpreten beim Entstehen und Fallen wie gebannt zuzusehen, während aus den Lautsprechern etwas quillt, was man mit geschlossenen Augen als Appassionata identifizieren könnte.

Wie gesagt, solche Erfahrungen hat natürlich jeder musikalische Mensch mit dem Fernsehen und seinen Musikfilmen gemacht. Auch Horowitz hatte sie gemacht (der sich als begeisterter Fernsehzuschauer, nur eben nicht von Musiksendungen, sondern doch lieber der »Bonanza«-Serie bezeichnete). Freilich: als Horowitz sich dann seinerseits für einen Fernsehauftritt zur Verfügung stellte, entstand gleichwohl ein hart erarbeiteter Film, der, so ungern die Traditionalisten es hören mögen, mittlerweile durchaus zum Schatz dessen gehört, was man als Musikfreund und Klavierinteressent kennen muß, wenn man über den Standard gegenwärtiger Interpretation informiert sein will.

Vom G-Dur-Klavierkonzert Beethovens liegen mehrere Fernsehinterpretationen vor, die immerhin Wilhelm Backhaus (in verschiedenen Fassungen sogar), Daniel Barenboim, Friedrich Gulda, Wilhelm Kempff und Artur Rubinstein an der Arbeit zeigen. Diese Filme mögen Unvollkommenheiten aufweisen: Doch wenn es auch nur eine verantwortliche und authentische und bereichernde Fernsehdarstellung einer einzigen (in dieser Weise noch nicht bekannten) Interpretation gäbe, dann müßte man das Medium seiner Möglichkeiten wegen bereits ernstnehmen. Trotz aller Krankheiten, die teils Kinderkrankheiten, teils die Folgen cleverer, aber kindischer Einstellung sind.

Welche Möglichkeiten bahnen sich da an? Zunächst scheint ja das Fernsehen auf seine Weise jene Lücke wieder schließen zu können, die sich notwendig zwischen Schallplatten-Abstraktion und Konzertkultur gebildet hat. Auf dem Umweg über ein heillos kompliziertes elektronisches Medium kann offensichtlich eine gewisse und notwendige Personalisierung wieder geleistet oder angedeutet werden. Wenn nämlich Plattensammler und Interpretationsvergleicher sich nur noch mit Kunststoff-Materialien und Hi-Fi-Stereo-Anlagen beschäftigen, dann vergessen sie fast, daß sie es dabei mit Menschlichem zu tun haben. Glenn Gould ist jetzt kein mitheulendes Schallplatten-Gespenst mehr, sondern ein Mensch, den man in einem Fernsehfilm bei der Arbeit sieht – auch wenn etwa bei der Aufnahme der F-Dur-Variationen op. 34 von Beethoven das kanadische Fernsehen ein schwachsinniges Paravant-Bühnenbild für notwendig gehalten hat.

Treten wir von diesen in vielen Fällen verstörenden optischen Erlebnissen nun einen Schritt zurück. Woran liegt es, daß die Musik im Fernsehen so selten zur phantasiebeschwingten Dokumentation gerät? Das hat einen medienspezifischen Grund, der aber durch Aufklärung beseitigt werden könnte. Und es hat mehrere sachliche Gründe.

Fangen wir mit dem gleichsam medienspezifischen Fehler an. Wenn ein Fernsehregisseur sich dazu entschließt, Arturo Benedetti Michelangeli, Schumanns a-Moll-Konzert interpretierend, der Öffentlichkeit vorzuführen, dann denkt ein solcher Regisseur ganz instinktiv zunächst einmal an sein Medium und an die Öffentlichkeit des Mediums statt an den Pianisten und die musikalische Sache. Er fragt sich also (leider) nicht, was er sich fragen sollte, nämlich: wenn ich für den Musikfreund XY oder für die Nachwelt festzuhalten hätte, wie dieser Michelangeli Klavier gespielt hat, was müßte ich dann zeigen? Dann würde er, liebendes Interesse an der Sache vorausgesetzt, zeigen, wie Michelangeli am Flügel sitzt, dann würde die Kamera nichts optisch »interessant« machen wollen, sondern sich ruhig (höchstens mit einigen Kunstgriffen statische Monotonie vermeidend) dem Spiel und der Sache hingeben.

Natürlich bedeutet es einen gewissen Authentizitätsverlust, wenn man den Pianisten und das Orchester nicht in Realität erlebt, sondern verkleinert auf der Fernsehscheibe. Also: für Schumann und Michelangeli interessiert sich ohnehin nur ein kleiner Prozentsatz aller potentiellen Fernsehzuschauer. Und diese zwei bis fünf Prozent aller Zuschauer (es ist dies, absolut, ein riesiges Publikum) müßten nun den Gegenstand ihres Interesses unter leicht erschwerten Bedingungen sehen. Andererseits: Sie können jenen Michelangeli, von dem sie soviel gelesen haben, dessen wenige Platten sie besitzen, nun doch auch visuell in Aktion miterleben.

Aber das Bewußtsein, fürs »Fernsehen« und für die Öffentlichkeit zu arbeiten, ist bei musikalischen, erst recht bei unmusikalischen Fernsehregisseuren so stark, daß sie gar nicht erst versuchen, eine solche Dokumentation für die *zahlreichen Wenigen* in aller Bescheidenheit herzustellen. Sondern sie gehen davon aus, daß der großen Masse ein halbstündiges Konzert ohnehin langweilig ist, daß also Abwechslung passieren muß. Damit tun sie der großen Masse, die sich auch im leibhaftigen Konzert nicht zu Hause fühlen würde, freilich kaum einen Gefallen. So wird, um aussichtsloser Popularisierung willen, die Karikatur eines Konzertes hergestellt. Der Musikverlauf läßt sich nicht mehr ungestört wahrnehmen, die »Interessenten« wenden sich verärgert ab.

Natürlich, dies nebenbei, kann aus dem visuellen Material, das ein Pianist, ein Orchester, ein Dirigent bieten, auch ein optisch höchst anspruchsvoller *Film* gemacht werden. Nur ist das dann kein Film mehr, der eine Musikinterpretation mitteilen will. Der Gegenstand des optischen Bemühens ist dann vielmehr ein optisch selbständiges Ergebnis. Die Objekte erscheinen bis zur Unkenntlichkeit verwandelt, damit etwas völlig Neues, möglicherweise Reizvolles herauskommen soll. Mit Michelangeli oder Schumann hat das nichts mehr zu tun.

Gesetzt nun, Musikregisseure sind sich über diese Voraussetzungen klar. Sie wollen festhalten, wie Martha Argerich Liszts Es-Dur-Konzert spielt. Jetzt kommt es darauf an, mehrere einander fast ausschließende Größen in vernünftige Relation zu bringen. Der Verlauf von Musik ist, normalerweise, ein streng geregelter Zeitverlauf. Laurence Olivier kann natürlich in seinem »Hamlet«-Film vor dem Monolog eine große Pause machen und den Hamlet währenddessen einsam auf die Kreidefelsen von Dover setzen. Er hat sich damit gegen Shakespeares Zeitvorstellungen nicht nachweislich vergangen. Das gilt aber für entsprechende Musikzeitmaße nicht! Die Generalpause, der musikalische Doppelpunkt, der abschließende Presto-con-fuoco-Ausbruch etwa in der g-Moll-Ballade Chopins: alles das hängt eng zusammen mit dem genauestens geregelten langsamen, mittleren oder schnellen Zeitverlauf von Musik. Wenn dieser Verlauf sich ändert, und es ändert sich im gleichen *Augenblick* auch die Blickrichtung, dann nimmt man als Zuschauer die entscheidende musikalische Verlaufsänderung nicht mehr wahr! Sondern man hat sich, während Spannung entstehen sollte, vom Pianisten entfernt, man ist im Saal umhergeflogen, man schaut aus neuer Perspektive zu: Und die Perspektive der Musik findet nicht mehr statt, der organische Zusammenhang ist zerschnitten. Alle großen Wechsel innerhalb von Noten und Partituren (Tutti: Solo; Fortissimo: Pianissimo; langsam:schnell) können aber als Wechsel nur wirken, wenn der Betrachtende einen festen Punkt hat, von dem aus er den Wechsel überhaupt erst wahrnimmt. Das wiederum heißt: die großen Musikkontraste dürfen offenbar nicht für visuelle Neuanfänge ausgenutzt werden. Soll also innerhalb einer geschlossenen Bewegung, einer Passage, einer Themenaufstellung etwa, die Kamera eigenmächtig vorgehen? Die Antwort kann nur lauten: Auch die Bewegung der Kamera muß zwar eine plausible innere Logik haben, aber diese Logik darf auf keinen Fall wichtiger oder gewichtiger werden als die Logik der gerade vorgeführten Musik. Die Kamera darf sich dem Pianisten nur innerhalb gegebener Grenzen nähern, sie muß bereits vor Beginn des Stückes oder Konzertes über den Raum, in welchem alles sich abspielt, orientiert haben, und sie muß über den Radius ihrer Neugier orientieren. Allzu »musikalische« Regisseure, die bei vertrackten Stellen rasch hinschauen, welchen Fingersatz der Künstler wählt, die bei vermeintlich harmloseren Wiederholungen etwas »Neues« bringen wollen, was der Komponist gerade nicht gewollt hat, sind freilich auch vom Übel. Sie verwandeln ein Konzert in Musik-Unterricht...

Die Frage, ob es möglich ist, eine optische Bewegung zu konstituieren, die den Zeitverlauf von Musik nicht berührt, die sich nicht eigenmächtig vordrängt, ja die im Grunde kaum wahrgenommen wird – erst wenn sie wegfiele, würde man sich nach einigen Minuten über seltsame Starrheit wundern –, diese Frage ist nun aber schon ein paarmal vernünftig und positiv beantwortet worden. Es gibt einige Fernsehaufnahmen (Arrau, Backhaus, Stephen Bishop, Glenn Gould, Horowitz, Kempff), die bedeutsame Einblicke gewähren.

Denn, und diese Differenzierung sei nicht vergessen, der aufspielende, manchmal auch sich aufspielende einzelne Pianist ist relativ greifbarer als ein Dirigent, beispielsweise. Mag es indiskret wirken, Arraus Qual oder Alfred Brendels zuckende Unterlippe aus der Nähe zu sehen, mag es seltsam sein, Horowitz zuzuschauen, wenn er seine flinken Finger beobachtet wie ein pedantischer Flohzirkus-Direktor seine Flöhe: selbst solche Impressionen haben, wenn sie mit einigem »Takt« vermittelt werden, doch noch mit der Interpretationssache, oder zumindest mit dem Interpreten, zu tun. Wo sie sich vordrängen, werden sie natürlich fürchterlich peinlich. Aber es ist evident, daß die oft schamanenhaften, beschwörenden Bewegungen eines Dirigenten viel Schlimmeres herausfordern. Diese Gesten sollen ja keine direkte Bewegung sein, sondern sie werden gleichsam beglaubigt erst von der Musik, die infolge dieser Bewegungen sich auf ein Orchester überträgt und entsteht. Wenn man das aber als eitle Posiererei *unmittelbar* sieht, kann es unerträglich wirken. Die Arbeit und die Art eines Pianisten indessen sind durchaus photographierbar, wenn sich das Fernsehen darauf beschränkt, wirklich nur die Arbeit und die Art (und die Musik) eines Pianisten zu begleiten, statt selbständig eine fatale »Interessantheit« durch kaleidoskophaften Wechsel erschleichen zu wollen.

Wir befinden uns inmitten einer Entwicklung, die dazu führen könnte, daß Interessenten sich Konzertaufnahmen entleihen (möglicherweise sogar kaufen) können. Wenn es so weit ist, dann wird das Fernsehen einsehen müssen, daß es in diesem Zusammenhang nur eine vermittelnde, dienende Funktion hat, so wie ja auch die vernünftigen Schallplattenproduzenten mittlerweile darauf zu verzichten gelernt haben, unwahre, aufgeputschte, mit Nebeneffekten bereicherte, also verzerrte und sinnlose Schallplattenaufnahmen herzustellen, um mit einem Stromlinien-Beethoven jene Käufer anzulocken, die von Beethoven selber nichts wissen wollen.

In unserer Welt gibt es, und das ist keineswegs schlimm, aus humanem Grund die Subkultur der »Play-Bach«-Spieler, der »Swingle-Singers«. Es gibt den Welterfolg von Miguel Rio's »Song of joy« und zahllose Bearbeitungen, die gleichsam der populäre und zeitgenössische Schatten sind, den große Kunst wirft, werfen kann. Wenn das Fernsehen begreift, daß seine Arbeit nicht, zumindest in der Hauptsache nicht, darin bestehen dürfte, den ohnehin hoffnungslosen Versuch zu machen, große Interpretationen großer Musik in solche luftigen Subkultur-Schatten zu verwandeln, sondern daß es ganz entschieden darauf zielen sollte, die Arbeit bedeutender Musiker mit Bescheidenheit und Sachverstand auch optisch festzuhalten, dann wird aus einem momentan noch ungebärdigen Kind ein vernünftiger Massenmedien-Bruder von Konzertkultur und Schallplatte geworden sein.

Arthur Rubinstein

Je älter ein Interpret wird, je mehr Weisheit und Erfahrung und Tricks er in sich speichert, um die ungeheuren Zumutungen des Virtuosendaseins zu überstehen, den psychischen und physischen Ansprüchen gewachsen zu bleiben, desto größer ist die Gefahr der Verkrampfung, der Verfestigung, der Erstarrung. Am Spiel des alten Alfred Cortot enttäuschten nicht die Fehler, die jeder Esel hören konnte (um ein Wort von Brahms zu variieren), sondern vielmehr die mechanischen Ritardandi. Man spürte, es bedrückte, wenn Cortot ein Rubato machte, bei dem er sich vielleicht vor 25 Jahren etwas gedacht hatte, das er nun aber nur spielte, weil er es schon immer gespielt hatte. Dem folgten freilich oft auch einzigartige Nuancen, so daß ein jüngerer Pianist, ein Cortot-Fan, mit Recht bemerkte: »Seine falschen Töne sind mir lieber als meine richtigen.«

Arthur Rubinstein ist sich selbst gegenüber so frei, ihn interessieren das Klavier und die Gegenwärtigkeit der Musik immer so viel mehr als seine einstigen Festlegungen, daß er allen diesen Gefahren der Erstarrung auf eine fast unbegreifliche Weise entgeht. Er kann eine eminente Kunsterfahrung in Spontaneität umsetzen. Das Spiel des 1889 geborenen, auch im achten Jahrzehnt seines Lebens unaufhörlich konzertierenden Arthur Rubinstein ist ein Wunder. Wunderbar, erstaunlich, unbegreiflich aber mutet nicht bloß die technische Klarheit seines Spiels an, die rührende, in langsamen Sätzen herzbewegende Erlauchtheit seiner Phrasierung, das stürmische Temperament seiner Ausbrüche. Das alles wiegt viel, will erobert, bewahrt und lebendig gehalten sein; doch es gibt auf der Welt durchaus einige Pianisten, die mit dem Virtuosen Rubinstein konkurrieren oder sich mit dem Klavierpoeten Rubinstein vergleichen können. Ein Wunder ist hingegen, daß Rubinstein sich dies alles zu eigen machte, es mit grandiosem Kunstverstand zu verwalten weiß – und dabei spontanes Glück verbreitet. Für Rubinstein, der von sich selbst sagt, er sei im tiefsten Herzen ein Zigeuner geblieben, dem Musik im Blut liegt – für diesen Rubinstein scheint Klavierspielen eine Form des Atmens, des Sich-wohl-Fühlens zu sein. Er ist ein altmodischer Pianist, der letzte der Titanen aus dem 19. Jahrhundert. Sein Ton – delikat, voll und süß – kennt nicht den Zweifel an sich selbst. Auch da, wo Rubinstein »Halbschatten und Heimlichkeiten« beschwören möchte, beschwört er zugleich Fülle einer ungebrochenen Persönlichkeit. So groß sein Ruhm und seine Beliebtheit beim Publikum aller Erdteile auch sein mögen: hat man ihn oft gehört und seine Platten gesammelt, dann ist man durchdrungen davon, daß dieser ewig neue Musiker trotz allem keineswegs als Präceptor musicae stilbildend sein will, den Nachwuchs bedrückend und verdrängend. Aus seinem Spiel weht die Luft der Freude und der Freiheit, sein Ton gehört ihm – nirgendwo erhebt er schulmeisterlich den Anspruch, nach seinem Vorbild müßten sich alle richten. Unangefochtene pianistische Selbstdarstellung höchsten Grades schlägt nicht in Sektenbildung um, wie etwa bei Horowitz, den viele junge amerikanische Virtuosen nachzuahmen versuchen. Rubinstein »lastet« auf niemandem.

Rubinstein wurde 1889, nicht 1886! (nach jüngsten Interview-Angaben freilich 1887 – man hat die Wahl), in Lodz geboren, wuchs in Deutschland auf, war Wunderkind und Schützling von Joseph Joachim. Plötzlich hielt er es nicht mehr in Berlin und an der Berliner Akademie aus, sondern floh nach Paris. Dort kam er ein wenig unter die Räder. Paul Dukas habe ihn gerettet, gesteht Rubinstein. Dukas sagte zu ihm: »Amüsieren Sie sich, soviel Sie wollen, aber vergeuden Sie sich nicht. Paris ist nichts für Sie. Fahren Sie nach Polen zurück, sorgen Sie dafür, körperlich und moralisch wieder gesund zu werden, trinken Sie Milch, reiten Sie, schlafen Sie zur rechten Zeit, kurzum, werden Sie ein rechtschaffener Mensch.« Dies war, so fährt Rubinstein in seiner lustigen Beichte fort, »ein guter Rat, und das Beste daran – ich habe ihn befolgt«.

Aber er hat ihn zunächst nicht sehr gründlich befolgt. Es fehlte ihm die Geduld, sich technisch zu vervollkommnen. Er verließ sich auf sein enormes Talent und sein immenses Gedächtnis. Nicht nur die Hauptwerke der Klavier-, Kammermusik- und symphonischen Literatur kann er auswendig, sondern er hat – erzählt er – in Paris 1907 die »Salome« auswendig gespielt, hat Freunden auch einmal den 2. Akt der »Carmen«-Oper Ton für Ton (jede Arie mitsingend) vorgeführt. In Spanien und Südamerika sah man ihm Zügellosigkeit und Leichtfertigkeit nach – in England und Amerika aber nicht. Deutschland meidet er wegen eines Eides aus der Zeit des Ersten Weltkrieges. Als er 47 Jahre alt war, war er immer noch kein großer Pianist. Dann wurde er es.

Rubinstein kann als Hoffnung und Leitbild für alle diejenigen gelten, die in ihrem Leben zunächst in die Irre gehen. Talentiert war er immer – aber an gutem Essen, Zigarren, Bildern, great wines und women mindestens so interessiert wie an exakten Klavierstudien. Als 43jähriger heiratete Rubinstein Aniela Mlynarski, die Tochter des berühmten polnischen Dirigenten, unter dem er schon ein Menschenalter zuvor gespielt hatte. Nun wurde es ernst. Eine Ehe sei für ihn als Juden etwas anderes als für einen Hollywood-Star. Rubinstein begann mit Leidenschaft und Akribie zu üben. Dann, am 21. November 1937 – nachdem er schon zahlreiche, nie durchdringend erfolgreiche Konzerte in Amerika gegeben hatte –, erlebte er sein großes Comeback, sein eigentliches Debüt in New York. Seither gilt er für viele Musikfreunde als der erste Pianist der Welt. Als er in New York bei irgendwelchen Wettbewerben einen jungen Pianisten hörte, sagte er bezeichnenderweise zu dem Zitternden: »Du bist wirklich musikalisch, aber du kannst es dir nicht erlauben, so faul zu sein, wie ich in deinem Alter war. Wie verhaßt war mir das Üben! Eigentlich habe ich nie richtig geübt, bis ich nach Amerika kam ... Man erwartet hier von uns Pianisten, daß wir auch die kleinste Note nicht übersehen. Schrecklich ist das.«

Alles das klingt jovial, typisch, klingt nach gärendem Most, reifem Wein – und wie die Phrasen alle lauten mögen für ein Leben, das anarchisch begann und zu solcher Erfüllung wuchs. Ein riesiger Kopf, ein kleiner Körper, Klavierspiel als spontaner Triumph von Krampf- und Mühelosigkeit: das sind heute die Rubinstein-Konzerte. Doch dahinter steckt viel Leidenschaft und Verbissenheit. Und der Mut zum äußersten Wagnis. Als Horowitz Paris eroberte, es ihm »aus den Händen riß«, verzagte Rubinstein fast. »Ich sah in ihm einen neuen Liszt«, erzählt er, »fähig, seine Zeit zu beherrschen. Ich wollte alles hinwerfen. Bevor ich sterbe, will ich beweisen, zu was ich fähig bin – sagte ich mir. Ich ballte die Fäuste, was ich jedoch als Berufspianist nicht lange konnte, ich öffnete sie wieder und begann hart zu arbeiten. Ich hatte Rache zu nehmen. Nicht an Horowitz, aber an mir selbst.«

Was macht nun Rubinsteins Spiel so unvergleichlich: nur der ruhige, volle, selige, ihm ganz allein gehörige Ton? Das wäre schon viel, denn am Klavier ist gewissermaßen der Anschlag der Mensch. Doch dieser harmonische Ton wird oft auch zum Gefängnis. Manchmal, bei Beethoven zumal, klingt er beinahe zu schön, zu unangefochten, zu sicher. Rubinstein verfügt aber nicht nur über den Ton, sondern über herrlich wachsende, in Weisheit umschlagende Erfahrung. Er, der so tiefsinnige Worte über die traurigen Pausen im Adagio der Hammerklavier-Sonate op. 106 bei Beethoven fand, besitzt jetzt eine Ruhe der Artikulation, der bewältigten Vielstimmigkeit, des atmenden Schreitens und Verweilens. 1971 allerdings plauderte er, ein bißchen sorglos altherrenhaft, über den »späten« Beethoven: »Die letzten Sonaten habe ich alle lernen müssen. Ich habe zwei Jahre lang als junger Mann nichts anderes als die Hammerklavier-Sonate gespielt. Unter der Länge des Adagios habe ich schrecklich gelitten und konnte nicht ertragen, daß die Leute immer ein bißchen müde dabei wurden. Für mich ist es ein intimes Werk, das man daheim im Zimmer Freunden vorspielt. Beethoven mußte das auch so fühlen. Es war doch schon der ältere Beethoven, der völlig taub war, alles geschah doch in seinem Innersten. Sicher konnte er sich nicht mehr vorstellen, wie das Werk auf die Leute wirkt. Auch mit dem ersten Satz der Sonate op. 111 verhält es sich so. Sie ist ein prometheisches Werk, und der 2. Satz hat mich immer erregt, aber wir fallen zu leicht Prätentionen anheim. Diese vielen Triller, nein, nein, wenn wir ganz ehrlich sind, dann ist es zuviel! Würde Beethoven heute noch leben, ich ginge zu ihm und würde sagen: Meister, ich küsse Ihre Füße, aber bitte, weniger Triller. Es sind zuviele am Schluß, wie langweilig wirkt das ja!« Er ist der Orpheus des Klaviers. Wer ein großes Künstlerleben lang nicht müde wurde, wer viel sah, hörte und erlebte, wer nicht mit Routine und Tricks und Manieren sich verbündete, sondern immer offen blieb, dem fällt am Ende die Fülle zu. Wenn Rubinstein jetzt das Andante aus der f-Moll-Sonate von Brahms lind zum Sprechen bringt, dann waltet eine Dispositionsgescheitheit, eine Reife, die gerade den abgebrühten Zuhörer, der die Nuancen hört, ergreift wie kaum ein anderes Konzertsaalerlebnis. Rubinstein, das atmende Mitgehen seiner Hörer wohl bemerkend, schafft auf diskrete Weise eine Ebene fürs Espressivo. Sein Ton ist in den langsamen Sätzen von Beethoven und Brahms so berückend, daß er keineswegs sentimental schleppende Tempi nehmen muß, um innig und ausdrucksvoll zu sein. Diese Bewegtheit, der nichts Flüchtiges oder Banales anhaftet, aber gibt ihm die Möglichkeit für eindringliche Ritardandi und Zäsuren, die gleichwohl nicht dick und affektiert wirken, weil eben nicht Langsames in Überlangsames sich wandelt, sondern Bewegung in ausdrucksvolle

49

Verhaltenheit. Rubinstein braucht nicht das Tempo der Geste zu opfern. Er braucht nicht Überraschungen zu erschleichen, indem er um des Kontrastes willen vorher gleichgültigere Momente einschiebt. Seine immense Musikalität fügt Bereicherungen hinzu, ohne daß vorher Armut war. Wenn er den in Brahms' f-Moll-Sonate spröden Choral der Coda ein wenig absetzt und dann mit leiser, schwermütiger Weihe spielt, gibt es, was das Klavier angeht, nichts Höheres.

Aber wir wollen diesen Arthur Rubinstein nicht heroisieren, wollen den Spaß, die leidenschaftliche Extrovertiertheit seines Wesens nicht vergessen. Er liebt nicht nur Zigarren, sondern auch Eigenheiten. Früher erhob er sich – man wartete darauf – während jedes Konzerts an den Kraftstellen vom Klavierstuhl, um noch mehr Gewicht in den Anschlag zu legen. Das täte ein Friedrich Gulda nicht. Und in den letzten Jahren gibt er bei seinen Klavierabenden auffallend oft ein kleines, harmloses, sehr virtuoses Stückchen von Villa-Lobos zu, das nach großen Brahms- und Chopin-Werken immer klingt wie Unterhaltungsmusik. Aber es macht ihm eben Spaß und erregt todsicher Begeisterung. Diejenigen, die Rubinstein vielleicht verargen, daß er sich auch für witzige, leichte, virtuose und gefällig-glanzvolle Musik einsetzt, haben nicht begriffen, was ein alter Virtuose alter Schule ist und kann. Geiger und Pianisten von Geblüt schlagen die Brücke zwischen Priester und Clown leichthin, lieben das Perfekte, Lebensvolle, Gefällige um seiner selbst willen. Sind sie groß, dann versagen sie trotzdem nicht, wenn es ernst wird.

Zu den Gipfeln dessen, was Rubinstein vermag, gehört seine Interpretation der beiden Klavierkonzerte von Brahms. Dem zweiten Konzert in B-Dur gibt er tiefdunkle Farben und machtvolle Fülle. Das erste in d-Moll, ein Schmerzenskind der Brahmsschen Muse, spielt er hingegen mit großer, oft archaisierender Herbheit. Er dämpft die Hölle der Oktaventriller, also der Unglückssymbole dieses Klavierdramas, nicht. Er nimmt das Seitenthema, das sich ans Larghetto der 2. Symphonie von Beethoven anlehnt, eben nicht in dickem Forte, sondern in jenem sanft vergrübelten Piano, das dem dicken Brahmsschen Klaviersatz so schwer zu entreißen ist. Aus den Triolen der Schlußgruppe holt er ein einsames Brahmssches Verdämmern heraus, das weltenfern ist vom glücklichen Schumannschen Träumen. Das wird zum verschwebenden entmaterialisierten Volkslied.

Doch Rubinsteins Phantasie ermißt man erst ganz, wenn man einmal

Aus: Brahms, Klavierkonzert Nr. 1 d-Moll op. 15, 2. Satz

Die weitgeschwungene Melodie mit ihren großen, eine fast wilde Freiheit bekunden-
den Sprüngen (besonders Takt 6 und 7 unseres Beispiels) spielt Rubinstein mit so-
norem Ton, mächtig und frisch. Da waltet Improvisations-Freiheit, dennoch kommt
keine verharmlosende Rubato-Nuance, kein unangebrachter Chopinscher Augenaufschlag in die Interpretation.

mitgefühlt hat, wie er in dem – für »undankbar« geltenden – hymnischen Adagio dieses 1. Klavierkonzertes von Brahms der weitgespannten Seitensatzmelodie ein Moment des Schweifenden, des Grenzenlosen, Überschwenglichen und Wilden zufügt, ohne doch jeden neuen Ton gleich in ein Drama zu verwandeln. Rubinstein bereichert die Stelle, aber er übertreibt sie nicht. Freiheit führt nicht zu Haltlosigkeit oder expressiver Verzerrung.

Der junge Brahms hat da eine durchaus unkonventionelle Kantilene komponiert – Septime, Tritonus, None, alles synkopisch vermittelt, gegen eine unauffällige Baß-Linie und harmonisches Füllwerk frei abgesetzt (Beispiel 1).

Rubinstein spielt die Stelle nicht als Ausbruch, wie Claudio Arrau, dessen schweres Atmen man auch auf der Platte hört. Rubinsteins Rechte hat die Freiheit, sich gleichsam zu verlieren, sich herb zu verstricken. Da zielt nicht alles nur auf die Kadenz, durch welche diese wilde, schwellende Melodie ohnehin irgendwann domestiziert wird. Der Pianist wagt sich hinaus ins Nichtmehr-Überschaubare. Trotzdem zerstäubt die Stelle nicht. Sein Anschlag ist so klar, das Non-Legato so männlich, die dynamische Unabhängigkeit beider Hände voneinander so groß, daß Rubinstein aller Freiheit zum Trotz ein Ganzes geben kann, keinen Ton oder Schritt zu forcieren braucht. Er spielt das um eine Spur gelöster und phantasievoller als Arrau. Phantasie und strömender Stil sind zwingend miteinander verbunden.

Manchmal ist der schöne, runde, seiner selbst so sichere Ton aber auch eine Begrenzung, eine conditio sine qua non. Dann spürt man, wie Rubinsteins Weisheit, seine fast herbe Abgeklärtheit und seine pianistische Sinnlichkeit in ein aufregendes, herrliches Spannungsverhältnis geraten.

Wenn Rubinstein die Pathétique von Beethoven spielt, klingt alles klarer, ausgewogener, runder und fließender als etwa bei Edwin Fischer – dessen Aufnahme übrigens nur ein Schatten ist von Edwin Fischers Kunst. Bei Rubinstein fehlt der Beethovensche Ingrimm. Das Seitenthema des ersten Satzes nimmt er rhythmisch merkwürdig maniert, als wolle er das Duett zwischen Oberstimme und Baß – Romain Rolland nannte es »opernhaft« – noch übermäßig pointieren. Sonst aber reproduziert Rubinstein Beethovens frühe Sonaten und Konzerte – zumal die heile Welt von deren erhabenen langsamen Sätzen – mit unüberbietbarer Einfühlung. Kein angeblicher »Beethoven-Spezialist« ist ihm überlegen. In Rubinsteins Schallplatten-Einspielung der Appassionata freilich, die Rubinstein hinreißend stürmisch, mit wildem, gewaltsamem Tempo spielt, passiert, trotz des ekstatischen Schlusses, zu wenig. Da müßte, etwa in der Reprise des 1. Satzes, noch mehr nachzittern, daß Ungeheures geschehen ist, da darf das Finale nicht durch die Stretta gleichsam abgerundet werden. Rubinsteins Kunst läßt manchmal das Jähe, Schroffe, Zerrissene unwillkürlich verschwinden. Doch dieser Eindruck hat auch mit der alle Gegensätze einebnenden akustischen Begrenzung von Schallplatten zu tun. Im Konzert klingt das anders. Rubinstein legt da über den Pianissimo-Anfang, über das mit zarter Pracht abgetönte, geisterhaft schöne Seitenthema einen Hauch von Resignation. Auch die schroffsten Akzente, die Sforzati nimmt er noch als klingende und sogar elegisch nachtönende Akkorde: nicht gerade romantisierend, doch resignierend, verhalten.

In der Durchführung, die ich noch nie annähernd so erfüllt und gewaltig vernommen habe, steigert sich Rubinstein in einen Rausch. Da erscheint ja – plötzlich begreift man es, nachdem man es vorher immer nur gehört und nie verstanden hat – das »Schicksalsmotiv«, das Klopfmotiv aus der 5. Symphonie, in achtfacher Fortissimowiederholung. Zu Anfang der Sonate steht das Klopfmotiv nur im pp. Wie Rubinstein nun in der Durchführung aus Musik einen Aufschrei macht, einen tosenden, dramatischen, fast rezitativischen Höhepunkt, dafür gibt es keine Worte und keinen Vergleich. Um es wenigstens einzukreisen: Interpreten, die von vornherein donnern, haben keine Steigerungsmöglichkeiten mehr, andere, die einem ästhetischen Schönheitsideal huldigen, keinen Steigerungswillen. Rubinstein verfügt über beides. In ihm muß eine Waage existieren, die ihn instinktiv oder bewußt immer das gerade richtige Äquivalent finden läßt – ob er nun langsam und zurückhaltend begonnen hat oder rasch und feurig. Jedenfalls erregte das Schicksalsmotiv die Appassionata so sehr, daß es gar nicht mehr anders konnte, als noch 17 lange, geheimnisvolle leise Takte in die Reprise nachzuzittern. Was sonst immer bloß wie ein mechanischer Effekt wirkt, hatte plötzlich notwendige, überwältigende Konsequenz.

Der langsame Satz tönt wie ein Choral, für den es keinen Text geben kann. Das Finale legt Rubinstein ganz auf die »Stretta« an, also auf jenes Schlußpresto, das er ja auch auf Platten wie ein Teufel spielt. Doch als wolle der Teufel nicht »an seiner Sphäre saugen« lassen, fuhr er dem Pianisten, ich habe es in Eindhoven miterlebt, während dieser mit wahnwitzigem Tempo genommenen Schlußtakte dazwischen. Der Klavierstuhl krachte im Presto-Fortissimo und brach. Rubinstein wurde weiß, und die Zuhörer hörten vor Schreck zu atmen auf.

Ähnliches erlebt man selten, vergißt man nie. Ich habe einmal erlebt, wie dem Geiger Schneiderhan in der Kadenz des Brahms-Konzertes eine Saite zersprang: er riß dem verdutzt dasitzenden Konzertmeister die Geige aus der Hand und spielte weiter, so daß das Publikum schon nach dem ersten Satz erleichtert klatschte, worauf im Saal das Licht anging und die Blumen hereingebracht wurden. Als sich der Irrtum herausstellte, wurde das Licht wieder gelöscht, man schloß die Saaltüren, die Blumen wurden wieder hinausgetragen ... Ich habe erlebt, wie ein Cellokonzertmeister mitten in einer Symphonie nicht weniger als zweimal seine Saite neu aufziehen und stimmen mußte.

Aber solche Malheure sind nicht zu vergleichen mit dem, was Rubinstein widerfuhr: ein einziger Künstler hat einen ganzen Sonatensatz auf das wilde Ende zugespielt, getürmt, und dann geschieht so etwas.

Rubinstein tat nicht, was er durchaus hätte tun können und was viele andere getan hätten: er hörte nicht auf. Sondern in schäumendster Tonflut, halb sitzend, halb stehend auf zusammengeschrumpftem Stuhl spielte er ohne Pause, ohne falschen Ton, ja ohne auffälliges Innehalten dies irrwitzig schwere Stück zu Ende. So groß, man erlebte es kopfschüttelnd mit, sind seine Reserven – so gut seine Nerven. Als dann der Beifall über ihm zusammenschlug, blickte er mißbilligend auf den geborstenen Schemel.

Wenn es noch eines Beweises bedürfte für die singuläre Qualität des »Rubinstein-Tones«, so genügte die Aufnahme der Beethovenschen Frühlingssonate von Rubinstein und Szeryng. Man kann miterleben, daß ein Flügel schöner zu »singen« versteht als die Violine. Der große Pianist spielt den wahrlich doch selbstbewußten und souveränen Geiger nahezu aus. Eben noch hat Henryk Szeryngs Geige die Frühlingssonaten-Melodie gesungen, da setzt mit hinreißender, dennoch nicht forcierter Beschwingtheit das Klavier ein – und entmündigt die Violine. Höchst beklommen wandert Szeryng sodann an Rubinsteins Hand durch Beethovens Sonatenland.

Doch alle Schallplattenfestlegungen sind nicht der Weisheit letzter Schluß. Rubinstein langweilt sich, wie er einmal sagte, beim Erreichten. Erst vor einigen Jahren hat er in Luzern das 3. Klavierkonzert Beethovens neu entdeckt: nicht nur für sich, sondern für alle. Es gibt eine berühmte, aber etwas oberflächliche, allzu rasche und glatte Aufnahme dieses Konzertes. Kein Geringerer als Toscanini hat da dirigiert – und Rubinstein, einige Jahrzehnte jünger, hat es gespielt. Die Passagen leuchten wie Raketen.

Aber das c-Moll-Konzert von Beethoven ist ja weder ein Virtuosenstück noch etwa eine Mischung aus 5. Symphonie und Pathétique – obschon es in c-Moll steht und mit einem düsteren Dreiklangsthema beginnt. Der »reife« Rubinstein hat dem Stück endlich seine Würde wiedergegeben. Er hat es aus der Zone platter Dramatik entrückt in den Bereich eines jünglingshaften Gefühls. Das Konzert beginnt zu leben. Man begreift da plötzlich, was auch Rubinstein früher nicht aufgegangen war: die schwärmerische Werther-Stimmung dieser Musik. Die Jünglings-Melancholie, in die sich das Klavier sogleich nach dem markigen Hauptthema einspinnt, ist typisch und charakteristisch für dieses Werk, das erst dann zu atmen und zu leben beginnt, wenn der Solist es unforciert mit süßem, schwärmerischem, aber nicht schwerem Pathos spielt. Rubinstein unterwirft alle Passagen diesem Grundton – nachdem er es zusammen mit Toscanini noch zum Ausdruck etwas leichtfertiger Virtuosität gemacht hatte. Jetzt paßt das süß-melancholische E-Dur-Largo ganz organisch ins Werk, auch der Moll-Humor des letzten Satzes ist kein Abfallen mehr, sondern eine sentimental-ironische Antwort aufs pochende Gefühl des Anfangs. Rubinstein hat also Beethovens c-Moll-Konzert zweimal höchst gegensätzlich verstanden: das eine Mal animiert von Toscaninis Brio, das andere Mal eingebettet in Wladimir Golschmanns Zurückhaltung.

Diese Freiheit Rubinsteins, diese Mischung aus Spontaneität und Süße macht ihn zum Chopin-Spieler schlechthin. Der 1. Satz des e-Moll-Konzertes op. 11 in der Interpretation Rubinsteins ist eine der schönsten Klavierplatten, die es überhaupt gibt. Rubinsteins majestätischer Zugriff und seine Delikatesse überwältigen. Trotz aller Süße wird die Interpretation nicht süßlich. Denn Rubinstein unterstreicht das Rhythmische, die Motorik, das Federnde und Gefährliche. Er hat die Trillerbewegung am Schluß des Satzes entdeckt und spielt sie mit – hier sei das Wort einmal gewagt – genialischer Kühnheit und Beherrschtheit aus.

Rubinstein spielt einen stolzen Chopin, einen männlichen Chopin, nicht jenen freundlichen, sentimentalen Emigranten, der wehmütig den alten Weisen seiner Heimat nachlauscht. Rubinstein kennt Chopins manische Komponente, jenen gar nicht mehr so freundlichen, leisen Polen, der, wie George Sand wissen mußte, »fürchterlich war in seinem Zorn«, der gelegentlich mit schweren Gegenständen nach Klavierschülern warf. (Alfred Cortot hat Chopins Hochmut und Menschenverachtung in seinem Chopin-Buch beschrieben.) In der Tat: wäre Chopin so entzückend mädchenhaft gewesen, wie alle jenen polnischen Gräfinnen es wissen wollen, in deren Armen er starb – und wie selbst Liszt ihn charakterisiert –, dann wären die wilden fff-Ausbrüche, die in den meisten großen Kompositionen Chopins stehen, gar nicht recht zu erklären. Sie wären unglaubhaft. Rubinstein macht sie glaubhaft. Er hat einen untrüglichen Sinn für das – über die nur schön-erfüllten Augenblicke hinausweisende – wild-motorische Drängen Chopins. Ob Rubinstein das E-Dur-Scherzo op. 54 beginnt wie einen Elfentanz von Mendelssohn und dann zur heroischen Ballade eines polnischen Liszt steigert, ob er die Nuancen in den Nocturnes manchmal so übertreibt, daß es keine bloß gefälligen Nuancen mehr sind, oder ob er eben im e-Moll-Konzert aus einer sonst kaum recht begriffenen Stelle plötzlich ein polyphones Bacchanal der Triller und Bewegungen entstehen läßt – immer gewinnt Chopins Musik die keineswegs ruhige Authentizität des Selbstverständlichen. Auch im Hinblick auf den Formverlauf bieten diese »agitato«-Takte – wir drucken hier einen Teil ab – etwas Überraschendes. In der Reprise folgen sie dem Seitenthema. In der Exposition standen sie nicht! Da Chopin mit der Sonatenform oft so verfährt, daß er von der Durchführung gleich ins Seitenthema überleitet, wirkt dieser motorische Ausbruch wie eine Mischung aus den noch nachzitternden Triebkräften der Durchführung und heimlicher Coda. Es ist ein Höhepunkt (Beispiel 2).

Natürlich ist gleichgültig, ob Rubinstein alles das bewußt hat betonen wollen oder nicht. Die Unwiderstehlichkeit, die Macht seiner Auffassung verrät so viel über eine solche Stelle, daß wir Zuhörer durchaus das Recht haben, den Wegen eines großen Interpreten nachzugehen und jene Landschaften mit pedantischer Akribie zu vermessen, die er für uns erschließt (mag er nun instinktiv oder bewußt »vorgegangen« sein).

In dem Aufsatz, den Rubinstein zur Feier des 150. Geburtstags von Chopin für die »New York Times« schrieb, drückt Rubinstein die Überzeugung aus, daß Chopin sich mehr als »Klassiker« verhielt denn als »Romantiker«. Mozart und Bach seien seine Meister gewesen. In

Aus: Chopin, Klavierkonzert Nr. 1 e-Moll op. 11, 1. Satz

Hier sind die meisten Pianisten schon ermattet. Nicht Rubinstein. Aus der drohen-
den Trillerbewegung der linken Hand und den Passagen der rechten gewinnt er eine
kontrastreiche Steigerung.

einem Interview ging Rubinstein noch weiter. Er sagte (laut »Welt-woche«, Zürich, vom 8. Juni 1962): »Chopin ist überhaupt nicht roman-tisch. Ein großer Irrtum, dies zu glauben! Man nennt ihn einen Roman-tiker nur aus dem Grunde, weil man ihn stets in Zusammenhang mit den 1830er Jahren sieht. Leute, die um dieses Jahr geboren sind oder in dieser Ära Beiträge irgendwelcher Art geleistet haben, pflegt man als romantisch abzutun.

Für meinen Begriff ist Beethoven der größte Romantiker, weil er sich getraute, den strengen Klassizismus eines Haydn oder Mozart zu brechen . . .«

Strawinsky, Prokofieff, Villa-Lobos, Szymanowsky – zahlreiche Komponisten einer, wenn man so sagen darf, folkloristischen Moderne sind Rubinsteins Freunde: er setzt sie oft und gern aufs Programm. Mit den Wiener Atonalen oder gar den seit 1945 entstandenen seriellen Schulen scheint er sich, öffentlich, kaum je beschäftigt zu haben. Das überläßt er gern Glenn Gould.

Zu Hause fühlt er sich offenbar zwischen Spätromantik und Impres-sionismus. Wie kann er César Franck abtönen, die Stretta aus dem Finale des Grieg-Konzertes federnd in Bewegung setzen! Wie kann er Rachmaninow und Tschaikowski, aber auch Schumann, dessen Kreis-leriana und a-Moll-Klavierkonzert freilich auf Rubinstein-Platten längst nicht phantastisch und nervös genug klingen, oder Schubert hul-digen! Wie Rubinstein Brahms, den einen Eckpfeiler seiner Kunst, be-wältigt, haben wir schon gewürdigt. Wir wissen, daß er als erster Cho-pin-Spieler der Welt gilt. Machen wir nun den letzten Schritt seiner »Entwicklung« auch mit. Wie spielt Rubinstein Mozart?

Es gibt keine öffentliche Äußerung Rubinsteins aus letzter Zeit, wo er nicht darauf zu sprechen käme, daß er heute Mozart »über alles« schätze. Obschon Rubinstein Mozart-Konzerte verhältnismäßig selten auf seine Programme setzt, hat er nun doch einige große Klavierkon-zerte auf Schallplatten eingespielt: das große C-Dur KV 467, das berühmte A-Dur KV 488, das c-Moll-Konzert KV 491. Rubinstein spielt einen Mozart auf Samt. Natürlich perlen, leuchten, atmen die Passagen: das ist selbstverständlich. Trotzdem kann man sagen, Rubin-steins Mozart-Interpretation sei altmodisch, sei sentimental, es sei eine Spur Ludwig Spohr beigemischt, eine Winzigkeit Chopin – und es sei nicht das geringste Zugeständnis an Rokoko-Silber gemacht. Hier schei-den sich die Geschmäcker: Mir scheint, daß Rubinstein zwar einen sprechenden, oft geradezu deklamatorischen Mozart bietet, aber keinen stillosen, keinen verzerrten. Er gibt den Tönen Gewicht, ohne je die Lautstärke zu übertreiben. Hört man auf der Platte den Beginn aus Mozarts spätem a-Moll-Rondo für Klavier, dann hat eine Schallplatte die Unmittelbarkeit Rubinsteinscher Improvisation eingefangen. So etwa klingt es, wenn Rubinstein sich im Konzert in der Seelenlandschaft eines Adagio behutsam verirrt. Die Pianistenhände, die da den Ton »Süße der Entmutigung« beschwören, müssen ungeheure Kraft besitzen: sonst könnten sie nicht so gleichmäßig, so beherrscht, so sprechend leise sein.

Vielleicht spielt Rubinstein die Ecksätze der Mozart-Konzerte manchmal um eine Spur zu mächtig, zu wenig flexibel. Etwa das Finale aus dem A-Dur-Konzert oder auch den Variationensatz aus dem c-Moll-Konzert: durchsichtiger geht es gewiß nicht, perlender, harmonischer; aber doch graziöser, beschwingter. Wie ernst es Rubinstein ist mit dem Bekenntnis: »Ich schätze Mozart über alles: ihm gilt meine ganze große, innige Verehrung«, belegt, über noch so verehrungsvolle Worte hinaus, seine Darbietung des langsamen Satzes aus dem A-Dur-Konzert (KV 488). Es ist eine namenlos traurige Pastorale in fis-Moll, die selbst in Mozarts Schaffen ein großer Augenblick war. Das Thema ist berühmt und bekannt. Alfred Einstein erklärt in seiner Mozart-Biographie, es sei ein »Andante«, Mozart habe es »irrtümlich Adagio« überschrieben (Beispiel 3).

Auf der Rubinstein-Platte wird der Satz als »Andante« verstanden: Rubinstein benötigt für die 12 Takte des Themas 49 Sekunden. Wilhelm Kempff spielt ihn als »Adagio«, also doch eigentlich langsamer, braucht aber für dieselben 12 Takte nur 39 Sekunden. Physiker und Freunde von Präzisionsinstrumenten mögen daraus ersehen, daß in Musik-Interpretations-Dingen auf nichts Verlaß ist. Dieselben Takte dauern bei Kempff im Adagio-Tempo kürzer als bei Rubinstein im Andante...

Doch damit sind die Unterschiede wahrlich noch nicht aufgezählt. Rubinstein nimmt das Thema dunkler, gewichtiger, unnervöser als Kempff. Denn Rubinstein hält den Rhythmus der linken Hand sonor durch. Ein verzweifelter, aber gleichmäßiger Herzschlag pocht zur Melodie, während die gleichen Begleitakkorde bei Kempff viel beiläufiger, unwichtiger, flacher kommen, ja manchmal fast ausbleiben (zweiter Begleitakkord im 8. Takt!). Weil aber Rubinsteins Linke so

Aus: Mozart, Klavierkonzert Nr. 23 A-Dur KV 488, 2. Satz

Wie selbstverständlich erscheint alles in diesen namenlos schönen Mozart-Takten –
und wie schwer ist es zu treffen! Die linke Hand hält fast unbeirrt ihren Pastorale-
Rhythmus durch, die rechte ist von differenzierter Vielfalt, tiefsinnigem Ernst, ver-
dunkeltem Staccato. Arthur Rubinstein und Wilhelm Kempff interpretieren das Thema denkbar verschieden; geradezu programmatisch sind die Unterschiede vor allem
im 2., 7. und 8. Takt. (Siehe unseren Vergleich Seite 59–60.)

ruhig und schön bewegt ihr todtrauriges Gleichmaß darbietet, darf –
und das entspricht ja Mozarts Hinweis auf den Unterschied zwischen
beiden Händen! – die Rechte viel freier und ausdrucksvoller artikulie-
ren. Die große, wehmutsvolle 16tel Stelle – 7. Takt –, die Kempff noch
spritzig-rokokohaft versteht, hat bei Rubinstein traurige Fülle. Kempff
vermeidet jede expressive oder gar tragische Verdeutlichung. Er holt
vor dem 5. Takt nicht Atem, sondern überspielt die wichtige Pause
(2 Achtel) nahezu. Dafür betont er im zweiten Takt das überraschende
Stakkato-Gis der rechten Hand, was den Takt zerbrechlich und unruhig
macht. Bei Rubinstein hingegen wird aus dem E-is der linken Hand ein
gewichtiges, großes Ereignis. Doch weil dieses E-is auf einen schweren
Taktteil fällt, stellt sich unwillkürlich mehr Ruhe her. Auch die beiden
32tel-Vorschläge des 5. Taktes werden von beiden Pianisten verschieden gespielt: Rubinstein spielt sie vom Rhythmus der linken Hand aus
(das erste 32tel stößt mit dem dritten Begleitakkord zusammen) –
Kempff konzentriert sich auf die Melodie, darum stößt bei ihm erst
der Spitzenton, das Fis, mit dem Begleitakkord zusammen.

Zwei große Pianisten demonstrieren also eine bis ins einzelne gehende Verschiedenheit: der eine, Rubinstein, leistet sich großen, herrlichen
Ausdruck auf der festen, vollen Grundierung eines mit tragischer Ruhe
durchgehaltenen Rhythmus; der andere, Kempff, bleibt eigentlich zurückhaltender, dennoch wirkt sein Spiel zierlicher und nervöser (und,
für meinen Geschmack, hier längst nicht so zwingend), weil er durch
originelle und spitze Artikulation der Rechten, trotz großer Scheu vor
romantischer Sentimentalität, zu erreichen suchen muß, was der viel-
stimmigen Ruhe Rubinsteins wie von selbst zufiel.

Freiheit von der Routine und zu sich selbst; spielendes, verspieltes
Glück und das Talent, produktiv alt werden zu können: diese drei
Eigenschaften bilden Rubinsteins musikalische Physiognomie. Wenn es
unter den Pianisten einen »Ersten« geben könnte, dann wäre er es,
solange noch Kraft und Phantasie in ihm lebendig sind. Das Höchste
an Rubinsteins Kunst, der nur wenige Alterserscheinungen anzumerken
sind, ist, wie Ivan Nagel zu Rubinsteins 85. Geburtstag schrieb, »ein
– ja, schon beinahe andächtiger – Genuß der Schönheit, die vom
Menschen gemacht worden ist. Sie ist, sogar in den Momenten stillster
Versenkung, stets noch Selbstgenuß des Menschen Rubinstein. Dieser
gerührt aufmerksame, nuanciert dem eigenen Gefühl nachlauschende
Selbstgenuß mag, psychologisch gesehen, wohl die freundlichste, aus-

geglichenste, glückhafteste Variante jener jüdischen Selbstbeobachtung und Hypochondrie darstellen, die sich in gebrocheneren, rebellischeren großen Juden zum Protest gegen das Leid der Menschheit, zu Denkkonzepten der utopischen Kritik und Revolte extrovertiert, sozialisiert hat. Solchen pathetischen Umschlag der Sensibilität in Ethos (der nicht nur bei Denkern jüdischer Abstammung wie Adorno, Marcuse, Bloch, sondern auch bei Musikern wie Huberman, wie Serkin zu beobachten ist) – kennt Rubinstein nicht. Musik ist für ihn Glück, das größte Glück, das uns in diesem Leben gegeben ist ...«

Wilhelm Backhaus

Verglichen mit Arthur Rubinstein wirkte Wilhelm Backhaus, der andere große alte Mann des Klaviers, fast behäbig, fast unempfindlich. Backhaus ist kein Originalgenie, dennoch hatte ihm gegenüber eigentlich alle Kritik leicht etwas Töricht-Rechthaberisches, Überflüssiges. Dies nicht etwa, weil der 1884 (!) geborene Künstler viele Jahre in der »Schon-Zone« war, die ein wohlerworbenes Anrecht aller der Künstler ist, welche ein Leben lang den Musen treu waren und in höherem Alter das Nachlassen der physisch-manuellen Kräfte mit Vergeistigung oder Weisheit oder falschen Tönen bezahlen. Solcher Schonung spottete der alte Backhaus (und, als einziger neben ihm, eben der alte Rubinstein). Er konnte es sich leisten, im Scherzo des B-Dur-Konzertes von Brahms den Dirigenten bei der Probenbesprechung zu rascherem Tempo aufzufordern – denn die Unkosten dieses Tempos in Form wahnwitziger Pianissimo-Oktaven bezahlte er nach wie vor gleichsam nebenher. Sein Spiel bestätigte, was er einmal von großen Pianisten verlangte: Liszts Campanella-Etüde müsse verfügbar sein, selbst wenn sie nicht auf dem Programm steht. Sozusagen als Reserve . . . Die souveräne Ruhe, mit der Backhaus Beethoven spielte, hat also auch einen ganz simplen technischen Grund. Äußerste Schwierigkeiten verlangen ihm noch nichts Äußerstes ab.

Im »Goldenen Buch der Musik«, das lange vor dem ersten Weltkrieg herauskam, kann man ein Bild des jungen Backhaus finden: dichtes, phantastisches Künstlerhaar, ein unternehmender, aber kühler Blick, das Bewußtsein der eigenen Fähigkeiten und großer sächsischer Musikerrealismus sprechen sich darin aus. Liszt dürfte damals nicht nur technische Reserve gewesen sein. (Ganz war er es übrigens wohl wirklich nie: Schubert-Liszt-Transskriptionen, von denen jüngere Musiker leider gar nichts wissen wollen, hat Backhaus auch nach dem Zweiten Weltkrieg noch gespielt.)

Wir sind nur zu leicht geneigt, Backhaus unter dem Aspekt dessen zu sehen, was sein Spätstil, sein Verständnis vor allem für die große Lyrik letzter Beethoven-Sonaten uns bedeutet. In einem Alter, da andere Pianisten sich zurückziehen müssen, kam bei Backhaus überraschend und zunehmend noch ein Moment von Süße hinzu, von linder Bewegtheit und Dolce-Zauber.

In seinen jungen und mittleren Jahren galt Backhaus keineswegs schon als der große Beethoven-Spieler. Niemand wäre auf die Idee gekommen, seine Interpretationen auf eine Stufe zu stellen mit Artur Schnabel, Frederic Lamond, Eugen d'Albert oder Edwin Fischer. Backhaus' grandiose Nüchternheit und seine technische Unfehlbarkeit machten ihn damals berühmt. Wenn er als achtzigjähriger das Rondo capriccioso von Mendelssohn »hinlegt«, dann ahnt man, wie der junge Backhaus vielleicht gespielt hat. Präzise, mit ausdrucksvoller Empfindung, nicht gerade phänomenal brillant, aber doch im Sinn einer höheren Richtigkeit. Backhaus wich den virtuosen Schwierigkeiten keineswegs aus: aber er bewältigte sie nur sicher, ohne die Rubinsteinsche Freude am Gelingen.

Ein so kluger und feiner Beobachter wie Walter Niemann schrieb 1921 über Backhaus: »Wohin der Neuklassizismus bei geistiger und seelischer Indifferenz und höchstgesteigerter Technik führt, dafür ist der Leipziger Wilhelm Backhaus ein lehrreiches Beispiel. Für den Virtuosen Backhaus, der gleich Dohnányi durch Eugen d'Albert die pianistischen Weihen empfing, gibt es keine technischen Schwierigkeiten. Backhaus reicht uns den allgemeingültigen Inhalt eines Kunstwerkes in formvollendeter und technisch kristallklar geschliffener Schale. Der Virtuose und Techniker Backhaus wurde frühzeitig in England und Nordamerika populär. Sehr bezeichnend, begreiflich und charakteristisch, da das angelsächsische Kunstempfinden dieses technisch untadelig vollkommene, zeichnerisch klare und scharfe, dieses akdemisch formale Musizieren am höchsten bewertet. Jedenfalls fühlte der Angelsachse die glänzende musikalische ›Championship‹ des großen Virtuosen und fabelhaften Technikers Backhaus sofort richtig heraus. Als solcher war Backhaus schon in seiner Jugend ein Phänomen. Die Vollendung seiner enormen Technik, die selbst sehr lebhaft bewegte Präludien, Sonaten- und Konzertsätze im rasendsten Tempo einer Etüde bei unbedingtester technischer Klarheit zu ›nehmen‹ erlaubt, das Ebenmaß seines Anschlags, die energische Modellierung seines wundervollen, großen und kompakten Klaviertones, der für alle Grade des Dekorativen, des Heroischen ausreicht, seine Tragfähigkeit und Fülle, die Kraft, Aus-

Arthur Rubinstein

Wilhelm Backhaus

dauer und Treffsicherheit seines Spiels, die unbedingte Zuverlässigkeit seines gewaltigen Gedächtnisses – all das ist vollkommene Meisterschaft, an der man ehrlich staunend und bewundernd sich immer wieder herzlich erfreut. Allein so großzügig und natürlich das alles ist, mit so gesundem und sicherem rhythmischem Instinkt der Künstler auch gestaltet, gliedert und phrasiert, so bemerkenswert große Bögen der Melodielinie er auch spannt: die Schattierungsfähigkeit seines Klaviertons bleibt gering, infolgedessen die ›neutrale‹ Mittelfarbe in ermüdendem Maße vorherrschend, das piano kühl. Der Geist, der mit diesen kostbaren, von der Natur empfangenen Pfunden wucherte, die Seele, die den Ton zum Widerhall eines reich und phantasievoll bewegten Innern macht, fehlt. Backhaus ist und bleibt der akademische Techniker. Das Stilgefühl und die Kunst der Einzelcharakteristik ist kaum entwickelt. So spielt er nicht nur rein tonlich, sondern auch seelisch Bach wie Liszt, Brahms wie Rubinstein, Schumann wie Debussy, Beethoven wie Chopin. Am tiefsten gähnt die geistig-seelische Kluft da, wo mehr als in erster Linie glänzendes äußeres Massenspiel gefordert wird ...« (Walter Niemann: »Meister des Klaviers«, Berlin 1921, S. 48 ff.)

Dieses umfangreiche Zitat ist lehrreich nicht nur im Hinblick auf Backhaus und seine Entwicklung. Walter Niemann, Komponist, Pianist und Musikschriftsteller, lebte jahrzehntelang in Leipzig. Wenn auch aus seiner Charakteristik die oft zu beobachtende leichte Animosität eines Sachsen gegen den anderen herauszuhören sein mag, so verrät dieser Absatz darüber hinaus einiges von der damaligen deutschen Verachtung für den angelsächsischen Musikgeschmack. Paradoxerweise gilt jener Backhaus-Akademismus, den Niemann als Exportartikel für England und Amerika bezeichnet, heutzutage in Amerika eher als typisch für die germanischen Pianisten, denen man dort gern ledernkorrektes, solides Spiel nachsagt – wofür man begreiflicherweise mehr Respekt als Liebe aufbringt.

So ändern sich die Zeiten und die Vorurteile. Immerhin: Backhaus, den Niemann als Typus des reinen, geschmackvollen Virtuosen beschreibt und abtut, wuchs wohl nur langsam zum großen Beethoven-Spieler. Walter Niemann starb 1953 in Leipzig – er hat Backhaus' Wandlung also noch miterleben können. Doch Backhaus hat sich gewiß schon damals durch ein solches Urteil genausowenig anfechten lassen wie von begeisterten Lobsprüchen. Unempfindlich und zurückhaltend, wie er manchmal auch spielte, ging er seinen Pianistenweg weiter, so als ahnte er, daß ihm später noch einmal eine grandiose Erfüllung beschieden sein würde. Merkwürdig genug: Backhaus und Rubinstein, die großen alten Pianisten unserer Epoche, haben eine zwar durch phänomenale technische Beschlagenheit erleichterte, sonst aber keineswegs geradlinige, unbedrohte Karriere gemacht. Sie wurden erst spät, was sie sind. Doch solche späte Erleuchtung hätte es nicht geben können, wenn da nicht vorher Jahrzehnte langer, manchmal irrender, Bemühung gewesen wären. 1884 in Leipzig geboren, von Nikisch und d'Albert gefördert, durch den Pariser Rubinstein-Preis bekannt geworden, spielte Backhaus also seit mehr als siebzig Jahren Klavier. Da er rasch berühmt war, konnte er es sich leisten, auf pädagogische Tätigkeit weithin zu verzichten.

An Backhaus' Begegnung mit dem B-Dur-Konzert op. 83 von Johannes Brahms läßt sich konkretisieren, was das eigentlich ist: pianistische Erfahrung. Es kostet Anstrengung, sich zu vergegenwärtigen, daß Backhaus im Jahre 1903 zum erstenmal das Brahmssche B-Dur-Konzert, dieses gewiß schwierigste und gewichtigste Stück der klassischen-romantischen Tradition, öffentlich spielte. Backhaus war damals kaum zwanzig Jahre alt. Als Dirigent und Berater stand ihm Hans Richter bei, eben jener berühmte Wagner- und Brahms-Dirigent, der noch zu Lebzeiten von Brahms so manche Brahms-Uraufführung geleitet hatte. Und Johannes Brahms war 1903 erst sechs Jahre tot. Gibt es einen Schauspieler, der sechzig Jahre lang den Hamlet oder den König Lear oder den Faust spielen darf (und überdies noch im Schatten des Autors die Rolle einstudierte)? Im Bereich der Musik ist das möglich.

Das B-Dur-Konzert beginnt mit einem Horn-Motiv. Drei Viertelnoten, Achteltriole, danach eine gleichsam in die Ferne winkende Terz. Backhaus weist ein allzu hurtig schreitendes Eröffnungstempo zurück, er will das Tempo des Motivs aus den lyrischen Umspielungen entwickelt sehen, die es am Ende der Durchführung umgeben. Und er will die Verführung zum Ritardando von vornherein ausschalten. Er sagt: »Je älter man wird, desto lächerlicher wird jedes Ritardando.« Die Musik müsse aus sich selber sprechen, der Stütze hinzugefügter Ritardandi oder Accelerandi bedürften nur die zweitklassigen Kompositionen. In aller Ruhe sei die Triolenfigur des Horns zu nehmen, jeder Gefühlsdrücker schwäche die Wirkung ab.

Natürlich: wenn man sich von sentimentalen Effekten lossagt, dann muß man um so sorgfältiger im einzelnen auf den Herzschlag des Motivs, der Musik lauschen. Zu solchen Überlegungen gehört auch Backhaus' Bitte ans Orchester, im großen ersten Zwischenspiel kein übermäßiges Fortissimo zu entwickeln; es dürfte nicht nach Brucknerischem Forte klingen, sonst habe jedermann vergessen, daß noch ein Klavier mitspielt. Beim expressiven Seitengedanken (»forte espressivo«) dürfte man nie vergessen, das zweite Achtel auszuspielen. »Sonst wird's trivial.« Solche Überlegungen mögen manchem Laien harmlos und unbedeutend scheinen; vielleicht hätten sie aus der Traditionsreihe, die von Brahms über Hans Richter zu Wilhelm Backhaus reicht, mehr erwartet als nur handwerkliche Tips. Aber Backhaus erwog: »Soll ich meinen Akkord hier ins Horn hineinklingen lassen?« Oder: »Im Fortissimo der Coda kein Accelerando, eher das Gegenteil. Es muß groß, ganz und gar groß klingen.« Oder: »Tranquillo heißt nicht langsam, sondern ruhig.« Es gibt da fast unspielbare, im Pianissimo vorgeschriebene Oktaven. Diesen Triosatz nehmen die Dirigenten gern viel langsamer, obwohl nur »largamente« (also »schwerer«) dasteht. Backhaus ermunterte darum zu einem verhältnismäßig scharfen Tempo, dessen Kosten der Pianist tragen muß. Nicht jeder kann das. Immerhin dürfe das Tempo des Scherzos nicht so scharf sein, daß die synkopischen Pausen am Schluß nicht mehr herauskämen. Das Andante mit der (oft ein wenig schmalzigen) Cello-Kantilene sei beinahe als Adagio zu nehmen. »Je schlichter, desto schöner wird's!« Ein Seitenthema des letzten Satzes sei einem Wiener Prater-Leierkasten nachgebildet. Bei einer effektiv unspielbaren Stelle müsse der Dirigent »Gnade vor Recht« ergehen lassen, wie Huberman das genannt habe. Was das Rondo-Thema angeht, das Backhaus entzückend zu pointieren weiß, so kommt es vor allem darauf an, die überleitenden Oktaven-Sechzehntel des vierten, sechsten und achten Taktes ganz präzise im Tempo zu nehmen. Auch die Geigen sollten das bei der Wiederholung des Themas tun. Dann erst entstehe Durchsichtigkeit, die aller hingeschmierten Virtuosität überlegen sei.

Natürlich sollen nicht alle Pianisten das B-Dur-Konzert so spielen wie Backhaus. Er setzte dem Brahmsschen Spätwerk eine besonnene Ausdrucksaskese entgegen. Svjatoslav Richter spielt dieses Konzert mit innigem, jugendlich drängendem Elan – das darf man auch. Horowitz versteht es, ein Verdisches Brio aus Brahms' spätem Feuer herauszuholen. Das mag vielleicht stilistisch nicht statthaft sein, doch wenn

Toscanini dabei dirigiert, erweist sich rasch, daß dem Werk auch dieser Wesenszug abzugewinnen ist. Rubinstein schließlich verwandelt alles, was Brahms in dieses Konzert herb hineingeheimnist hat, zurück in pianistischen Wohllaut. Doch die Verdrossenheit, wehmütige Schwerfälligkeit, Introvertiertheit des späten Brahms: die hat es bei Backhaus.

Weil der erste Satz zu ruhig sei, hat Brahms, was in Klavierkonzerten nicht üblich ist, ein lebhaftes Scherzo an die zweite Stelle gesetzt. Backhaus spielt das Scherzo mit verbissener Härte. Er drängt, aber er verzichtet auf sentimentale Schattierungen. Merkwürdigerweise bemerkt man auf den Platten mehr als am Konzertabend, daß die Pianissimo-Oktaven ihm doch Mühe machen.

Trotz seiner Schubert- und Brahms-Interpretationen galt Wilhelm Backhaus doch als Beethoven-Spieler schlechthin. Im Gegensatz zu Rubinstein scheint Backhaus an den frühen Sonaten Beethovens wenig gelegen. Er braucht den riesigen, grüblerischen Widerstand: die Spielfreudigkeit der frühen Sonaten geht ihn vielleicht nicht mehr so viel an. Graf Kalckreuth beschrieb das folgendermaßen: »Wenn Beethoven wenig zu sagen hat (op. 10, 2), dann hat auch Backhaus wenig zu sagen. Erhebt aber jener seine esoterische Stimme, wird des Staunens kein Ende...« Auch die Mondschein-Sonate kann man differenzierter und gewaltiger spielen, als Backhaus es tut. Backhaus rückt den ersten Satz relativ kompakt in Balladennähe, in Brahms-Verwandtschaft. Er nimmt ein verhältnismäßig zügiges Tempo, betont die Bässe, setzt Akzente, scheut vielleicht allzusehr Feingliedrigkeit, Sensibilität und Dekadenz. Beim Allegretto dann fällt auf, daß Backhaus entscheidende Akkorde auseinanderschlägt, ohne es zu merken. Das Schluß-Presto spielt Backhaus zügig, zusammengefaßt, ernst und ohne jede virtuose Eitelkeit, wenn auch nicht gerade überschäumend. Backhaus nimmt das Adagio mit bedeutender, männlicher Gelassenheit, aber vielleicht doch ein wenig zu robust – so wie ein gesunder, kräftiger alter Herr sich auf den sentimentalen Schmerz junger Leute nicht mehr recht einlassen mag. Ein Schallplattenvergleich lehrt folgendes:

Wladimir Horowitz, den alle als Techniker verketzern, braucht für das Adagio zwei Minuten länger. Bereits im dritten Takt merkt man, wie eine neue Klangfarbe ins Spiel kommt. Horowitz spielt den ersten Satz der Mondschein-Sonate mit großer Sensibilität und nervöser Ausdruckskraft. Während Backhaus die Baßlinien und Korrespondenzen im Mittelteil mächtig verdeutlicht, macht Horowitz aus den aufsteigenden Achteltriolen ein sensibles Gedicht. Bei Horowitz besteht freilich die Gefahr, daß das Stück in lauter schöne Stellen zerfällt. Dabei übertreibt er keineswegs das Rubato, sondern er spielt die langsame Begleitfigur mit jener eisernen Gleichmäßigkeit, wie sie nur ein großer Pianist zustande bringt. Langsamkeit und Ruhe können bekanntlich ungeheuer schwer sein. Man weiß ja, daß die Tänzerin gerade für den Adagio-Spitzentanz Füßchen aus Eisen braucht. So lehrt der erste Satz den Unterschied zwischen mächtiger, fast balladesker Gesundheit bei Backhaus und einer romantisierenden, freilich keineswegs willkürlichen Zerbrechlichkeit bei Wladimir Horowitz.

Aber wie spielt nun Wilhelm Backhaus das Presto-Agitato im Vergleich zu Wladimir Horowitz? Horowitz hält zwar wohl das Tempo, nicht aber sein eigenes Temperament durch. Vor dem langen Triller, zum Beispiel, stehen wilde A-Dur-Passagen. Bei Backhaus besitzt eine solche Stelle Ernsthaftigkeit und Wucht. Bei Horowitz hingegen hat man das Gefühl, es handele sich gar nicht mehr um Beethoven, sondern um eine explodierende Nähmaschine. Da tritt die rein pianistische Bewältigung kahl hervor, der Sonatenzusammenhang scheint gesprengt, die beispiellose Deutlichkeit bringt mit sich, daß bestimmte Alberti-Bässe in einer Geschwindigkeit hörbar werden, die sozusagen transmusikalisch ist. Backhaus, der es nicht auf übertriebene Klarheit anlegte, ist da dem Stück gemäßer. Er läßt sich vom Beethovenschen Geist weitertreiben, spielt die prasselnden Achtel nicht harmlos, simpel, wohllautend, sondern zumindest gewichtig. Er vermag, obwohl ihm manches undeutlich gerät, den Presto-Atem durchzuhalten. Backhaus' Beethoven-Interpretation besteht gerade nicht aus Einzelheiten. Manchmal wird man zwar bei ihm den Verdacht nicht los, größere Differenziertheit und Variabilität seien denkbar; doch wenn das Werk vorbei ist, spürt man, daß Backhaus ein Ganzes gab. Man hat Beethoven gehört. Man ist nicht betrogen worden. Die Einzelheiten stehen sich nicht gegenseitig im Wege, die großen Linien sind da, nichts wird sentimental oder mit allzuviel persönlichem Expressivo belastet. Eine männliche, kluge, große Kunst läßt wie von selbst das Werk hervortreten. So spielt Backhaus die majestätische Einleitung der Hammerklavier-Sonate op. 106 in B-Dur von Ludwig van Beethoven langsam, zieht dann das Tempo zu einer großen Steigung an, nimmt die Passagen sehr gemessen. In diesem riesigen Werk ist Backhaus bereit, mit unforciertem Nachdruck eher die Gegensätze zwischen den musikalischen Charakteren zu betonen als das, was sie verbindet. Trotzdem herrscht über allen Gipfeln eine bewegte, herrliche und doch gelassene Ruhe. Bei Backhaus – und das bezeichnet einen auffallenden Unterschied zu Rubinstein oder Kempff oder Horowitz – wirkt es fast irreführend, wenn man sich zu sehr auf einzelnes konzentriert. Man verfehlt damit die Intention seines Spiels. Wird da irgendeine Nuance als Nuance erkenn- und beschreibbar, dann war es – im Sinne bester Backhaus-Interpretation – gewissermaßen schon zu viel. Denn Backhaus war auf eine schwer benennbare Weise besessen vom (natürlich nicht anders als musikalisch ausdrückbaren, unbegrifflichen) Begriff des Ganzen. Nicht, weil er eine exakte Vorstellung des Ganzen verwirklichen zu wollen scheint, sondern weil seinem Spiel eine fast instinktive architektonische Vernunft zuwächst: das klingt nicht abgekartet oder wohldisponiert, sondern selbstverständlich und mächtig-natürlich.

Spielte Backhaus Mozart-Konzerte oder Haydn-Sonaten, dann nähert er die Gegensätze der Tempi und Charaktere einander fast zu sehr an. Sein männlich gelassener Chopin, sein sonores Schumann-Spiel, aber auch seine immer ruhigere und ausdrucksvoll »neutrale« Darbietung der Beethoven-Konzerte: alles das scheint manchmal allzu zurückhaltend. Die Idee des Ganzen triumphiert fast zu sehr über die Einzelheiten. Manchmal, wenn Backhaus ein Schubert-Impromptu zugab, wenn er eine große, tiefsinnige Sonate hinter sich und gleichsam Ferien vom objektivierenden Ich hatte, drang Charme in sein Spiel. Dieser Charme ist Folge eines spielerischen Ernstes. Bei einem so unbestechlichen und ruhigen Musiker wie Backhaus berührten kleine, innige Nuancen um so stärker. Wenn, so ließe sich Backhaus' Charme vielleicht deuten, ein ruhiger Mensch sich zu einer herzlichen Geste entschließt, dann wird diese Geste eine größere Wirkung haben als die abgenutzte Gefühlsbekundung eines harmlos Extrovertierten.

Im Hinblick auf die späten Beethoven-Sonaten mag der Zurückhaltung des reifen Backhaus noch eine andere Funktion zukommen: die Größe dieser Musik wird bei Backhaus nicht belästigt durch Sentimentales. Beethovens transzendentales Subjekt darf, wenn es durch Backhaus redet, mächtig und einsam von Dingen sprechen, die irdischen Schmerzen kaum mehr gleichen. Manchmal freilich setzt die Musik sich »wie von selbst« zu rauschender, herrlicher Artikulation in Bewegung. Wenn Backhaus im Kopfsatz der Hammerklavier-Sonate mit der linken Hand nahezu unmerklich den musikalischen Verlauf dramatisiert, wenn da die Baß-Oktaven Energien ins musikalische Geschehen bringen (was Backhaus durch eine kaum mehr aussprechbar geringe Beschleunigung und Akzentuierung der immer mehr sich vordrängenden Oktaven seiner linken Hand erreicht), dann ist eben eine Wirkung erzielt, die als »Einzelheit«, zum Kopieren etwa, keineswegs auffällt – wohl aber den Gesamteindruck mitbestimmt (Beispiel 4).

Spielte Backhaus die Hammerklavier-Sonate im Konzertsaal, dann hatte sie grandiose Selbstverständlichkeit, als sei sie für Backhaus geschrieben. Er bleibt ihr nichts schuldig, weder die ätherische Durchsichtigkeit der Passagen noch die Gewalt der Akkorde oder die vorwärtstreibende Kraft der harmonischen Gespanntheit. Das Adagio klingt wie aus der Tiefe geholt, Brahms und Chopin nebenher gleichsam antizipierend. Die Fuge konnte Backhaus auch im Konzertsaal mit erstaunlicher Kraft und Schnelligkeit spielen. Wieder und wieder ereignete sich das Wunder: trotz technischer Perfektion, die so oft vom Ausdruck ablenkt, trotz kühler Gelassenheit, der so oft der »Ausdruck« fehlt, vollbringt Backhaus, daß man an Goethe denkt: »Dies strenge Herz, es fühlt sich mild und weich.« Er hatte wohl als einziger großer Pianist der Gegenwart die Gabe, jenseits von allem Einzelnen das Gesamte und Ganze so verstehen zu lassen, daß die große Wirkung erst dann sich einstellt, wenn der Künstler längst die Hände von der Tastatur genommen hat. Leider konnte die ruhige Männlichkeit, die zurückhaltend transsubjektive Zärtlichkeit des alten Backhaus sich kaum in Backhaus' späten Schallplattenaufnahmen niederschlagen, eher noch in den beiden Fernsehfilmen, wo er das G-Dur-Konzert Beethovens (Dirigent: beide Male Karl Böhm) spielt. Den langsamen Satz verstand Backhaus da erklärtermaßen nach dem Orpheus-Mythos. Orpheus: die wilden Tiere mit klagender Musik besänftigend; das Finale sollte dann gleichsam im heiteren Hellas »spielen« . . . Die Backhaus-Platten jedoch muß man mit »erinnerndem Ohr« hören, wenn man sie gerecht, wenn man sie richtig hören will.

Wilhelm Backhaus starb in den ersten Juli-Tagen des Jahres 1969. Während seines letzten Klavierabends am 29. Juni 1969 in der Ossiacher Stiftskirche ahnten seine Zuhörer, daß sie Backhaus nie mehr hören würden. Ich werde diesen Klavierabend nicht vergessen. Er, der Korrekte, Disziplinierte, Unfehlbare, spielte bereits die erste Sonate seines Programms nicht zu Ende. Er veränderte die Programmfolge,

Aus: Beethoven, Klaviersonate Nr. 29 B-Dur op. 106 »Hammerklavier-Sonate«,
1. Satz

Die Fülle des Ausdrucks und der Reichtum an inneren Beziehungen, die nicht unter-
drückt werden dürfen, kann dazu führen, daß gerade beim späten Beethoven die
großen, einfachen Relationen verlorengehen. Backhaus macht, wenn er die Hammerklavier-Sonate interpretiert, an dieser Stelle auf einen Zusammenhang aufmerksam,
der einfach, zwingend und unüberhörbar ist – falls man ihn erst einmal erkannt hat!
Er betont den Quartschritt der Baß-Oktaven (3. Takt unseres Beispiels). Diese Quar-
te kehrt wieder (Takt 9 und 11 usf.), sie führt zu grandioser, ganz unforcierter Steigerung.

machte zwischen den einzelnen Stücken immer größere Pausen. Am nächsten Tag wurde er ins Krankenhaus gebracht.

Wilhelm Backhaus begann sein letztes Konzert mit der Es-Dur-Sonate op. 31,3 von Ludwig van Beethoven. Er wollte dann noch Beethovens Les-adieux-Sonate und Opus 111 spielen. Zu Beginn der Es-Dur-Sonate schien nach wie vor der alte unfehlbare, sichere und ausdrucksstarke Künstler am Klavier zu sitzen. Im ersten Satz merkte man zwar, daß Backhaus die Konzentration nicht ganz leichtfiel, aber nach einigen Sekunden der Unsicherheit und Ungenauigkeit war er doch wieder »da«, die Architektur des Stückes kam klar heraus, kein Ton fehlte; der 85jährige spielte so, wie man es seit Jahrzehnten von ihm gewohnt war. Und im zweiten Satz, dem komplizierten, virtuosen Stakkato-Scherzo, wandelte sich der Respekt des Publikums wiederum in Bewunderung.

Backhaus spielte das Stück mit rhythmischem Feuer, er betonte die Baßakzente, er machte alles auf seine souveräne, ganz und gar unsentimentale Weise »klar« – unter anderem auch, daß er zu den wenigen Künstlern gehört, die einem solchen Werk gewachsen sind, ohne sich pianistisch vorzudrängen. Dann machte er eine kleine Pause und begann das Menuett. Dieses Menuett der Es-Dur-Sonate ist ein »altfränkisches«, leicht manieristisches Stück: Man hat das Gefühl, Beethoven spiele mit einer Form, behandele sie sowohl ironisch als auch sentimentalisch. Backhaus, plötzlich totenblaß, spielte das mit meisterhafter Genauigkeit. Den gespenstisch verklingenden Schluß des Stückes, das verhallende Abwechseln zwischen Dur und Moll, die schattenhafte Zwielichtigkeit: Backhaus ließ das alles mit geisterhafter, erschreckender Klarheit ertönen. Ganz ohne Selbstmitleid und übermäßige Sentimentalität. Man war ergriffen, gerade weil Backhaus, obwohl »gezeichnet«, nicht übertrieb. Dann erhob sich der Künstler, entschuldigte sich wegen einer Schwäche, bedauerte, das Stück nicht zu Ende spielen zu können.

Er machte eine Pause, kehrte zu seinem Publikum, das ihm Ovationen bereitete, zurück und spielte statt des Finales zwei Werke seines sächsischen Landsmannes Robert Schumann: nämlich »Des Abends«, dann »Warum?«. Man begriff, daß die Wahl dieser Titel kein Zufall war. Backhaus legte eine Innigkeit in die Frage des »Warum«, die ahnen ließ, wie genau er spürte, welche Frage er da stellte. Dann, nach beängstigend langer Pause, verabschiedete sich Backhaus mit dem allbekannten As-Dur-Impromptu von Franz Schubert, das junge Klavier-titanen gern dämonisch verstehen, solange Schubert da Forte und For-tissimo vorschreibt. Backhaus spielte das Stück verhältnismäßig zügig, anmutig, ganz und gar abgeklärt und heiter. Das Wienerische und das Weise waren eins geworden. So endete ein Klavier-Leben.

Wladimir Horowitz

»Klavierspiel besteht aus Vernunft, Herz und technischen Mitteln. Alles sollte gleichermaßen entwickelt sein. Ohne Vernunft sind Sie ein Fiasko, ohne Technik ein Amateur, ohne Herz eine Maschine. Der Beruf hat schon seine Gefahren.«

Diese Sätze könnte jeder konservative Klavierlehrer seinem begabten, aber gefährdeten Zögling mit auf den Weg geben: sie kommen indessen nicht aus dem Munde irgendeines wohlmeinenden und unbedrohten Pädagogen, sondern Wladimir Horowitz hat sie ausgesprochen. Damit aber sind diese Sätze bereits ein pianistisches Politikum. Diejenigen, die im hektisch gefeierten, modisch nachgeahmten, forciert brillanten, hysterisch menschenscheuen Wladimir Horowitz einen antimusikalischen Hexenmeister und Verderber der Klavierjugend sehen, welche maschinell donnernd seinen Spuren folge, werden sagen, die Mahnung käme aus der Defensive, sei im Grunde Selbstanklage, harmonisierendes Alibi. Denn bei keinem großen Pianisten unserer Zeit sei der Unterschied zwischen technisch-pianistischer Gewalt und musikalisch-interpretatorischer Harmlosigkeit, ja Geschmacklosigkeit größer als eben bei dem unseligen Phänomen Horowitz. Die Horowitz-Gemeinde wird darauf bestehen, daß Horowitz durchaus kein bloßer Tastenakrobat sei, sondern daß er zu fesseln vermöge wie kein anderer Pianist, daß er die Stücke klug und wild durchdringe – daß Inhaltlich-Musikalisches ihn brennend beschäftige. In der Tat: ohne musikalisches Engagement hätte Horowitz nicht, beispielsweise, binnen relativ kurzer Zeit Chopins Sonate in b-Moll op. 35 zweimal auf Platten eingespielt. Obwohl die erste Aufnahme pianistisch niederregend gelungen war, schien Horowitz nicht befriedigt. Die Aufnahme klang ihm nicht bewegt, nicht zusammenhängend genug. Darum probierte er es 1962 später noch einmal, das Rhapsodische und das Strenge dieser b-Moll-Sonate zu verbinden. Vergleicht man die beiden Aufnahmen miteinander, dann tönt die zweite Aufnahme tatsächlich bewegter, geraffter, herber, strenger. Sie ist nicht ganz so ekstatisch wie die manierierte

75

erste, aber sie übertreibt nun die architektonischen Zusammenhänge und gerät auf diese Weise zwar hochdramatisch, doch etwas zu massiv.

Wenn man Wladimir Horowitz, Emil Gilels, Svjatoslav Richter, David und Igor Oistrach, Nathan Milstein, Jascha Heifetz, Leonid Kogan und Mstislav Rostropowitsch, ein gutes Dutzend von Weltklasse-Instrumentalisten, am inneren Ohr vorbeiziehen läßt, die alle aus Rußland kommen und heute – sei es, daß sie amerikanische Staatsbürger geworden, sei es, daß sie kulturpolitische Paradepferde der UdSSR sind – die Konzertpodien der Welt beherrschen wie keine andere vergleichbare Künstlergruppe, dann stellt sich sogleich die Frage nach dem Zusammenhang von Interpretationskultur, Nationalität und Virtuosität. Nahe liegt es, die russische Instrumentalistenschule eben als spezifische »Schule« abzutun. Es war, so wird berichtet, vor ein paar Jahrzehnten etwa in Kiew nahezu üblich, die Kinder jüdischer Bürgerhäuser wenn irgend möglich zu Weltstars zu trainieren. (Auf diesem Wege entkam wohl der junge Virtuose dem antisemitischen Ressentiment und dem bedrückenden Alltag.) Und weil manche diese Karriere mit Erfolg gewählt hatten, klang in Kiew aus vielen Fenstern das Geräusch fleißigen Klavier- oder Geigenspiels. Natürlich wird es immer da einen guten Nachwuchs geben, wo gute Künstler, Vorbilder und vor allem Lehrer existieren. Nichts ist so fruchtbar – und so schwer herzustellen – wie ein musisches Ausbildungsklima. Ohne Pädagogen wie Seidlhofer in Wien oder den 1964 verstorbenen Neuhaus in Moskau sähe die Klavierwelt anders aus. Überdies ist bekannt, wie sorgfältig der Nachwuchs gerade in Rußland betreut wird. Hat sich ein junger Klavierspieler oder Geiger erst einmal in einigen Wettbewerben durchgesetzt, dann tut der Staat für seine Ausbildung alles Mögliche, nimmt ihm die Existenzsorgen ab, verschafft ihm beste Lehrer und Vorbilder. Das ist natürlich immer noch keine Erfolgsgarantie, kann sogar unter Umständen zu öder Gleichmacherei führen; aber im Hinblick auf den für alle Kunst und Kultur so notwendigen guten Durchschnitt zahlt sich solche Sorgfalt aus.

Große Talente, die es allein – und nur allein – schaffen, sind selten. Die meisten Interpreten gedeihen bei guter Pflege besser. Und je höher das Durchschnittsniveau ist, desto sicherer dürfte auch der Ausnahmekünstler erkannt werden. Wladimir Ashkenazy, der glänzende russische, nach England emigrierte Pianist, hat das sowjetische Ausbildungssystem geschildert (im April 1963 in der Londoner Wochenzeitung

»Observer«). Es ist neiderregend gründlich, verpflichtet das junge Talent zu harter Arbeit, gibt ihm aber auch große Möglichkeiten und bemerkenswerte Freiheiten. Den Russen, scheint's, sind ihre Pianisten etwas wert.

Für den Rang eines Geigers ist die Noblesse seines Spiels, die Seriosität seiner »Auffassung«, vor allem aber die Kraft, Süße und Erfülltheit seines Tones bestimmend. Am Ton, der nicht nur technisch produziert wird, sondern der gespannten Einheit von Instrument und Körper entspringt, unterscheiden sich die Violinisten. Unter »Fachleuten« gibt es schon nach kurzem Hinhören über das geigerische Format eines jungen Milstein oder Oistrach kaum Zweifel – mögen die Nuancen der Darbietung noch so verschieden beurteilt werden.

Der Rang eines Pianisten ist schwerer zu definieren. Zwar hat der »Anschlag« gewiß nichts mit rein mechanischer Klangerzeugung zu tun: Ein Wunder wie der Ton von Arthur Rubinstein, von Emil Gilels oder auch der sehr spezifische Anschlag des frühen Cortot gehört zur Individualität des Künstlers. Dennoch unterscheidet der »Anschlag« die großen Pianisten nicht so kategorisch wie der Ton die Geiger. Beim Klavier, das ja viel vom Schlagzeug hat, kommt es, neben den Fragen der Deutlichkeit, der Abstufung und der schönen Fülle, hauptsächlich darauf an, ob jemand dem spröden Instrument wahre Sonorität des Klanges, atmende und sprechende Tonlinien abgewinnen kann. Da aber wird das Unterscheiden schon mühseliger. Ein Geiger ganz ohne Zigeunertemperament, ganz ohne Rasse dürfte kaum ein Klassegeiger werden. Pianisten indessen können so verschieden sein wie Eduard Erdmann und Simon Barere, Clara Haskil und Wladimir Horowitz. Es gibt, im Hinblick auf die unendlich verschiedenen Anforderungen der riesigen Klavierliteratur, zahlreiche Qualitätskriterien.

Welche Rolle spielt die Virtuosität? Gerade wenn man den großen Künstlern der russischen Klavierschule gerecht werden will, muß man diese etwas pedantische Vorfrage klären. Was ist und wozu dient Virtuosität beim Klavier? Die einleuchtendste und naheliegendste Antwort lautet: virtuose Technik dürfe nie Selbstzweck sein. Virtuosität müsse sich den rein musikalischen Erfordernissen unterordnen. Sonst werde aus Musik ein bloßer artistischer Effekt.

Ist diese Antwort, die immer dann gegeben wird, wenn das sogenannte »Mechanische« des Klavierspiels aus irgendeinem Grunde Interesse beansprucht, wirklich zutreffend? Muß Virtuosität sich der Musik

77

dienend unterordnen, weil sie sonst in Effekthascherei umschlägt? Der Satz ist nur insofern wahr, als man ihn nicht umdrehen darf: Virtuosität hat nie ihren Sinn in sich selbst. Wenn sie als ein dem musikalischen Sachverhalt übergeordnetes Prinzip erscheint, dann herrscht in der Tat nichts als »leere Virtuosität«. Die fleißig eingeübte mechanische Überwindung manueller Schwierigkeiten darf nicht das A und das O eines Klavierabends sein – und noch weniger die einzige Qualität einer Schallplatte.

Doch wie verhalten sich Virtuosität und Klavierspiel zueinander? Darf man überhaupt, wenn es um das Wesen und die Möglichkeiten eines modernen Flügels geht, zwischen absoluter Musik und virtuosem Blendwerk unterscheiden?

Der frühe Robert Schumann schrieb geniale Klaviermusik virtuosen Anspruchs – etwa die Toccata op. 7 oder die Symphonischen Etüden op. 13. Älter geworden, wollte er reine, sich selbst genügende Musik geben: aber die Kompositionen waren nicht nur unvirtuoser, sondern schwächer, matter, nuancenärmer, undifferenzierter. Beim mittleren Beethoven, bei Schubert (Wanderer-Fantasie), bei Chopin, bei Brahms, ja auch beim Mozart der großen Konzerte und beim Bach der Goldberg-Variationen steht die bravouröse Entfaltung nie im Gegensatz zur Reinheit oder Tiefe des musikalischen Ausdrucks. Sondern die pianistisch bewegte, virtuose, bravouröse, temperamentvoll-spielerische Komponente gehört (wohlgemerkt: beim Klavier) möglicherweise auch zur musikalischen Sache selbst. Wer das Virtuose ausschalten oder nur zum zweckdienlichen Mittel abrichten möchte, der hat das Klavier – die Stärken und Schwächen des Tasteninstruments – nicht richtig begriffen. Er will, daß ein großer Pianist aus dem Steinway die Wirkungen eines Streichquartetts herausholt: jene wunderbaren ätherischen Wirkungen, die sich einstellen, wenn eine fühlende Quartettgemeinschaft etwa den langsamen Satz aus Beethovens Harfenquartett oder einige Stücke aus der »Kunst der Fuge« vorträgt. Bei der typischen Klaviermusik jedoch ist der immer wieder beschworene Gegensatz zwischen geistiger Durchdringung und technischer Vollendung eine schiefe, zwar nicht direkt falsche, aber auch nicht zutreffende Hilfskonstruktion denkfauler Kritiker. Man muß es anders sagen: zur großen Klaviermusik gehört eine technisch-virtuose Dimension. Manchmal ist die technisch-virtuose Dimension Hilfsmittel für musikalische Erkenntnis. Sie kann sogar ein Weg sein, an die Idee des Werkes heranzukommen (angemessener ist es freilich, sich auf dem Wege über musikalische Abstraktion oder Versenkung dem Ganzen zu nähern). Die technische Dimension kann auch zum unbekümmerten musikneutralen Leistungssport schrumpfen. Derartiger Leistungssport klingt mitunter ganz lustig, aber er langweilt doch nach einiger Zeit die Zuhörer. Darum kann ein Virtuose wie etwa der fleißige Shura Cherkassky harmlose Hörer gewiß zum Staunen und zu Ovationen bringen – doch auf die Frage, wie hier und heute Klavier gespielt wird oder wie die gegenwärtige Interpretationskultur sich zur großen Klavierliteratur verhält, gibt Cherkasskys fixer Fleiß kaum Antwort.

Das Spiel von Wladimir Horowitz oder Emil Gilels steht hoch über musikneutraler Hexenmeisterei. Um ein Bild davon zu geben, mit welchem bedeutenden künstlerischen Anspruch Wladimir Horowitz interpretiert, muß hier ein Opfer gebracht werden. Das Opfer heißt Julian von Karolyi – und wir wollen natürlich nicht den trefflichen Virtuosen Karolyi gegen den größeren Horowitz ausspielen, sondern die Interpretationen der berühmten Chopinschen g-Moll-Ballade von Karolyi und Horowitz miteinander vergleichen. »Karolyi gehört«, so teilt die Deutsche Grammophon Gesellschaft mit, »zur Elite der lebenden Pianisten. Er gilt nicht nur als berufener Interpret der Meister der Klaviermusik, sondern insbesondere als ausgesprochener Chopin- und Liszt-Spezialist.« Soweit und so phrasenhaft (»nicht nur berufener … insbesondere ausgesprochener«) die Deutsche Grammophon. Wenn man hört, wie Karolyi den Anfang der g-Moll-Ballade in einer alten, den Künstler heute auch nicht mehr befriedigenden Aufnahme spielt, dann erhebt sich gewiß nie die Frage, ob Julian von Karolyi dem Stück technisch gewachsen sei. Im Gegenteil: das ruhige Balladenthema zieht flüssig vorbei, die erste große Passage wird brillant und mit einem sehnsüchtigen, pittoresken Ritardando genommen, dann rasen die Achtel über das Klavier.

Trägt Horowitz dasselbe Stück vor, dann wandelt sich der bei Karolyi harmlose Anfang in einen düsteren, getragenen Beginn. Horowitz, der russische Virtuose, versteht die g-Moll-Ballade ungleich poetischer. Diesen schwermütigen, traurig vor sich hinsingenden Anfang nimmt er, der angeblich Nur-Virtuose, viel langsamer als sein ungarischer Kollege. Er betont nicht nur die Spitzentöne der gemessenen Achtelgruppe, sondern er verwandelt eine bei Karolyi ziemlich neutrale Bewegung in Gesang. Das Werk gewinnt mannigfache Dimensio-

79

nen und Relationen. Die Bässe klingen anders, die Mittelstimmen erwachen und leben – die Melodie träumt ihren traurigen Traum. Wenn dann die große, für Chopin so typische erste Sechzehntel-Passage kommt, bleibt Horowitz eisern im Rhythmus. Er kann es sich darum leisten, die dann folgende Figur mit langsamer Größe auszuspielen und langsam zu steigern. Also: mag Horowitz auch als gedankenloser Virtuose gelten, er beginnt die g-Moll-Ballade weit ruhiger, poetischer, durchdachter als Karolyi. Es passiert unendlich mehr, schon in den ersten Minuten. Daß Horowitz die Ballade dann, in dem Maße, in dem der Klaviersatz reicher wird, steigert, daß er den Stolz und die flammende Trauer dramatisch ausspielt, mit dem die Musik hier singt: »Doch, Polen ist verloren« – das mag man ihm immer noch als übertriebenes, allzu nervig zupackendes Virtuosenspiel ankreiden: es steht dennoch jenseits aller Diskussion, daß Horowitz die g-Moll-Ballade auch rein musikalisch-dramatisch weit gedankenvoller und tiefsinniger spielt, als der so bekannte und überall mit Recht gerühmte Julian von Karolyi es einst tat.

Wladimir Horowitz wurde 1904 in Kiew geboren. Die beispiellose, auf viele Zuhörer dämonisch wirkende Virtuosität dieses Pianisten ist bitter erkauft: Nach einer sensationellen Karriere hat Horowitz sich seit dem 25. Februar 1953 fast völlig zurückziehen müssen. Nervenbelastung, Menschenscheu, die Angst, dem eigenen Ruhm nicht genügen zu können, private Mühseligkeiten und Verstrickungen: Alles das hat dazu geführt, daß der größte Virtuose einer Epoche viele Jahre nur noch Schallplattenaufnahmen machte, daß er Konzerte immer wieder ankündigte und absagte – bis er endlich 1965 ein sensationell erfolgreiches, öffentliches Comeback hatte. Offenbar fehlt diesem Wladimir Horowitz die naive Unbefangenheit jener Virtuosen, denen die Selbstdarstellung und die Freude an glanzvoller Entfaltung genügen. Nach einer Operation, die ihn zu erzwungener Ruhe brachte, stellte Horowitz fest, man gehe schließlich nicht durchs Leben, um Oktaven zu spielen – obschon er wahrhaftig Oktaven so zu spielen versteht, daß manche Pianisten bereit wären, dafür durchs Leben zu gehen.

Horowitz' Karriere begann in den zwanziger Jahren. Er selbst hat sich darüber gewundert, daß er die Länder nicht über die Hauptstädte eroberte. »In Rußland war es Leningrad, nicht Moskau, in Deutschland Hamburg statt Berlin, in Amerika nicht New York, sondern Chikago. Die Hauptstädte kamen erst später.« Horowitz hält es koketter-

Wladimir Horowitz

Wilhelm Kempff

Aus: Liszt, Klaviersonate h-Moll

Bei diesen Prestissimo-Oktaven (ab Takt 11 unseres Beispiels) schlägt höchste Virtuosität um in entfesselten Ausdruck. Hier entscheidet sich der Rang eines Liszt-Spielers. Nur Gilels kommt da in Horowitz' Nähe.

weise für möglich, daß sich seine Karriere einem Zufall verdankt. Nach einem unbeachteten und finanziell unergiebigen Konzert in Hamburg kam er, wenige Tage später, gegen Abend hungrig und durchfroren von einem Spaziergang durch den Zoo zurück in sein Hotel. Dort wartete schon der Manager: denn Horowitz sollte für eine plötzlich erkrankte Pianistin einspringen, die unter Eugen Pabst das Tschaikowski-Konzert hatte spielen wollen. Horowitz erbat ein Glas Milch, rasierte sich, eilte zum Konzertsaal, wo die Symphonie gerade beendet worden war und Pabst keineswegs wußte, ob sich überhaupt ein Solist einfinden würde. Pabst kam ins Künstlerzimmer, schaute den jungen Pianisten kaum an, sagte mit ein paar Worten, welche Tempi er nähme, und schloß mit dem Hinweis: »Passen Sie nur auf meinen Dirigentenstock auf, dann wird schon nichts passieren.«

Schon nach dem zweiten Akkord starrte der Dirigent auf den jungen Unbekannten und raste zum Flügel. Das Konzert endete mit einem hysterischen Erfolg, und die Kritiker meinten, seit dem Auftreten von Caruso sei ein solcher Triumph in Hamburg nicht mehr erlebt worden. Sofort wurde ein neues Konzert anberaumt, und zwei Stunden nach dessen Ankündigung waren 3000 Karten verkauft.

Solche Geschichten gehören zu jeder Virtuosenlaufbahn. Ein Moment von Märchen, von Kintopp, von Zufallskitsch paßt ins Künstlerleben. Virtuosen sind eben keine Beamten – und ein echtes Debüt muß sein wie der Kuß einer Fee, der plötzlich das ganze Leben verändert. Mit Tschaikowski, Rachmaninow und Liszt erspielte Horowitz sich dann Triumphe. Wir können ermessen, was er damals war, wenn wir die Aufnahme studieren, die Horowitz 1932 von Liszts großer h-Moll-Sonate machte. Virtuosität schlägt um ihn wahnwitzige Gespanntheit. Hört man das Stück, das berühmte Fugato, den Wiedereintritt des Hauptthemas, das glanzvoll umspielte Seitenthema von Wladimir Horowitz, dann muß man den grandios intelligenten, klug steigernden, nie sich in Einzelheiten verlierenden und doch jede Nuance durchdringenden Aufbau bewundern, den Horowitz der Sonate gibt. Klavierspiel, so gespielt, ist kein Spiel. Bei den berüchtigten Oktavenläufen kurz vor Schluß nimmt man auch gar nicht mehr wahr, wie fabelhaft schnell Horowitz die Oktaven kann, wie sauber, wie kraftvoll: sondern man spürt, daß in diesen Oktaven ein gehetztes und grandioses Lisztsches Temperament sich ausdrückt, daß es da um Tod und Leben

Aus: Liszt, 19. Rhapsodie für Klavier

Nicht nur auf Tempo und Virtuosität kommt es an, sondern auf den Zugriff. Horowitz spielt hier, im 2., 3., 4. und 5. Takt unseres Beispiels, keineswegs die hinaufrollenden 32tel am nachdrücklichsten, sondern die beiden 16tel, die jeweils auf den dritten Schlag des Taktes fallen. Das rhythmische Raffinement, mit dem er da zugleich steuert und innehält, zugleich pointiert und forciert, ist unerlernbar.

geht. Horowitz ist einer der größten Pianisten unserer Epoche, weil er das vermag (Beispiel 5).

Obwohl die meisten jungen Pianisten der Gegenwart, aber auch ein so intim-musikalischer Künstler wie Clifford Curzon, ein Wilhelm Kempff oder ein Arthur Rubinstein, die Verketzerung von Franz Liszt nicht mitmachen und Liszts großem Œuvre immer wieder ihre Kunst widmen, dürfte Wladimir Horowitz der größte Liszt-Spieler unserer Zeit sein. Nur Svjatoslav Richter und Emil Gilels können sich mit der Bravour von Horowitz' Liszt-Interpretationen messen, in denen nicht nur Fingerfertigkeit sich ausspricht, sondern ein zugleich originelles und grandioses Lebensgefühl. Horowitz hat die 2., 6., 15. und 19. Rhapsodie von Liszt nicht nur auf staunenswerte Schallplatten gebannt, sondern auch bearbeitet (natürlich erschwert). Den Schluß der 6. Rhapsodie, den Anfang der 15. und den harmonisch so merkwürdig fremden Beginn der 19. spielt er atemberaubend fesselnd – wenn vielleicht auch manchmal über die Grenzen des Klaviers und der sogenannten Diskretion hinaus. Wie fast immer, wenn Wladimir Horowitz sein Bestes gibt, entsteht der Effekt weniger durch halsbrecherisches Tempo als infolge des raubtierhaften, federnden, inständigen und brillant durchdachten Zugriffs. Die funkelnden Tanztakte aus dem »Lassan« der 19. Rhapsodie sind gewiß nicht so schwer, daß ein begabter Dilettant an ihnen verzweifeln müßte (Beispiel 6).

Doch wenn man einmal vernommen hat, wie dieser Horowitz während dieser Lassan-Takte ins Klavier hineingreifen kann, wie er ein winziges Zögern der Stakkato-Sechzehntel dem kaum spürbar beschleunigten Drängen der anrollenden 32tel grimmig federnd entgegensetzt, wie er den Flügel sprechen läßt und wie nicht ein Ton außerhalb der Kontrolle seines genialen rhythmischen Instinktes bleibt, dann ermißt man wieder, wie wenig selbst bei einem Liszt die pure Richtigkeit bedeutet. Bei Scarlatti, Chopin, Liszt, Schumann, Brahms und Prokofieff stellt Horowitz eine Ebene pianistischer Gegebenheit her, auf der er dann erst – um den Hörer gewissermaßen zur vollendeten Kapitulation zu bewegen – seine uneinholbare Virtuosität triumphieren läßt. So ist es denn auch kein Zufall, daß er zur Enttäuschung der »Fans« sich den kleinen, angeblich leichten Stücken mit genau derselben Akribie zuwendet: der »Träumerei« von Schumann, Schubert-Impromptus, einer Haydn-Sonate.

Wenn man eine durchschnittliche Chopin-Interpretation gehört hat und dann Chopins nicht einmal zwei Minuten dauernde Mazurka in cis-Moll op. 63,3, gespielt von Horowitz, auflegt, ist der Unterschied umwerfend. Niemand sonst könnte es wagen, den Rhythmus so federnd und gespannt zu spielen, ohne daß die Linke sich allzusehr vordrängte; niemand dürfte die Engführung, mit welcher der späte Chopin belegt, wie nahe Bachs Polyphonie auch seinem Denken und Komponieren war, so ekstatisch türmen; niemand die beiden Schlußtakte so eisern hart spielen, ohne daß die Mazurka als bis zur Unkenntlichkeit – oder zur Kenntlichkeit? – entstelltes expressives Gespensterstück verendete. Doch keines der manchmal maniert scharfen Gewürze drängt sich bei Horowitz vor. Alles hält sich die Waage (Beispiel 7).

Die relative Zurückhaltung, die Horowitz sich bei kleinen Stücken auferlegt, wird manchmal doch eine Beute sinnloser Raserei. Unbegreiflich, warum der Mann, der die große Chopin-Polonaise op. 22 mit überwältigendem Takt und unwiderstehlichem, phantastischem Brio spielen kann, das ruhig einleitende Andante spianato, das Chopin wohl ganz besonders liebte, gefühllos zu Tode rast. Auch bei einigen großen Werken Chopins – nicht bei denen Liszts – gerät Horowitz gelegentlich ins Donnern, ins Martellato, in besessene Kraftentfaltung. Dann entdeckt seine Virtuosität nichts. Dann tötet sie die Intimität der Barcarole oder die zärtliche Koketterie der As-Dur-Ballade. Und wenn Horowitz unbesonnen losrast wie im Finale der F-Dur-Sonate KV 332 von Mozart, kommt gar nicht erst Spannung auf. Man weiß, es wird ihm nichts passieren, es wird überhaupt nichts passieren, und läßt den Dingen ihren schnellen, nur bei Glenn Gould noch viel schnelleren Lauf.

Horowitz hat nicht oft gesündigt. Die Gewalt, mit der er den Schluß des ersten und dritten Scherzos von Chopin zu einem Gipfel überhaupt nur vorstellbaren Klavierausdrucks macht, verdankt sich einer beinahe unerträglichen, extremen Vehemenz. Jede Einzelheit wird mit phantastischer Deutlichkeit, bohrendem Schwung und einer rätselhaften Fähigkeit zu simultaner Expressivität dargeboten.

Verweilen wir noch bei der enthüllenden, bei der erkennenden Virtuosität von Horowitz: beim Schwung, mit dem Horowitz Brahms' 2. Klavierkonzert italienisierte (Toscanini half dabei), bei der Expression, mit der er das dritte Konzert von Rachmaninow rettete, das in sich zusammenfällt, wenn man es gemäßigt, diskret und zurückhaltend

Aus: Chopin, Mazurka cis-Moll op. 63,3

Die beiden Schlußtakte – sowohl unseres Beispiels als auch dieser Mazurka – müssen eine außerordentliche Steigerung auffangen, ausgleichen und entschlossen zu Ende bringen. Horowitz kann sich da ein extremes Forte leisten, weil er das Imitations-Crescendo der vorausgehenden Takte weit über die Grenzen des Konventionellen hinaus ernst nahm. Man hält Chopins Mazurken für kleine, fast harmlose, kurze Genre-Stückchen, denen jede Übertreibung schadet. Das ist, wahrscheinlich, ein Irrtum. Denn nimmt man die Töne beim Wort, ohne »Auffassungs-Traditionen« mitzumachen, dann ist in dieser angeblichen Miniatur nichts Winziges. Indem er Kürze und extremen Ausdruck zusammenzwingt, antizipiert Chopin ein Stilmerkmal des musikalischen Expressionismus. Dabei steigt der Baß im chromatischen Quart-Fall ab!

nimmt. Typisch für Horowitz war seine Absicht, Brahms' Konzert in d-Moll als »Brahms ohne Bart«, als das Werk eines jungen Komponisten eben, darzustellen. Offenbar sollte nicht der Schatten, der von der Person des alten, herben Junggesellen ausgeht, auf das Werk 15 fallen. Horowitz spielt vor allem das Finale stürmischer und virtuoser, als ich es sonst je gehört habe, mit Paprika und eloquenter Verbissenheit gleichsam.

Alles hier Gesagte deutet darauf hin, daß Horowitz eher noch für Debussy oder Polenc oder Skrjabin Töne finden kann als für Beethoven. Und doch gilt gerade den Beethoven-Sonaten die heiße Mühe dieses großen Pianisten. Pathétique, Mondschein-Sonate, Waldstein-Sonate, Appassionata, c-Moll-Variationen und Es-Dur-Konzert hat er schon »eingespielt«. Selbst der Hammerklavier-Sonate weicht er nicht aus. Nun sind, wenn technische Probleme überhaupt keine Rolle mehr spielen, Beethovens Sonaten in dem Maße »schwerer« als seine Konzerte, in dem sie dem Pianisten die ganze Last der Gestaltung, der Disposition, auferlegen. Im Klavierkonzert ist ein Orchester da, das anregt, antwortet, voranschreitet, Widerstand bietet. Kann aus Horowitz, dessen Besonderes sich entfaltet, wenn er slawische oder spätromantische Werke spielt, wenn er einen technischen Widerstand geistvoll überwinden muß, wenn er Finesse und Sensibilität ins Spiel bringen darf, ein Beethoven-Interpret werden? Die Antwort, die zumindest die meisten europäischen Musikfreunde auf diese Frage geben, lautet vorbehaltlos: Nein. Und auch in Amerika mangelt es nicht an Kritik. Virgil Thompson nannte Horowitz einen »Meister der Übertreibung und Entstellung«. »Man möge daraus nicht entnehmen, daß die Interpretationen von Horowitz grundfalsch und unvertretbar seien«, fuhr Thompson pseudomilde fort, »teils sind sie es, teils sind sie es nicht.« Dann aber fällt Thompson sein kaum mehr pseudomildes Todesurteil: »Wer nie die Werke gehört hat, die Horowitz gestern abend spielte, könnte leicht zu der Ansicht kommen, daß Bach ein Musiker vom Typ Leopold Stokowskis, Brahms eine Art leichtsinniger, in einem erstklassigen Nachtklub tätiger Gershwin, Chopin aber ein Zigeunergeiger war.«

Eine solche Kritik schreibt man beschwingt, seiner Sache sicher, nieder. Alle Welt liest sie mit Vergnügen, denn Schadenfreude verbindet die Menschen. Aber sind solche Schlußfolgerungen statthaft, wenn gewissermaßen auf Horowitz-Niveau gesündigt wurde?

Dies Niveau ist nämlich sogar dem Horowitzschen Klavierkampf um Beethoven anzumerken. Horowitz verzerrt kaum etwas. Im Es-Dur-Konzert spielt er herrisch, stark, gemessen – aber nicht ohne Stilgefühl, ohne Geschmack. Die ausladenden Partien des Werkes – die Kadenzen gleich am Anfang, das Rondo – kommen mit eherner Sicherheit. Die reine Poesie mancher Übergänge, die Innenspannung, den tiefen Ernst – der etwas anderes ist als die bei diesem Konzert so oft herausgespielte »Emperor«-Grandezza –, alles das traf Edwin Fischer, Horowitz pianistisch beträchtlich unterlegen, freilich besser. Aber Fischer stand auch ein von Furtwängler inspiriertes Orchester zur Seite – und das war ein ungleich ernsthafterer, tiefsinnigerer Partner als die scharf und obertonreich spielenden Musiker des RCA Victor Symphony Orchestra unter Fritz Reiner. Die Gefahr für das Beethoven-Spiel von Horowitz geht nicht von übermäßiger Virtuosität aus, sondern von übermäßigem Sensualismus! Wo Horowitz ausdrucksvoll wird, kommt zu leicht ein spätromantisches Verdämmern ins Spiel, ein allzu schwerer, verträumt-pointierter Tschaikowski-Ton, ein Schuß »russischer Seele«. Zum Beispiel im Largo der Klaviersonate op. 10,3 oder auch in der Einleitung der Pathétique. Doch bei alledem handelt es sich nicht um Stilbrüche, sondern nur um »Färbungen« – und wo steht geschrieben, daß unser deutsches Beethoven-Bild das einzig mögliche sein soll? Manchmal entdeckt Horowitz sogar bei Beethoven noch Möglichkeiten pianistischer Vervollkommnung. Horowitz gelingt es nämlich, in dem Variationen-Satz der Appassionata eine rein durchgehaltene Zweistimmigkeit zu bringen. Natürlich, diese Zweistimmigkeit ist da, zweifelsfrei vorgeschrieben. Die Baßlinie des Themas hat von vornherein nicht nur akkordisch-stützende Bedeutung, sondern zugleich die Funktion eines Passacaglia-Basses. Die erste Variation hält dann diese Zweistimmigkeit auch klar durch, die zweite gleichfalls.

Jedermann weiß das, könnte es wissen. Aber Horowitz bringt es fertig, die linke Hand beim Thema derart abzutönen, daß sie sowohl, ohne jedes manierierte Auseinander-Klappen, die Des-Dur-Akkorde der choralartigen Melodie stützt als auch – in Form einer sinnvollen Baßlinie – deutlich für sich allein existiert. Jetzt klingt die erste Variation nicht so sinnlos wie bei vielen Interpretationen der Appassionata (Beispiel 8).

Natürlich hat Horowitz es mit der chevaleresken Poesie des frühen Schumann leichter als mit Beethoven. Die Toccata op. 7 ist eines sei-

Aus: Beethoven, Klaviersonate Nr. 23 f-Moll op. 57 »Appassionata«, 2. Satz

Diese erste Variation aus dem Andante der Appassionata setzt manche Interpreten in
Verlegenheit. Denn sie wird anscheinend erst sinnvoll, wenn sie jene Zweistimmigkeit fortführt, die bereits im Thema angelegt war. Beethoven hat hier die Zweistimmigkeit, die zunächst in der Gleichzeitigkeit der Akkorde beschlossen lag, durch
eine Phasenverschiebung demonstriert. Die Synkopen erklären gewissermaßen, was
die Anfangs-Akkorde verschwiegen. Horowitz' technische Möglichkeiten sind so groß,
daß er seine Anschlagkunst hier zur Deutung eines komplizierten Sachverhalts einsetzen kann.

ner Glanzstücke, die Variationen aus der Sonate op. 14 blühen unter seinen Händen auf, das Presto passionato besitzt Noblesse, und selbst an den Kinderszenen begeht er keinerlei virtuose Notzuchtverbrechen.

Manchmal ist er eher zu vorsichtig. Darum hat er sich von dem glänzenden Cembalisten und Scarlatti-Interpreten Ralph Kirkpatrick beraten und sogar zu dieser oder jener Oktav-Verdoppelung ermutigen lassen. Seine letzte Scarlatti-Platte ist zum intimen Höhepunkt einer nahezu abgeklärten, leisen Klavierkunst geworden.

Horowitz hat kaum Schüler, doch zahlreiche Nachahmer. Es gibt im Leben jedes jungen klavierbegeisterten Menschen eine Zeit absoluter Horowitz-Schwärmerei – wenn dieser klavierbegeisterte junge Mensch nicht gerade in Deutschland lebt, wo die meisten Horowitz-Platten in vielen Schallplattengeschäften gar nicht erst geführt werden.

Byron Janis ist Horowitz' einziger prominenter Schüler. Horowitz bot dem jungen Mann Unterricht an, Janis arbeitete drei Jahre lang mit Horowitz – in der Zeitschrift »musical america« (Oktober 1962, Seite 32 ff.) hat Janis berichtet, was er bei Horowitz lernte. Der »Meister« ging so weit, dem jungen Pianisten Etüden zu schreiben, die Janis' Klavierhand weiterentwickeln sollten. Zudem hat Horowitz den Schüler gebeten, lieber eigene Fehler zu machen als die Fehler anderer zu kopieren. Nicht ohne Hochmut gibt Janis zu verstehen, daß auch er natürlich in Gefahr geschwebt habe, eine Horowitz-Kopie zu werden. Doch man müsse sich nur rechtzeitig auf sich selbst besinnen.

Jürgen Fehling hat einmal bemerkt, daß da, wo eine Theateraufführung ganz ohne Schmiere in stilreiner Ernsthaftigkeit verlaufe, der Theaterabend trocken, steril und auf scheußliche Weise feinsinnig werden könne. Ein Element der Gaukelei, der Freude am Können gehört durchaus zum Begriff der Kunst, die ja geradezu die Idee ihrer »Erhabenheit« preisgäbe, wenn sie immerfort erhaben sein wollte. Mozart, Beethoven, Schubert und alle anderen Großen haben das wohl gewußt... Horowitz nun hat gelegentlich, vor allem bei Zugabestücken, reinen Spaß an Artistik. Dann spielt er eine eigene Bearbeitung des Marsches von Philipp Sousa »Stars and Stripes for ever«, dann donnert er den Hochzeitsmarsch von Mendelssohn in Liszts Bearbeitung mit eigenhändig hinzukomponierten Schwierigkeiten, dann brilliert er mit Salonstückchen von Moszkowski, auch eine verrückte Carmen-Fantasie hat er gespielt. Nun gibt es auf der ganzen Welt keinen Klavierfreund, der solchen Bravourstücken nicht gern erliegt. Später sagt man dann kopfschüttelnd: der Pianist ist nicht seriös. Weil aber Horowitz solche Dinge perfekt vorträgt, neigt man merkwürdigerweise dazu, ihm seine Klassiker- oder Romantiker-Interpretationen nicht mehr zu glauben. Man findet, er solle doch nur das tun, was er am besten kann: also nur Reißer spielen. Dieser Wunsch mag naheliegend sein. Er ist zerstörerisch – und spielverderberisch. Besagt der Umstand, daß jemand gewisse Kleinigkeiten überwältigend kann, irgend etwas über seine Schumann-, Beethoven- oder Chopin-Interpretationen?

Übrigens verschmäht Horowitz ausgetretene Bahnen. Er hat Clementi-Sonaten wiederbelebt und sogar ein entzückendes, harmloses Variationenstück des als Etüdenschreiber gefürchteten Carl Czerny entdeckt. Die Lappalie heißt »La Ricordanza«. Das Thema stammt von einem Geiger namens Rode. Horowitz spielt, als sei der liebe Gott Pianist geworden. Aber seine berühmteste Interpretation ist – obwohl die Platten akustisch ziemliche Mängel haben – doch wohl die Aufführung des b-Moll-Klavierkonzertes von Tschaikowski geblieben. Es gehen wilde Gerüchte darüber um, wie viele Proben Horowitz' unerbittlicher Schwiegervater Arturo Toscanini gefordert habe und wie eilig der erschöpfte Pianist die schützenden Mauern einer Nervenheilanstalt aufsuchen mußte. In der Tat können vierzig oder mehr Tschaikowski-Proben auch einen gesunden Mann ruinieren. Deshalb schenken sich auch allerorten Pianisten und Dirigenten, die es vielleicht noch nötiger hätten als Toscanini und Horowitz, solche Probenarbeit. Sie meinen: es wird schon gehen. Wie es aber gehen kann, wenn ein dämonischer Wille und ein zügelloses Temperament sich mit höchster Konzentration des Tschaikowski-Konzertes annehmen, davon ahnen sie, zu ihrem Glücke, nichts. Und während die Verächter von Horowitz' Kunst sich noch über seine vermeintliche »Äußerlichkeit« amüsieren, hat Horowitz längst auch den Intimbezirk differenzierten Klavierspiels für sich entdeckt. Schon seine leise Scarlatti-Platte ließ aufhorchen. Der Platten-Mitschnitt seines nach zwölfjähriger Pause in New York erfolgten zweiten Debüts lehrt, daß der Donnerer auch singen kann. Seit Alfred Cortot eine Bachsche Aria betörend einspielte, hat kaum jemand dem Klavier eine solche Kantilene abgezwungen wie Horowitz bei der Interpretation des a-Moll-Adagios aus Busonis Bearbeitung von Bachs Toccata, Adagio und Fuge C-Dur. Höchstes Raffinement schlägt da um in reine Naivität!

Seit 1965, seit seinem öffentlichen Comeback, gibt es also einen

»späten« Horowitz. Er ist ein nachdenklicher, ein nicht mehr hysterisch sensibler, sondern, manchmal, manieristisch-sensibler Pianist geworden. Kein unverdrossener Wiederholer alter Triumphe, sondern – und das will etwas heißen! – ein neugieriger Entdecker. Wenn manieristische Sensibilität, souveräne pianistische Intelligenz und eine Grifftechnik, die zugleich selbstverständlich und überwältigend ist, zusammentreffen, wenn alles das sich mit immer wieder neuen und anderen Werken verbindet, ja vermählt, dann sind die Produkte in beinahe jedem Falle aufregend.

Nach allem, was hier über Horowitz gesagt worden ist, könnte es scheinen, als ob er ein (alter) »Zauberer«, ein »Dämon«, »Titan« wäre – oder was für mythologische Bezeichnungen sich sonst noch aufdrängen mögen. Sitzt man indessen in einem Horowitz-Konzert, sieht man ihn auftreten, zum Klavier gehen und spielen (ganz ein nervöser, elegant gekleideter Fachmann!) –, dann überrascht zunächst die Noblesse, die Distinktion. Manchmal scheint es, als schäme dieser Horowitz sich seiner Technik. Ich habe erlebt, wie er eine schwierige Rachmaninow-Etüde zugab und sozusagen schmerzlich lächelnd die Oktavpassagen der Linken erledigte. So peinlich muß es dem alten Faust sein, daran zu erinnern, daß er in jungen Jahren auch einmal Magier gewesen ist ...

Gegenwärtig ist es nicht in erster Linie, wie bei Rubinstein und Gilels, der »Ton«, der im Konzertsaal als Horowitzsche Eigentümlichkeit hervorsticht. (Seine Schallplattenaufnahmen klingen in dieser Hinsicht spezifischer.) Im Augenblick setzt er seine ganze Kunst daran, musikalische Zusammenhänge neu herzustellen, indem er das, was man als Einheit für gegeben nehmen möchte, pianistisch dissoziiert.

So macht er, wenn er die späte Chopinsche Polonaise-Fantaisie As-Dur op. 61 im Konzert spielt, den zart choralhaften Poco-più-lento-Pianissimo-Mittelteil nicht nur, was vielleicht naheliegt, zum lyrischen Höhepunkt, sondern zugleich zur tragischen Achse des Werkes. Was nach diesem von Horowitz träumerisch zart abgetönten Dur-Paradies erscheint, hat, auch wenn es motivisch durchaus den Anfangsentwicklungen entspricht, stimmungsmäßig nichts mehr mit dem stolzen, meditativ weltzugewandten Beginn der Polonaise-Fantaisie zu tun. Sondern die Entwicklungen »danach« klingen zugleich schwärzer und wilder, wie unter dem Bann einer unaustilgbaren Erfahrung. Nun läßt sich diese Auffassung beim Blick in die Noten durchaus rechtfertigen. Denn das à tempo nach dem Mittelteil beginnt immerhin in einem so untröstlichen gis-Moll, wie es im ganzen Werk bisher noch nicht vorgekommen war. Horowitz' pianistisch interpretatorischer Scharfsinn hat das nicht nur entdeckt, sondern zur Hörerfahrung werden lassen.

Daß er, wenn er Mozarts A-Dur-Sonate spielt, die Zweistimmigkeit des Anfangs mit letzter Finesse herausbringt und dann das elegante Alla Turca geradezu neu entstehen läßt, weil er es lächelnd mit zugleich höchst origineller und zugleich selbstverständlich wirkender Langsamkeit spielt, als melancholisch türkischen Stilwitz des jungen Mozart, das paßt nur zu gut zu diesem späten Manierismus.

Freilich versagt sich dieser Spät-Manierismus auch den wilden Erfahrungen nicht. In der fis-Moll-Polonaise Chopins (op. 44), die Horowitz am 1. Februar 1968 in der Carnegie Hall fürs Fernsehen einspielte (das musikalische Ergebnis dieser Fernseheinspielung liegt als Schallplatte »Horowitz on Television« vor), wird das Verhältnis der einzelnen Teile zueinander zum dramatischen Wunder.

Daß das Polonaisen-Thema selbst in seiner finsteren Herrlichkeit gewaltig herauskommt, weil der Rhythmus grandios durchgehalten wird, ist bei Horowitz selbstverständlich. Aber Horowitz erlaubt sich darüber hinaus zwei großartig hilfreiche Eingriffe.

Zunächst einmal wiederholt sich in der Polonaise wieder und wieder ein Fortissimo-Ritornell. Dieses Ritornell klingt, in Relation zum viel interessanteren Polonaisen-Thema selber, oft ein wenig aufdringlich. Horowitz nimmt es darum, nachdem er es das erste Mal wie vorgeschrieben gespielt hat, bei allen Wiederholungen aus dem Fortissimo heraus und spielt es, gleichsam als Nachklang, im Piano. Die Stelle wirkt jetzt längst nicht mehr so belästigend und monoman wie sonst. In der Polonaise kommt es dann zu einem rhythmischen, von knappen Harmonien durchsetzten, fast brutalen Kraftakt. Da wiederholt sich die Oktave A ungefähr vierzigmal (!), die Welt ist leer, bis auf ein durchgehaltenes, mit äußerster rhythmischer Kraft gespieltes A, das sich darum besonders aufregend ausnimmt, weil vorher an harmonischer Fülle kein Mangel herrschte. Wir haben dieses heroische A durch alle möglichen, von 32teln hervorgerufene, harmonische Perspektiv-Wechsel begleiten können: Zunächst sah es aus, als ob es als Dominante von E-Dur zu verstehen wäre, dann kam es als a-Moll heraus, dann wurde es so begriffen, als gehöre es zum neapolitanischen Sextakkord von B-Dur, schließlich gerann es wieder ganz zum reinen, durchgehaltenen, leeren, hallenden A. Wenn diese Ebene vollkommen konstituiert ist, schreibt Chopin eine Rückung zum Gis vor. Und plötzlich ist cis- beziehungsweise gis-Moll, der Polonaisen-Rhythmus, wieder da. Ein halber Ton, aber an dem halben Ton hängt alles!

Horowitz spielt diese Rückung ungeheuerlich, wie ein Polonaisen-Drama. Nachdem er mit einer Kraft sondergleichen die A-E-Dimension konstituiert hatte, ließ er das Gis wie tödliche Abschweifung geschehen. Dann erscheinen – ein zweites Mal – wieder diese A-Oktaven, wieder hören wir durch tausend Brechungen hindurch das donnernde, den ganzen Flügel, den ganzen Kosmos erfüllende A. Nun aber wartet man instinktiv – wann kommt denn wieder das böse Gis, das böse Polonaisen-Thema? Doch jetzt bleibt das A, gleichsam retardierend, erhalten – es folgt ein luftiges A-Dur. Doch wir wissen ja mittlerweile, welch eine Gis-Fallhöhe eigentlich dahinter droht. Man traut dem Mazurka-Frieden, dessen sehnsüchtige Indirektheit Horowitz deutlich macht, nicht.

Am Schluß der Polonaise kommt es zu einer Fortissimo-Katastrophe. Danach hat sich die eben noch so kräftig wilde Polonaise in eine Art Pianissimo-Trauermarsch gewandelt. Diesen Schluß bringt Artur Rubinstein vielleicht um eine noch deutlichere Nuance tragischer, einleuchtender und lebendiger heraus. Aber auch bei Horowitz begreift man, daß und woran die fis-Moll-Polonaise sterben muß.

1971 hat Horowitz noch ein frühes, kaum bekanntes Es-Dur-Rondo Chopins gespielt, geradezu verrückt delikat. Einige Doppelgriffstellen, die sich zum Schwelgen anbieten, hat der Meister hochmütig vernachlässigt, um beim Harmlosen, das schwerer zum Klingen zu bringen ist, doppelt aufregend zu zeigen, wie er zum Klingen bringen kann.

Fast gleichzeitig spielten Horowitz, Rubinstein und die junge Luzerner Preisträgerin Dinorah Varsi (wie Martha Argerich, Nelson Freire, Bruno Leonard Gelber und zahllose andere hochbegabte Pianisten stammt auch sie aus dem in dieser Hinsicht beneidenswerten Südamerika) zu Beginn der siebziger Jahre Schumanns Kreisleriana in Schallplatten-Neuaufnahmen ein. Deutschen Interessenten braucht nicht mitgeteilt zu werden, wer E. T. A. Hoffmanns Kapellmeister und Phantasiegestalt Kreisler gewesen ist. Robert Schumanns Formsinn wurde offenbar von tradierten Formen wie Sonate, Symphonie und Fuge weniger provoziert als von seinen damals neuartigen Ideen zu phantastisch zerbrechlichen Zyklen, die er mit reinster Inspiration und feurigstem Schwung ebenso brillant wie intim durchkomponiert und durchgestaltet hat.

Das erste Stück beginnt »Äußerst bewegt«, schwingt sich dann im Mittelteil zu einer unvergleichlich sublimen, gebrochenen Melodie auf (die Schumann übrigens an entscheidender Stelle seines Eichendorff-Liederkreises zitieren wird) und findet nach diesem zarten Pianissimo-Lied in Sechzehntel-Triolen dann wieder zum »agitatissimo« zurück. Rubinstein nimmt diesen gesanglichen Mittelteil entschieden freier und langsamer, wechselt das Tempo, zugleich überraschend und logisch, zweimal; Horowitz hält seinen ohnehin noch rascheren Grundrhythmus eisern durch, Dinorah Varsi bleibt empfindsam in der Mitte. Dafür verzettelt sie sich während der raschen Intermezzi des zweiten Stückes sentimentalisch; sie besitzt, bei aller wohllautenden Grazie, wohl doch nicht ganz die pianistischen Mittel, um es während der übrigen Stücke einem Horowitz gleichzutun.

Horowitz geht die Kreisleriana mit einer Anschlagskultur an, die fast überzüchtet wirkt. Sein Legato ist atemberaubend. Er hat entdeckt, was alle anderen Pianisten nur so spielen: nämlich daß Robert Schumann wahrscheinlich in überhaupt keiner seiner Kompositionen jemals so phantastische, selbständige, frei nachschlagende und unkonventionelle Bässe geschrieben hat wie in mindestens fünf der acht Kreisleriana-Nummern. Das sind nicht nur Synkopen, sondern Zeugnisse wahnsinniger Dissoziation: Schumanns Vorschrift »Die Bässe durchaus leicht und frei« deutet das im letzten Stück zumindest an. Aber verhehlen läßt sich nicht, daß dieses Prinzip bei Horowitz bis zum Manierismus getrieben wird.

Demgegenüber bleibt Rubinstein um eine Spur zu selbstsicher, ja im zweiten Stück fast langweilig. Da werden – auf Schallplatten wohl erstmals – denn doch pianistische Alterserscheinungen hörbar. Früher hat er klarer, pointierter, weniger massiv gespielt. Während Rubinstein die letzte Nummer mit geheimnisvoller Stetigkeit ins Reich der schwarzen Musik hinüberspielt, gerät bei Horowitz die Dramatik etwas zu offen. Und Horowitz' Freiheit, tiefempfundene Akkorde zu brechen, wirkt recht altmodisch. Doch alles in allem ist die Aufnahme von Horowitz weitaus die »interessanteste«. Weder Horowitz noch Rubinstein noch Dinorah Varsi vermögen freilich die großen, bereits existierenden Einspielungen der Kreisleriana (Wilhelm Kempff, Geza Anda) überflüssig zu machen.

Wilhelm Kempff

Es ist auffallend, daß Wilhelm Kempff, jener deutsche Pianist, den heute viele für einen der bemerkenswertesten Interpreten unserer Zeit halten, gerade nicht an Tiefsinn, »Weihe« und Abgründigkeit die klavierspielende Weltelite zu übertreffen scheint. Sondern eher an Individualität, oft bis ins Kokette reichender Phrasierungsintelligenz und sensiblem Charme. Versucht man sich vorzustellen, wie die englisch sprechenden Musikkritiker sich einen deutschen Pianisten im allgemeinen denken und wovor sie sich fürchten, dann stößt man immer wieder auf die Angst vor trocken-akademischer, grüblerischer Ernsthaftigkeit – und auf die Erwartung herben Tiefsinns. Das ist kein Wunder. Pianisten wie Eduard Erdmann oder Edwin Fischer oder Elly Ney, denen hierzulande eine hohe, berechtigte Verehrung entgegengebracht wird, haben der Welt das Beispiel eines etwas weltfremden und sehr deutschen Idealtyps gegeben. Sie haben kultiviert, was man eine antivirtuose, »dramatische Innerlichkeit« nennen könnte. Oft, seit den Tagen von Clara Schumann, mit einem Anflug von Hohepriestertum, der ebenso zur Verehrung reizt wie zum kollegialen Spott.

Und Wilhelm Kempff? Mag er es auch gelassen oder geschmeichelt hinnehmen, daß manche seiner Freunde und Bewunderer ihn zum »Seher« stilisieren (übrigens nicht nur hierzulande; die französische Kempff-Bewunderung ist nicht minder stark), sein Spiel enthält keine Spur eines billigen oder hochherzigen titanischen Donnerns. In Wahrheit läuft es gerade nicht auf blinde Bestätigung längst akzeptierter Kulturgüter hinaus. Denn nicht, was in rührseligen Autobiographien steht, was von atem- oder kategorienlosen Liebhabern gestammelt wird, zählt, sondern einzig die pianistische Entfaltung. Der erworbene Stil. Hört man Kempff so, dann ist er immer noch eher ein »Dekadenter« als ein »Donnerer«. In seinem Anschlag vereinen sich Grazie, Durchsichtigkeit, Ironie und Selbstbewußtsein. Oft wirkt vielleicht darum der Anschlag ein wenig zerbrechlich, spitz, fragil, »unzuverlässig«. Daß Kempff vor einigen Jahrzehnten, während der Hitlerzeit,

Claudio Arrau

Clifford Curzon

sagen konnte: Und wenn die Nazis noch so viele Hakenkreuze vor die Waldstein-Sonate malen – sie können sie doch nicht spielen: man hört es auch heute noch seinem geistesgegenwärtigen, biegsamen Spiel an. Aber man hört noch mehr. Wilhelm Kempff, 1895 in Jüterbog geboren, stammt, so steht in jedem biographischen Abriß zu lesen, aus einem altmusikalischen, preußischen Elternhaus. Der Großvater schon war Organist, der Vater gleichfalls, und als der zehnjährige Enkel in kurzen Hosen bei einer Aufnahmeprüfung Präludien und Fugen des Wohltemperierten Klaviers nicht nur spielen, sondern auch in beliebige Tonarten transponieren konnte, da war des Staunens kein Ende. Warum viel fragen, ob eine solche Wunderkindgeschichte auch wirklich ganz und gar wahr ist . . . Es genügt, daß sie durchaus wahr sein könnte. Denn Talent, Geistigkeit, Überlegenheit und Übermut, wie sie sich bei Spätlingen manchmal herausbilden, gehören durchaus zu diesem Pianisten. Nun sei aber nicht verschwiegen, daß bei Kempff, der über die Jahrzehnte hin zu den beliebtesten Künstlern zumindest Europas gehörte, aus der Tugend eine Not geworden ist: denn die Pflege des Persönlichen und Eigenen gegen alle motorischen Versuchungen schlägt nur zu leicht um in manuelle Unzuverlässigkeit. Es ist durchaus zu verstehen, daß ein Künstler auch vom pianistischen Rang Kempffs einen solchen Umschlag in Kauf nimmt. Doch wenn er dann beispielsweise die beiden Klavierkonzerte von Liszt interpretiert, wird klar, was für eine Kluft zwischen solchem Klavierspiel und dem technischen Standard der Weltelite besteht.

Gewiß: Wilhelm Kempff ist kein Liszt-Spieler. Kempffs Stärke – sein Sinn für Valeurs, seine Freude an intelligenter Zartheit – bleibt gegenüber den Ansprüchen eines Liszt-Konzertes, etwa der Stretta des A-Dur-Konzertes, ohne Kraft. Hört man Kempffs Versuch, diese Musik geschmackvoll zu humanisieren, während es doch darauf ankäme, ihre Männlichkeit, ihren Ernst, ihren Stolz zu entdecken, dann spürt man, daß Kempff sich auf ein gefährliches Terrain begab, als er den Kampf mit Liszt und den großen Liszt-Interpreten aufnahm. Er ist, wenn man höchste Maßstäbe anlegt, dem A-Dur-Konzert pianistisch nicht gewachsen.

Bei Liszt gehört die Bravour zur Sache selbst: Liszts Lebensgefühl war bravourös – die Freude an technischer Verfügung, an der pianistischen Selbstinszenierung ist da nichts Äußerliches, keine Dekoration, sondern Essenz. Kempff hat weder genug Kraft noch Brillanz für Liszt.

Bekanntlich hat sich Wilhelm Kempff nun auch wahrlich nicht als Liszt-Spieler einen Namen gemacht. Wer Kempffs Liszt mit Svjatoslav Richters Liszt vergleicht, wird dem Schluß nicht ausweichen, daß Richter einen käftigeren, deutlicheren, fesselnder formulierten, technisch souveräner bewältigten Liszt spielt. Viele auf ihre Kultur stolze Musikfreunde aber dürften es Kempff geradezu hoch anrechnen, daß er Liszt verfehlt. Sie werden mit Recht auf Kempffs Schumann-Spiel hinweisen. Kempff spielt Schumann nicht balladesk aus, er donnert nicht das Florestan-Pathos mit konzertantem Eifer, er sentimentalisiert Schumann aber auch nicht zum Glücklichen im Winkel. Sondern Kempff hat, wie kaum ein anderer lebender Pianist, die Mischung aus Gebrochenheit und Glück, aus Traum und Intelligenz, aus Sehnsucht und Vision begriffen, die in Schumanns Kompositionen zum Klang erwachen kann, wenn ein Pianist das Zauberwort trifft. Kempffs gespannte Sensibilität lehrt Schumann verstehen. Gerade weil Kempff nicht nur eine Tendenz Schumannschen Komponierens betont, sondern sich der oft kaum mehr synthetisierbaren Vielfalt überläßt, gewinnen Schumanns Werke Dimensionen und Perspektiven, die über Nur-Musikalisches hinausreichen. Hört man von Kempff die Papillons, die Humoreske, die Symphonischen Etüden, das Klavierkonzert oder die Kreisleriana, dann stehen – wenn der Pianist einen durch nichts erzwingbaren guten, inspirierten Abend hat – differenzierte Wunder bevor, die den Vergleich mit den größten Momenten Cortots nicht zu scheuen brauchen. Die gelegentlichen technischen Ungleichmäßigkeiten, die Undeutlichkeiten der pianistischen Formulierung sind demgegenüber gleichgültig.

Natürlich lassen sich Momente solcher Spontaneität nur schwer auf die Platte bannen. Allein, im Tonstudio, »träumt« sich's besonders schwer. Ein Glück, daß es dennoch ein paar Aufnahmen gibt, die Kempffs selig-nervösen Traum festgehalten haben. Wie Kempff Schumann versteht, lehrt seine Aufnahme der Kreisleriana op. 16. Robert Schumann hat seine Kreisleriana Chopin gewidmet, der übrigens wohl nicht viel mit dem Werk anfangen konnte. Möglicherweise waren dem formbewußten Polen diese von E. T. A. Hoffmann inspirierten Phantasien zu zerrissen, zu exzentrisch, zu verworren. Kempff spielt weitaus mehr das romantisch-fragile Bewußtsein – als etwa Horowitz oder Rubinstein es tun.

Unter Kempffs Händen geht nun keine Nuance des Phantastischen und Schweifenden verloren. Dennoch kann Kempff bei alledem die Schumannsche Einheit, den zwingenden inneren – fast könnte man sagen psychologischen – Ablauf dartun. Die drei Schlußnummern (Stück 6, 7 und 8) deutet Kempff unnachahmlich. Es gelingt ihm, die Momente des Brüchigen und des Hektischen, die so viele Musikfreunde an Schumann nicht mögen, in den dargestellten Kosmos hineinzunehmen und zu verzaubern. Er spielt übers Nervöse, übers – wenn man so sagen darf – sehnsüchtig Eklektische keineswegs hinweg. Er macht diese Tendenzen vielmehr zu einem begreiflichen, erfüllten, notwendigen und ästhetisch zwingenden Ausdruck der Schumannschen Seele. Plötzlich werden die »Brüche« zum Denkmal delikat beglaubigter romantischer Wahrheit. Schumann erscheint wie ein Vorläufer von Gustav Mahler.

Die sechste der Kreisleriana-Fantasien ist sehr langsam und »durchaus leise zu halten«. Ein fast starr-ruhiger, innig-dunkel getönter Anfang wird von schroffen, zerrissenen 32teln unterbrochen, bleibt aber dennoch unverscheucht wie ein Traum von Blauer Blume. Kempff spielt mit pochender Sensibilität, wie dieser Traum denn in eine schwebende Bewegung gerät, die sich zum Glückversprechen erhebt – eingeschlossen in den eigenen Zauber, scheu, weltfremd, aber unzerstörbar. Diese Sicherheit des Fragilen zeugt von verschwiegener Meisterschaft. Dem Stück haftet hier – völlig legitim schon wegen des Titels – etwas unverkennbar Literarisches an. Der stilistisch interpretatorische Takt, mit dem Kempff in der 7. Fantasie die Ansprüche des Schumannschen Neo-Barock zugleich erfüllt und verfremdet, ist womöglich noch ungeheuerlicher. Unser Notenbeispiel läßt erkennen, wie sehr sich Schumann da an J. S. Bach gehalten hat. Die Sechzehntel könnten ein Zitat aus der Toccata in F-Dur für Orgel von Bach sein (Beispiel 9).

Aber Kempff interpretiert Schumanns Rückwendung zu Bach so, daß man spürt: die Beschwörung des Vergangenen war für den Romantiker keine stilistische Spielerei, war nicht der Ausdruck eines geschickten Alexandrinertums. Sondern – wie bei Novalis – der ewig unmögliche Vesuch, an vergangener Größe und Herrlichkeit vom eigenen Zwiespalt zu genesen. Schumann, der Bach bewunderte und bearbeitete, komponiert im Stile einer Toccata: markig, mächtig, barock strömend.

Kempff, und darum gewährt sein Spiel eine so überwältigende, beglaubigende Perspektive, bringt es fertig, das Uneigentliche, das For-

Aus: Schumann, Kreisleriana op. 16, 7. Satz »Sehr rasch«

Kempff gibt dem Schumannschen Neo-Barock sehnsüchtigen Überschwang und stellt einen poetisch gebrochenen, differenzierten Kosmos her. Das träumerische Verdämmern am Schluß ist danach kein bloßer Kontrast mehr, sondern romantische Gegenwärtigkeit.

cierte, das herrlich Überhitzte des sehnsüchtigen Schumannschen
Barock hören zu lassen. Indem er die Schwäche – genauer gesagt: das
Nicht-Gelingen-Können – der Stil-Imitation vorführt, rettet er zugleich Schumanns Größe. Statt eines bedeutungslosen Eklektizismus
begreift man die unerfüllbare, flammende Sehnsucht, die in einer solchen
donquichotesken Rückwendung steckt. Gebrochenheit steht ein für
Wahrheit – und das ist mehr als die billige Imitation barocker Kraft.
Die Töne haben, wenn Kempff sie spielt, nicht Bachs Majestät, sondern
Schumanns flammende Nervosität. Sie ziehen in Kempffs Deutung
vorbei wie ein Spuk, wie ein verwischter Traum von alten Ritterburgen
und versunkener Herrlichkeit. Die süß und immer fahler verdämmern-
den Akkorde des »Etwas langsamer« holen den Träumer wieder zurück ins romantische Jetzt. Kempff macht daraus kein virtuoses
Klavierfest, sondern trifft die Ewigkeit der Traumsekunde, den
Augenblick reiner Poesie. Zwei Überschriften aus den Kinderszenen
vereinigen sich in Kempffs Schumann-Spiel: »Der Dichter spricht« sein
»Fast zu ernst«.

Wilhelm Kempff hat nicht nur seit Jahrzehnten eine Gemeinde, sondern er ist zugleich ein Pianist für die Professionals. Mögen manche
Eigentümlichkeiten und manuellen Unzuverlässigkeiten gelegentlich den
Eindruck trüben: Kempffs intellektuelle Selbständigkeit besticht. In
beinahe jedem Stück entdeckt er Einzelheiten, die den anderen entgehen, holt er Übergänge heraus, macht er auf Modulationen aufmerksam. Er gehört zu den Pianisten, die ihr Individuelles leidenschaftlich
»durchhalten«, es nicht wegdrängen lassen, die immer ihren eigenen
Ausdruck sagen und wagen – notfalls auf Kosten technischer Perfektion.

Darin liegt natürlich auch eine beharrliche Koketterie, auf die der
sehr hellhörige Musikkritiker Alexander Berrsche schon 1927 aufmerk-
sam machte. Berrsche schrieb damals: Kempff »hat den Charme des
Anschlags, der wie eine überzeugende Rehabilitierung des viel mißhan-
delten und viel geschmähten Klaviers anmutet, und er ist sich dieser
Gabe so bewußt, daß man ... oft zweifeln könnte, ob er sich mehr an
Beethoven oder am Klangzauber des Instrumentes freut. Ich habe schon
in früheren Jahren auf diesen Zwiespalt hingewiesen, der namentlich in
Kempffs Bach-Spiel deutlich wurde: auf seine Neigung, Dynamik und
Klangfarbe manchmal nicht von dem natürlichen Gang und Ausdruck
des Melos und der gesamten kompositionellen Situation, sondern von

einer rein momentanen, elementar musikantischen Klangseligkeit regieren zu lassen. Auch diesmal hat ihn die Freude an der Süßigkeit und Fülle seines Pianos öfter dazu verführt, eine ausgesprochene, ja vorgezeichnete Crescendotendenz in ein Diminuendo umzubiegen . . .« (Alexander Berrsche: »Kritik und Betrachtung«, 3. Aufl. von ›Trösterin Musika«, Hamburg/München 1964, S. 651 f.)

Diese Kritik enthält großen Respekt vor Kempffs Kunst, vor Kempffs Leidenschaft an interpretatorischer Freiheit und Nuancierung – aber sie bezeichnet zugleich die Gefahren, die in aller Auffassungshybris liegen können. Während es uns etwa bei Svjatoslav Richter schwer werden wird, einen Personalton zu bestimmen, triumphiert bei Kempff die Personalität. Seine Feude an Trockenheit, Biegsamkeit, am intelligenten, schlanken, entfetteten Klavierton, an der typischen Pointierung höret nimmer auf. Hat Richter, pointiert gesagt, keinen Stil, so besteht Kempffs Spiel nur aus Stil; während Richter die reine Direktheit des Ausdrucks und des Temperaments und des Aufschwungs sucht, findet Kempff die Nuance, den Zwischenton, die Gebrochenheit. Kempff meidet wilde Sonorität. Spielt er die großen Brahms-Konzerte oder auch die Händel-Variationen von Brahms, dann bleibt sein Ton oft um eine Spur zu zierlich, zu feinnervig, zu schwach. Aber die Unruhe eines späten Brahms-Intermezzo, diese leise Erregtheit, die ohne jedes Auftrumpfen weiterirrt, ungreifbar und doch unheilbar – das trifft Kempff berückend sensibel.

Mangel an Gewalttätigkeit, verbunden mit großer Allüre und verspielter Gescheitheit, die auch auf unauffällige musikalische Zusammenhänge aufmerksam machen kann: so steht Kempff vor uns. Tschaikowski wäre nichts für ihn. Wohl aber liegt ihm die grandiose Allüre, die herrscherliche Einsamkeit intelligenten Ausdrucks. Wenn er das Thema der Symphonischen Etüden von Robert Schumann – da gibt es kein anderes Wort – sonor darbietet, dann bedauert man um so tiefer, daß er die Variationen selbst nicht alle mit gleicher Souveränität zu meistern imstande ist. Da, wo der virtuose, pianistische Ausdruck zur Sache selbst wird, bleibt Kempff oft das Letzte schuldig. Hat er jedoch irgendwie die Möglichkeit, Schwierigkeiten zu »subjektivieren«, dann gleicht sein interpretatorischer Instinkt einer Wünschelrute. Selbst die rauschenden 32tel des Fis-Dur-Impromptus op. 36 von Chopin vermag er sich anzueignen (freilich gibt es auch eine lieblos flüchtige Interpretation des Chopinschen As-Dur-Impromptus op. 29 von Kempff, wo der blitzgescheite Pianist nicht einmal die Schlußpointe präsentiert; die Pausen sollen da eigentlich genau fürs Thema einstehen, welches immer fragmentarischer geboten wird, so daß der Zuhörer zu immer weniger Tönen immer mehr ergänzen muß).

Doch was entsteht, wenn so viel helle Sensibilität, so viel Witz, verspielte Gescheitheit, versonnene Grübelei mit Beethoven zusammentreffen? Es sind nicht in erster Linie die sogenannten Bekenntnissonaten, an denen Kempff sich entzündet, sondern die quasi objektiveren Dur-Sonaten. Kempff besitzt die Freiheit, das erschreckend oft wiederholte Rondo-Thema aus der A-Dur-Sonate op. 2,2 bei jedem neuen Anlauf ein wenig anders zu pointieren, wodurch er alle übrigen Pianisten, die da zwanzigmal die gleiche Phrasierung hersagen, zu Leuten degradiert, die eine Spieluhr aufziehen. Er findet auch für das Rondo aus dem frühen B-Dur-Konzert op. 19, für den hellen Charme der G-Dur-Sonate op. 31,1 und für das Staccato-Bacchanal der Es-Dur-Sonate op. 31,3 eine wohltuende persönliche Entsprechung. Die »Innenspannung«, die da von den großen Virtuosen so oft verfehlt wird, stellt sich bei Kempff ohne jede titanische Forciertheit her. Kempff ist ein Atmosphäre schaffender Pianist. Darum entsprechen Solostücke (selbst entlegene und harmlose, wie Beethovens frühe Bagatellen oder die kapriziöse »Wut über den verlorenen Groschen«) dem Naturell dieses Pianisten mehr noch als die großen Klavierkonzerte. Denn beim Zusammenspiel mit dem Orchester wird dem Pianisten ja viel gestaltende, »disponierende« Arbeit abgenommen – beileibe nicht alle! –, dafür um so mehr Brillanz abverlangt.

Gewiß: angesichts der leeren, oberflächlichen Geläufigkeit und Treffsicherheit, mit der manche junge Pianisten Beethovens Klavierkonzerte spielen, als handele es sich um Czerny, ist Kempffs Geistigkeit, sein Sinn für Relationen und Harmonien ein Labsal. Wie er im Es-Dur-Konzert die Durchführung gleich zu Beginn akzentuiert, im G-Dur-Konzert auf Ausdruck und Pastell setzt, in den Rondos der frühen Konzerte rhythmischen Charme darbietet und nicht rhythmisches Stampfen: das hat meisterhafte Selbständigkeit. Wenn sich in Kempffs Interpretation des G-Dur-Konzertes (eine Fernsehaufnahme liegt vor, Rafael Kubelik dirigiert) gleichwohl nach überwältigendem Beginn die reine Spannung verliert, so liegt es vielleicht daran, daß Kempff sich nur beim poetischen Pianissimo wahrhaft engagiert – aber beim Forte eher passiv bleibt. (Im Gegensatz zu den meisten Pianisten, die ein neutrales passives Piano spielen und erst beim Forte Feuer fangen.) Kempff artikuliert die von Beethoven sorgfältig ausgeschriebene Sforzato-Dramatik auch des G-Dur-Konzertes zu wenig.

Erstaunlich bleibt ohnehin die Mischung aus Altmodischem und Differenziertem. So ist Kempff – im Gegensatz zu den meisten jungen Pianisten – davon überzeugt, daß Beethovens Kadenzen den »Charakter der Unfertigkeit« tragen. Kempff schließt sich ausdrücklich diesen Worten Franz Kullaks an und spielt darum statt der zur Verfügung stehenden Beethovenschen Kadenzen in den ersten vier Klavierkonzerten eigene Kadenzen. (Im Es-Dur-Konzert hat Beethoven die Freiheit der Wahl aufgehoben.) Nun wäre es durchaus zu verstehen, wenn ein Pianist Lust hätte, an der für eigenes Improvisieren offenen Stelle eines klassischen Instrumentalkonzertes auch wirklich »Eigenes« zu sagen – mag es da nun Beethovensche Kadenzen geben oder nicht.

Doch mit dem Argument, Beethoven habe nichts Brauchbares geliefert, kann der Streit nicht geschlichtet werden. Die große Kadenz Beethovens für den 1. Satz des G-Dur-Konzertes steht auf dem Niveau der Waldstein-Sonate, die Kadenz zum 1. Satz des B-Dur-Konzertes ist bedeutender und gewichtiger (wir werden noch im Hinblick auf Glenn Gould und Friedrich Gulda über dieses anachronistische Meisterstück zu reden haben) als das ganze Werk. Merkwürdigerweise hegen viele Pianisten, die noch aus dem 19. Jahrhundert stammen, eine Abneigung gegen Beethovens angeblich »trockene« Kadenzen. Auch Kempff hält anscheinend seine eigenen kadenzierenden Naivitäten für »fertiger« als Beethovens Unfertiges, aber seine eigenen Kadenzen klingen geradezu komisch.

Kant hat sich über einen fürstlichen Herrn, der eine Rezension der »Kritik der reinen Vernunft« geschrieben hat, einmal spöttisch beschwert. Kant schrieb, es sei doch wohl nicht das rechte, wenn jemand »den Philosophen machen« wolle und keiner sei. Kempff will den »Tondichter machen«. Etwas Pose klingt mit. Diese teils grauenhaft simplen, teils geschmacklos langweiligen Tonfolgen der Kempff-Kadenzen erinnern geradezu an musikalische Schmiere. Jemand spielt mit ungeheurer Emphase und Erhabenheit ein ziemlich naives Zeug. Doch so wie Schmierenschauspieler manchmal bei besonders schlechten Texten über sich hinauswachsen, spielt Kempff da auch mit einer Liebe und Ernsthaftigkeit, als gelte es, größte Musik zu gestalten. Seine Kadenzen überschatten leider den poetischen Schluß des ersten Satzes von

Beethovens G-Dur-Konzert. Übrigens, auch der glänzende Leschetitzky-Schüler Benno Moisewitsch hat sich noch als 72jähriger Künstler streng gegen Beethovens Kadenzen ausgesprochen. In der Zeitschrift »musical america« (März 1962) wird Moisewitsch folgendermaßen zitiert: »Ich hasse Kadenzen. In Beethovens 1. Konzert spiele ich nie eine Kadenz, was Rachmaninow auch nicht tat. Ich besitze ein Unikum für Beethovens 4. Konzert. Es ist eine nur eine Seite lange Kadenz von Sir Francis Tovey, und sie ist komponiert, als hätte Beethoven hinter seinem Rücken gestanden. Ich habe die einzige Kopie. Selten spiele ich das 2. Konzert, und für das 3. habe ich eine altmodische, einfache Kadenz von Reinecke. Beethovens Kadenzen mag ich nicht.«

Kempff, der den Kadenzen als solchen ein wenig gewogener scheint, kann mit denjenigen Beethovens genauso wenig anfangen. Und darum fängt er sie auch gar nicht an.

Diese Furchtlosigkeit gegenüber dem Gegebenen entzündet sich hingegen produktiv an Winzigkeiten, die einen Backhaus kühl lassen. Spielt Kempff etwa die kleine c-Moll-Sonate op. 10,1, dann hebt er dieses Stück, mit dem Klavierschüler schon zu Beginn ihrer Studien konfrontiert werden, auf die Höhe einer kapriziösen Kunst. Im Schluß des Adagios, wo eine ruhige Kantilene sich wie ein Geschenk aus den Figurationen des As-Dur abhebt, wird Kempff nicht besonders expressiv, sondern geradezu auffallend schlicht. Doch diese Schlichtheit wirkt nicht selbstverständlich spontan. Sie ist vielmehr ein Äußerstes an Nuanciertheit – und zugleich wirkungsvoller als jede noch so differenziert dargebotene Nuance. Wenn man das Einleitungs-Adagio der Mondschein-Sonate von Solomon und von Kempff hört, dann drängt sich geradezu die Frage auf, ob beide das gleiche Stück spielen. Kempff hält sich an die »alla breve«-Vorschrift des Adagio, er versteht zwei Viertel als eine Einheit und spielt darum das Stück nahezu doppelt so schnell wie Solomon, der jede Triole für sich anschlägt. Auch bei Backhaus bleibt das Adagio um zwei Minuten (das ist viel!) kürzer als bei Gulda oder Horowitz. Bei Backhaus bedeutete die Entscheidung für ein ehern fortschreitendes Tempo zugleich auch Ausdruck einer antisentimentalen Tendenz. Kempff hingegen interpretiert das Adagio rasch und doch fragil, sensibel und doch zügig. Es ist kein Wunder, daß die Waldstein-Sonate, als Symbol klassischer Bewegtheit, dem Talent Kempffs fast am meisten entspricht. Ihre pochende Belebtheit, die Trinität aus reinem Naturgefühl, verborgener Religiosität und ewig produktiver Daseinsfreude, wird bei Kempff weder zu Etüdenläufen verharmlost, noch muß er dies Werk so spielen, als wäre es eine Appassionata in Dur. Die großen Moll-Sonaten erschließen sich seinem Zugriff nicht so leicht. Während die Waldstein-Sonate nur noch von Friedrich Gulda mit gleicher Kunst gemeistert wird, sind die Appassionata und der Bereich der letzten Sonaten zwischen Opus 101 und 111 nicht in gleichem Maße Kempffs Domäne, so gebrochen und differenziert er den langsamen Satz aus der Hammerklavier-Sonate auch spielt. Unter Kempffs Händen aber gewinnt die scheinbar geheimnislose Oberfläche des klassisch verschlossenen Beethoven Magie. Andere mögen das herber und kompakter, virtuoser und drohender spielen: er ist dem Geheimnis nahe, weil er sich ihm scheinbar entspannt überlassen kann.

Doch der »späte« Kempff hat der Klavierwelt 1970 eine wunderbare Überraschung beschert: den »frühen« Schubert. Franz Schuberts Klaviersonaten liegen ja wie ein viel gelobtes, aber abseitiges Land ein wenig jenseits der Programm-Reiseroute großer Pianisten. Es haben sich einige Urteile über Schuberts Klaviermusik herausgebildet, die keineswegs »Vorurteile« oder »Fehlurteile« sein müssen – die aber dennoch alle Jahre oder, machen wir es gnädiger, alle Jahrzehnte einmal überprüft werden müssen. Die Einspielung, die Wilhelm Kempff den Schubertschen Klaviersonaten angedeihen läßt, gleicht einer solchen Überprüfung. Und die Ergebnisse sind beinahe so sensationell wie die Wiederentdeckung der ganz frühen Mozart-Symphonien im Rahmen der Gesamtaufnahme von Karl Böhm.

Wie sehen die Meinungen aus, die auch und gerade in Pianisten-Kreisen über Schuberts Klaviermusik im Schwange sind? Nun, alle »späten« Werke Schuberts werden mit tiefem Respekt, ja mit Liebe gespielt und bewahrt: man weiß natürlich, daß die Moments musicaux und die Impromptus aus den letzten beiden Lebensjahren des 1828 gestorbenen Franz Schubert zu den Gipfelpunkten dessen gehören, was menschliche Erfindung und natürlich-melancholisch quellende Inspiration je entstehen ließen. Auch die letzten drei nachgelassenen Sonaten, in c-Moll, A-Dur und B-Dur, werden als Wunderwerke genialer frühromantischer Musik verehrt.

»Man« weiß natürlich noch mehr. Wer das Klavier und seine Möglichkeiten liebt, wird nicht aufhören, zu bedauern, daß Schuberts vierhändige Klaviermusik so relativ unbekannt ist.

Im übrigen aber wird immer wieder darauf hingewiesen, daß Schubert, als er noch nicht einmal zwanzig Jahre alt war, im Schatten Beethovens und Mozarts versuchte, seine eigene Sonaten-»Form« zu entwickeln, dabei aber oft zu sehr in die Nähe von Beethovens dramatischer Form geraten sei, seinen eigenen heiter-melodischen Impuls unterdrücken mußte und folglich erst langsam über mannigfache Zwischenstufen den Weg zur Sonate fand, so wie er ja auch große Schwierigkeiten hatte, seine eigene symphonische Idee zu entwickeln.

Das große, wahrhaft aufregende Verdienst der von Wilhelm Kempff dargebotenen Einspielung aller vollendeten und sieben unvollendeter Schubert-Klaviersonaten besteht nun darin, daß ein neuer Schubert entdeckt wird. Auch leidenschaftliche Klavier-Enthusiasten dürften sich wahrscheinlich nicht erinnern, ein Stück wie die unvollendete e-Moll-Sonate (nach O. E. Deutschs chronologischer Zählung Klaviersonate e-Moll D. 566 aus dem Juni 1817, Schubert war damals zwanzig) je im Konzert gehört zu haben. Kempff hat dieses Werk, zumindest für das größere Publikum, wiederbelebt, er hat auch die etwas bekanntere f-Moll-Sonate (D. 625 aus dem September 1818) mit pointierter Verve eingespielt und natürlich darüber hinaus die drei a-Moll-Sonaten (D. 537, D. 784, D. 845), die »kleine« sowie die »große« A-Dur-Sonate.

Kempff neigt nicht dazu, sich bei schönen Melodien auszuruhen, das »Sonore« zu übertreiben, zu tun, als habe Schubert immer nur Lieder schreiben wollen ... Im Gegenteil: manchmal hat Kempffs Schubert eher etwas Spitzes, Vorwärtsdrängendes, Beschwingtes, fast Turbulentes. Aber da, wo viele andere Pianisten nur jenen Schubert zu erkennen vermögen, der noch mit der Sonatenform »ringt«, der noch nicht ganz zu sich selbst gekommen ist: da wird Kempff unwiderstehlich. Da erwacht sein Klangsinn, seine Fähigkeit zur Finesse, sein Instinkt für die Wichtigkeit einer Begleitfigur, die Notwendigkeit architektonisch-akzentuierender Disposition. Und plötzlich versteht man nicht mehr, warum man ein Stück wie den zweiten Satz aus der e-Moll-Sonate (D. 566) nicht längst zu den schönsten Eingebungen von Schubert gerechnet hat, obwohl oder vielleicht gerade weil dieses Stück mit höchster Bewußtheit den sehr ähnlichen zweiten Satz aus Beethovens e-Moll-Sonate op. 90 schubertisch weiterträumt. Plötzlich versteht man nicht mehr, wie einem je hat entgehen können, daß der frühe Schubert womöglich noch reicher war als der, der sich später zur übersichtlichen Sonatenform zähmte. Da findet sich nicht nur eine überraschende Rückbeziehung auf vorromantische Formen und Einfälle (erster Satz der C-Dur-Sonate D. 279, wo übrigens der dritte Satz das von Schubert so besonders geliebte Menuett aus Mozarts großer g-Moll-Symphonie zitiert), sondern man hört, in der Interpretation Kempffs, auch phantastische, bizarre Vorgriffe auf Chopin, auf Prokofieff. »Gemäßigt« hat Schubert sich offenbar erst später. Kempffs Spiel lehrt, daß das Gerede von der produktiven Entwicklung eines Genies eben doch nur Gerede ist. Schubert war immer sicher, wohin er auch den Fuß setzte ... Daß Schubert dabei möglicherweise kompakte und genaue Vorstellungen davon hatte, wie eine (seine) Sonate aussehen soll, belegen gewiß die vielen abgebrochenen und unvollendeten Stücke, die ihm offenbar nicht genügten. Aber nichts berechtigt uns dazu, solche Werke zu unterschätzen. Ja, weil sie sich aus mannigfachen Gründen dem »klassischen« Sonatenschema nicht fügten, kann es durchaus sein, daß in ihnen womöglich viel wildere, bizarrere, originellere Impulse sich ausdrückten als in jenen Sonatensätzen und Sonaten, die dann »vollendet« werden konnten.

Die ganze Kraft seiner interpretatorischen Originalität setzt Wilhelm Kempff nun ein, um einigen unvollendeten Sonaten Schuberts zur Auferstehung aus jenen papierenen Friedhöfen zu verhelfen, wo sie – in Wahrheit unsterblich – heute noch ruhen. Und wenn er sich dann den bekannteren Stücken nähert, spürt man förmlich, wie seine Liebe und seine Phantasie sich an den vermeintlich »schwächeren« Sätzen entzündet. Wenn Melodie, Harmonik, Inspiration und Tiefsinn für sich selber sprechen, dann mischt Kempff sich nicht allzu sehr ein. Da vermeidet er nach Möglichkeit Sentimentalitäten, donnernde Virtuosität, falsches Tremolo. Aber man muß einmal alle hörende Aufmerksamkeit darauf richten, wie Kempff beispielsweise in der frühen Es-Dur-Sonate (D. 658) den langsamen Satz deutet, indem er zwischen lind bewegtem tänzerischem Ausdruck und großer g-Moll-Klage (Konstanzes »Traurigkeit« aus der »Entführung aus dem Serail« wird da beschworen) eine differenzierte Vermittlung herstellt. Ähnlich verfährt er in der frühen H-Dur-Sonate (D. 575). Was sich als weitgeschwungene Kantilene anbietet, scheint ihn eher kühl zu lassen, aber im Mittelteil des langsamen Satzes wird er förmlich zum Retter von Modulationen, die pianistischer Unverstand bisher für schwach hielt. Im Finale bringt er das trübsinnig Depressive des Finalthemas ebenso heraus wie die träumerische Größe weitgespannter Modulationen.

Bei alledem spürt man nur zu sehr, wie wach Kempff Schubert gegenüber blieb, wie wenig er zu raschem Träumen bereit war: Schuberts Geistigkeit scheint ihn mehr zu interessieren als Schuberts harmonische Abgründigkeit. In den letzten Sonaten freilich dürften keine Reserven mehr gelten. Der langsame Satz der B-Dur-Sonate endet als gläsernes Mysterium, und in die Kantilene des fis-Moll-Andantinos aus der A-Dur-Sonate legt Kempff soviel Gewicht, soviel nervöse, gestaute Kraft, daß der wilde Ausbruch im Mittelteil des Stückes keine abrupte Überraschung mehr ist, sondern ein unausweichliches Ereignis, welches sich bereits im ersten Takt ankündigte.

Es gibt nicht nur einen Schubert. Nicht nur den winterreisenhaft-fahlen, den munter-alpenländischen, den bewußt konstruktiven, den abgründigen Melancholiker oder den Harmoniker, dessen Klage rein und natürlich strömt. Kempff hebt das Gewagte, das Undomestizierte des frühen oder des unbekannten Schubert hervor. Seine Einspielung erschließt einen neuen musikalischen Bezirk. Von nun an gibt es keine Entschuldigung mehr dafür, diesen Bezirk nicht zu kennen, sich nicht auch für das letzte bislang noch unbekannte, unvollendete Werk Schuberts leidenschaftlich zu interessieren. Auch dafür schulden wir Wilhelm Kempff Dank.

Claudio Arrau

Verglichen mit Arthur Rubinstein, einem Wilhelm Backhaus, Wladimir Horowitz oder Wilhelm Kempff, deren künstlerische Physiognomie eindeutig, ja manchmal geradezu übertrieben scheint, so als müsse jeder Künstler eine individuelle Kennmarke besitzen, umgibt den Pianisten Claudio Arrau ein Hauch von Außenseitertum, von Undurchdringlichkeit, von Geheimnis. Das Wort »Geheimnis« möge nicht romantisch mißverstanden werden. Nichts Dämonisches, nichts Paganinihaftes ist mit im Spiel. Und wenn die Zeitgenossen Paganinis argwöhnten, daß es beim Auftreten dieses Geigers immer ein wenig nach Schwefel rieche und daß Paganini die G-Saite seiner Violine aus dem Darm einer verstorbenen Geliebten gedreht habe, so wären ähnliche Annahmen im Hinblick auf Claudio Arrau und seinen Flügel durchaus verfehlt. Trotzdem darf man von einem »Arrau-Geheimnis« reden, auch wenn wirklich nichts Mysteriöses daran ist. Denn so nahe es liegt, bestimmte Interpretationsweisen als »typisch Rubinstein«, »typisch Kempff«, »typisch Horowitz« zu charakterisieren, so schwer läßt sich heraushören, was denn nun »typisch« sei für Arrau. Er betreibt keinen Kult der Individualität. Er verfügt über eine glanzvolle Technik, wie über eine Rüstung, die jeden Angriff, jede durchschauende Kritik abwehrt – aber er gleicht dennoch keineswegs jenen jungen amerikanischen Perfektionisten, deren Spiel oft genug die donnernde oder säuselnde Langeweile einer Maschine ausstrahlt.

Arrau ist nicht nur einer der berühmtesten, sondern zugleich auch einer der fleißigsten Virtuosen der Welt. Er gibt nacheinander in Tokio, New York, München, London und wieder New York Konzerte, meint, daß die pausenlose Luftveränderung ihn frisch und spannungskräftig erhalte, verfügt über ein außerordentlich großes Repertoire. Das Geheimnis hängt offenbar zusammen mit Arraus Universalität. Das Phänomen Arrau wird auch nicht im mindesten dadurch erklärt, daß dieser Künstler 1903 in Chile geboren wurde. Zwar kommen südamerikanische Komponisten in seinen Programmen gelegentlich vor, aber auch nicht häufiger als bei Rubinstein oder Gieseking. Selbst wenn man unterstellt, es gäbe ein typisch südamerikanisches Klavierspiel, so wie es eine »russische Schule« gibt, wäre man bei Arrau auf dem Holzweg. Nicht nur, weil dieser große Pianist in Berlin ausgebildet wurde und erst kurz vor Ausbruch des Zweiten Weltkrieges nach Amerika ging, sondern auch, weil in seinem Spiel der Unterschied zwischen sogenannter »deutscher« und, sagen wir einmal, romanischer Beethoven-Interpretation sich vollkommen verwischt. So leicht macht es Claudio Arrau denen nicht, die hinter das Geheimnis seiner Besonderheit kommen wollen. Wenn Arrau auftritt, dann zuckt auch der abgebrühteste und versnobteste Konzertbesucher jedesmal von neuem zusammen mit dem Gefühl: mein Gott, kann dieser Mann Klavier spielen. Wer oft ins Konzert geht, wird ja nicht nur anspruchsvoller gegenüber dem Durchschnitt, sondern in gleichem Maße dankbarer für das Besondere und Große. Bei Arrau begreift man wieder, was beim Klavierspielen Können heißt. Die ungemein sauberen und präzis gegriffenen Akkorde, bei denen nicht noch einige halb angeschlagene Töne verunklärend mitschwingen, die ganz selbstverständliche Zwei-, Drei- und Vierstimmigkeit, die bei den keineswegs unpolyphonen Romantikern so oft versäumt wird, die völlig ausgespielten und nicht bloß in einem Pedalschwall heruntergehauenen Passagen, die sich dennoch nicht eitel vordrängen, die physische und psychische Disposition; das alles gehört zum großen Klavierspiel, und man kann es von Arrau hören.

Nun ist ein sauber gegriffener Akkord ja nicht nur eine Selbstverständlichkeit, die sich bei guter Führung in der Klavierstunde einstellt, sondern doch mehr: nämlich Ausdruck großer innerer Gespanntheit. Im Akkord sammelt sich dann gleichsam gefrorene Polyphonie. Ein fast schon zu Tode gerittenes Paradepferd der Klaviervirtuosen, das Klavierkonzert von Edvard Grieg, gewinnt unter Arraus Fingern neues Leben. Man hört plötzlich die norwegische Komponente nicht nur als folkloristische Zutat, als nette, würzig-melodiöse Beigabe, sondern als Substanz, die eben nicht nur in Melodieführung und Springtanz-Rhythmik beschlossen liegt, sondern auch im spezifischen Aufbau beinahe jedes Akkords. Arrau bringt das deutlich heraus. Dennoch wird bei ihm der Fund nicht zur Manier. Arrau spielt so beherrscht, daß die Genauigkeit keineswegs in Pedanterie oder Selbstzweck umschlägt. Wenn er die Reprise des ersten Satzes mit dem a-Moll-Thema beginnt, dann den Kantilenen-Fortgang singend abzutönen versteht und schließlich der majestätischen Kadenz Lisztsche Größe abgewinnt – kein Wunder, daß Franz Liszt dieses Konzert einst liebte und zum bleichen Erschrecken Edvard Griegs mit Haut und Haar und allen Orchesterstimmen vom Blatt zu spielen verstand –, dann begreift man schon, warum Arrau seit Jahrzehnten zu den führenden Pianisten der Erde gehört.

Spielt Arrau das erste große Solo aus dem B-Dur-Konzert von Brahms, dann kann man – kopfschüttelnd vor Bewunderung und Staunen – miterleben, wie dieser Pianist es macht. Sein Zugriff ist so rein, so unfehlbar und vehement, daß der Flügel selbst zu sprechen scheint. Der metallisch-mächtige Ton eines großen Steinway verschmilzt gleichsam mit dem, was Brahms zu sagen hat, beziehungsweise was Brahms dem Solisten als Antwort auf die Frage des Orchesters in die Hand gibt. Die Akkorde sind aus Erz und doch nicht mechanisch-elektroakustisch. In ihnen bebt jene Innenspannung, die nur entsteht, wenn eine Natur sich die Technik unterwirft. Die Härte hat nichts Inhumanes, sondern vielmehr etwas Kunstvolles, Gewolltes, Lebendiges. Das vermag Arrau.

Er beschleunigt da, wo der Affekt es will, er stöhnt vor Anstrengung (aber keineswegs über falsche Noten, die gibt es nicht), wo er sich konzentriert. Und er wird langsam-ausdrucksvoll dann, wenn sich in der Musik jenes Moment des Archaisch-Störrischen, des Nervös-Lapidaren geltend macht, das zum späten Brahms gehört. Doch gerade Arraus temperamentvoller, einzigartiger pianistischer Zugriff wird zum Problem. Es stellt sich von vornherein ein Hitzegrad her – auch in der Interpretation des Brahmsschen d-Moll-Konzertes –, der Unmäßiges fordert. Selbst ein Arrau kann die Spannung dann nicht durchhalten, weil er zu nobel ist, sich auf dem Umweg über allzu rasche Tempi wirkungssichere Mätzchen zu erschleichen.

Wer je hörte, wie Arrau den Carnaval von Schumann vorträgt, der weiß, daß Arrau einen glänzenden, intimen und brillanten Schumann spielt. Immer ist da die strahlende Lust am Ballgeplänkel, am Kerzenlicht und Maskenspiel, zugleich aber auch die nie übertriebene, tränenfeuchte Ergriffenheit. Um Arraus Eigentümlichkeiten näherzukommen, wollen wir zu erfühlen und zu analysieren versuchen, wie er und andere Pianisten den Schluß von Robert Schumanns Klavierkonzert verstehen. Es gibt eine Reihe berühmter Interpretationen dieses mit Recht meistgeliebten Konzertes der musikalischen Romantik.

Rudolf Serkin

Solomon

Alfred Cortot, Walter Gieseking, Dinu Lipatti, Clara Haskil und Claudio Arrau haben sich ebenso damit auseinandergesetzt wie Friedrich Gulda, Geza Anda, Solomon oder Van Cliburn.

Für unsere Überlegung wählen wir nicht den berühmten ersten Satz, wo Alfred Cortot den Dialog zwischen Klarinette und Klavier mit unvergleichlicher Innigkeit ausgedeutet und ausgebeutet hat und wo Lipatti die Kadenz mit herrlich-lebendiger Verve spielte. Sondern vielmehr die Coda des Finales. Da setzt das Klavier mit einer großgeschwungenen, von Pralltrillern unterbrochenen Rollfigur im innigen Konversationston ein. Der Affekt steigert sich, das Hauptthema wiederholt sich, weiträumige Passagen ziehen sich über das ganze Klavier hin, die Rollfigur kommt noch einmal vor, gebrochene Akkorde umspielen das mächtige Orchester, und mit höchster, vom Komponisten vorgeschriebener Brillanz geht das Konzert zu Ende. Wenn man einige Interpretationen vergleicht, dann stellt man zunächst etwas Merkwürdiges fest: nicht die jungen Pianisten, also Gulda oder Anda, spielen das Konzert besonders rasch, sondern die alten. Das übliche Vorurteil, dem zufolge Schumann in unserer Zeit von den jungen Pianisten zu sehr gerast werde, stimmt also, zumindest was die objektive, meßbare Zeit betrifft, nicht. Das blaue Band, wenn auch nicht die Blaue Blume der Romantik, erhastet Walter Gieseking, der das Stück zu Ende perlt, als sei es ein explodierter Mozart; aber Clara Haskil nimmt es gleichfalls, wie übrigens auch Cortot, relativ rasch. Gulda und Anda spielen diesen Schluß durchaus ruhiger. Am weitaus langsamsten interpretiert ihn Claudio Arrau. Man muß nicht erst betonen, daß solche Zeitvergleiche über den Wert oder Nichtwert einer Interpretation nichts besagen. Aber wenn man alle anderen Faktoren mit einbezieht, ist es doch durchaus symptomatisch, daß Arrau für dieselben Takte eine halbe Minute länger Zeit braucht als Gieseking.

Arrau läßt sich nicht, wie Gieseking, von der Lust an glatter Virtuosität verführen, die ihm gewiß auch zu Gebote stünde. Er nimmt den Schluß relativ verhalten. Auf eine winzige Nuance, die zeigt, wie ungeheuer sorgfältig Arrau interpretiert, sei hingewiesen (Beispiel 10). Unter den graziösen Passagen ist – als harmlose Begleitfigur der linken Hand getarnt – eine walzerhafte, reizende Melodie versteckt. Gewiß, andere Pianisten dürften dieses kleine Melodiefragment auch bemerkt haben: Arrau jedoch bemerkt es nicht nur, sondern er macht es lebendig. Er entdeckt es in seiner Gegenwärtigkeit. Und er tut das nicht in

Aus: Schumann, Klavierkonzert a-Moll op. 54, 3. Satz

Arrau hebt in dieser brillant bewegten Stelle aus dem Finale des Schumannschen Klavierkonzertes die Oberstimme der linken Hand walzerartig hervor. (In unserem Beispiel vom 3. Takt an.) Er läßt dabei weder die rechte Hand links liegen, noch pointiert er seinen »Fund« allzusehr. Sondern er zeigt, daß ein großer Pianist, selbst in als völlig bekannt geltenden Werken Dinge gegenwärtig machen kann, die andere Klavierspieler zwar auch erkannt haben mögen, aber doch nicht auszuspielen wagen, weil sonst Verwirrung entstünde. Arraus Luzidität wird mit derartigen Problemen wahrhaft »spielend« fertig.

der koketten Art mancher Chopin-Spieler, die aus tonreichen Passagen durch willkürliches Akzentuieren irgendwelcher Noten plötzlich ganz neue Melodien herausbuchstabieren, weil da, wo hundert Noten sind, sich natürlich auch »Hänschen klein« oder eine Nationalhymne herausklauben läßt. Arraus Fund ist nicht das Ergebnis angestrengter Originalitätssucht, sondern eher die Folge von Neugier, von Abwechslungslust und einer inneren Ausgeglichenheit, die es ihm erlaubt, sich aufs Besondere zu konzentrieren, weil er des Selbstverständlichen ohnehin sicher sein darf. Die Nuance wird nicht zur Caprice. Der Hörer aber weiß plötzlich von einem entzückenden Melodienfragment aus Schumanns a-Moll-Konzert mehr. Wenn jetzt ein anderer Pianist dies Fragment übersieht oder mißachtet, dann ist der Betreffende nunmehr gehalten zu begründen, warum er die Stelle anders auffaßt. Vielleicht, weil diesem anderen die Melodiestimme noch wichtiger ist, das wirbelnde Tempo noch wesentlicher, die Eindeutigkeit des Klangbildes noch entscheidender. Läßt jedoch ein Arrau-Konkurrent die Noten klanglos unter den Flügel fallen, ohne dafür irgendeine Entschädigung zu bieten, dann wird man an Arrau zurückdenken. Auch im Bereich der Interpretation gibt es Vorbilder, Standards, Erkenntnisse, hinter die keine große und bewußte Darstellung zurückfallen darf. Auch im Bereich der Kunst sollte es das Gesetz von der Erhaltung der Energie geben.

Ein großer Pianist kann also selbst aus einem so bekannten Werk wie dem Klavierkonzert von Robert Schumann noch Neuigkeiten heraushören und beleben. Doch die Bewußtheit und die Zucht, die Arrau sich auferlegt, kosten ihren Preis. Wie hoch dieser Preis ist, das macht ein Interpretationsvergleich mit Alfred Cortot und noch mehr mit Clara Haskil deutlich. Clara Haskil war, bis zu ihrem Tode im Jahre 1960, beinahe eine Heilige des Klaviers. Man hat ihre Mozart-Interpretationen nahezu einschränkungslos gefeiert. Mir schien ihr Schumann- und Brahms-Spiel noch zwingender, strömender und schöner. Die von einem körperlichen Leiden, dem sie tapfer widerstand, gezeichnete Künstlerin war, mit aller Ehrfurcht sei's gesagt, eingeschlossen in das Gefängnis ihrer Hinfälligkeit. Höchst konzentriert, fast weltabgewandt, so stellte Clara Haskil mit hoher Reinheit und Kunst alle diejenigen Werke der Klassik und Romantik dar, denen sie physisch gewachsen war. Mozarts c-Moll-Konzert, einige Intermezzi von Brahms und eben das Schumann-Konzert spielte sie mit namenloser

Lauterkeit. Hört man den Schluß des Schumann-Konzertes in ihrer Interpretation, dann wird plötzlich deutlich, was bei Arrau fehlt: die Dunkelheit, das Gewicht der drängenden Harmonien, die leuchtende Beseeltheit der Passagen, die über bloße Lebendigkeit weit hinausreicht. Dabei spielte Clara Haskil das Stück keineswegs zimperlich, sie zelebrierte es nicht. Sie machte seine Fülle wahr, sie begriff seine romantische Seligkeit, seinen rhapsodischen Charakter. Plötzlich glaubte man zu verstehen, warum im 19. Jahrhundert, als die Virtuosen sich drängten, gleichwohl Clara Schumanns Interpretation dieses Konzertes eine legendäre Berühmtheit erlangte.

Darf man also sagen, die Gespanntheit, die Sorgfalt und die Kultur der Interpretationen von Claudio Arrau seien nicht nur ein Vorzug, sondern auch eine Art Hemmung, eine in Zurückhaltung umschlagende Distanz? So würde sich jener letzte Rest von Neutralität erklären, jene bei aller Kultur und Ausdruckskraft sich manchmal doch herstellende Kälte, die Arraus Spiel immer dann kennzeichnet, wenn der Künstler sich weder auf entfesselte virtuose Selbstdarstellung noch auf »Intimität« verläßt. Vielleicht kann man es so formulieren: Arraus Stilgefühl ist viel zu groß, als daß er jedes beliebige Klavierstück zum Objekt eines pianistischen Temperamentsausbruchs macht. Gegenüber der donnernden Kadenz etwa des Klavierkonzertes von Grieg wären Scheu oder Zurückhaltung wirklich überflüssig, und da zeigt Arrau auch deutlich und hinreißend, wie prächtig er, grob formuliert, »aus sich herausgehen« kann. Er spielt im öffentlichen Konzert den »Totentanz« von Liszt fesselnder, turbulenter, wilder und virtuoser als Byron Janis auf der Platte. Die rauschende und vorwärtsdrängende Kraft der Passagen fasziniert. Aus diesem »Totentanz«, den er übrigens nicht in Silotis Bearbeitung, sondern in Liszts Originalfassung vorträgt, macht er ein böses Glanzstück. Am Anfang überdonnert Arrau da sogar Tschaikowski, während er dem Tschaikowski-Konzert selbst den äußersten Schwung schuldig bleibt. Arraus Interpretation des A-Dur-Konzertes von Liszt erreicht fast Richters Rang.

Doch in allen jenen Werken, wo die titanische Gebärde unangebracht wäre, ohne daß an die Stelle des Titanismus immer gleich äußerste glühende Versenkung treten dürfte – da bleibt Arrau oft um eine Spur zu zurückhaltend und neutral, da verläßt er sich zu sehr auf Grifftechnik, auf Kultur, auf Geschmack. Wo Beethovens Sonaten klare Linienführung, herbes Espressivo und eine, man verzeihe den

Ausdruck, diesseitige Lebensbejahung ausdrücken, wird Arraus Kunst ihnen gerecht. Man kann beispielsweise das schwere Vivace à la marcia aus der späten A-Dur-Sonate op. 101 nicht entschiedener, genauer und souveräner spielen als Arrau. Wer je im Konzert gehört hat, wie die meisten Pianisten sich mit diesem ungemein schwierigen Stück herumquälen, wieviel selbst ein Kempff ihm schuldig bleiben muß, der wird Arraus Stilgefühl, sein Temperament und seine Anschlagskunst rückhaltlos bewundern. Dies späte Beethovensche Vivace à la marcia kann überdies leicht in phantastische Schumann-Nähe hinübergeraten, wodurch es seinen Ernst und seine herbe Unnahbarkeit verliert und zum harmlosen Genre-Stückchen verarmt. Es kann auch zur spröden grifftechnischen Übung verkümmern. Arrau trifft die »klassische« Phantastik des Stückes.

Arrau gilt als hervorragender Chopin-Spieler. Es ist beeindruckend, wie er die Etüden op. 10 oder das leuchtend klare Konzert-Allegro op. 46 mit schattenloser Bravour zu meistern vermag. Wenn man aber die Interpretation etwa des wilden Chopinschen b-Moll-Préludes op. 28 Nr. 16 von Rubinstein hört, der sich da von seinem süßen und typischen »Rubinstein-Ton« distanziert, sich mit ungeheurer Verve in die Klangwogen dieses Presto wirft, die bösen Linien noch viel schärfer, unvergleichlich fesselnder und aufregender nachzieht, als Arrau es tut, dann ist die Folgerung wohl nicht mehr vorschnell, daß eine gewisse Helle, eine, wenn man so will, lateinische Klarheit Arraus Spiel sowohl auszeichnet als auch begrenzt.

Auch das Finale der h-Moll-Sonate Chopins, jenes überwältigende Presto, das Wagners »Walkürenritt« rhapsodisch vorwegnimmt und übertrifft, spielt Arrau etwas zu kühl. Noblesse kann eine Grenze sein: manchmal muß ein Pianist sich wegwerfen, damit er gewinnt.

Arrau setzt sich also mit bewunderungswürdiger Gespanntheit für Liszt ein, meistert rückhaltlos Grieg, bewährt sein Temperament da, wo extrovertierte Kompositionen es zu fordern scheinen. Doch die phantastische Dunkelheit, der zugleich nervöse und wilde Griff ist seine Sache nicht. Dafür entdeckt Arrau eine bewunderungswürdige Spannweite, eine helle Vielfalt der Nuancen und Farben im Bereich des Intimen. Er findet in Beethovens lyrischem G-Dur-Konzert eine Variabilität des leisen, des aktiven Pianos, des Schattierens, Lebens und Drängens, wie man sie in diesem oft genug zum Reißer oder zum sentimentalen Rührstück entwerteten Konzert kaum mehr vermutet hätte.

Ich spüre selbst, und viele Leser, darunter zahlreiche amerikanische, haben mir kritisch bestätigt, daß meine Versuche, Claudio Arraus Kunst und seine »Grenzen« einzukreisen, seltsam unbefriedigend bleiben: dieser Mann läßt sich anscheinend nicht so leicht auf einen Begriff bringen. Während der sieben Jahre, die nach obenstehender Arrau-Charakterisierung vergingen, hörte ich den Künstler immer und immer wieder, ich analysierte seine Schallplatteneinspielungen aller 32 Beethoven-Sonaten, ich bewunderte die Fernsehaufnahmen der Appassionata, der Les-Adieux-Sonate, der Sonate op. 109 und vor allem des Schumannschen Carnaval, die in ihren lyrischen Momenten eine rührende Sternstunde war. Mittlerweile glaube ich, dem Phänomen Arrau nun aber doch auf die Spur gekommen zu sein. Er ist ein Hohepriester absoluter Text-Verwirklichung, zugleich ein Virtuose, der in steter Gefahr steht, sich geistig und technisch gleichsam abzunutzen. Die Erregung, die Qual, das schwere Atmen, Stöhnen, der krampfhafte, fast verwegene Ausdrucksernst seines »Spiels« hat nur zum Teil private Ursachen (Alterserscheinung, Gewohnheit, Manier und so weiter), zum anderen, wichtigeren Teil, mögen alle diese interpretatorischen Erhitztheiten darauf zurückzuführen sein, daß Arrau sich immer und immer wieder in höchste Hitzegrade des objektiven Espressivo hineinzwingen, nüchterner Routine keine Gewalt einräumen will. Zugespitzt: Sein Ausdrucksideal läuft auf texttreue »Reinheit« hinaus, steht damit offenbar in strengem Gegensatz zu spontaner Freiheit.

Diese Folgerungen ergeben sich für mich vor allem aus der Analyse der nun gesammelt vorliegenden Arrauschen Beethoven-Interpretationen. Arrau vermeidet es mit strengem, bei ihm eigentlich überraschenden deutsch-germanischem Ernst, sich selber aufzuspielen, übermütig spontan, phantastisch, improvisatorisch, »interessant«, tollkühn zu sein, kurz: sich *persönlich* vor oder neben Beethoven zu stellen. Er verschmäht ganz und gar den interpretatorischen Umweg oder Ausweg, der darin besteht, daß Künstler – und auch die »größten« zwischen Rachmaninow, Schnabel und Gulda taten es – die Sonaten zum Ausdruck pianistisch leibhaftiger Selbstdarstellung machen. So kann es geschehen, daß Arrau, wenn es nicht auf Größe, Versenkung und pianistische Reinheit allein ankommt, allzu neutral bleibt. Reinheit hat ja etwas Neutrales, Unparteiisches. So kann es geschehen, daß er dem phantastischen, dem spekulativen, dem improvisatorischen Gestus zwar nicht den pianistischen Hintergrund schuldig bleibt, wohl aber die seelische Erfüllung. Man braucht nur einmal zu hören, wie Arrau etwa den ersten Satz aus der Es-Dur-Sonate op. 27,1 auf höchstem Niveau verfehlt.

Beethovens Es-Dur-Klaviersonate op. 27,1 fängt mit drei simplen Akkorden der rechten Hand an, dann folgt eine fade Tonleiter links, und dann wiederholt sich dieser recht uncharakteristische Vorgang. Später fügt Beethoven eine Synkope hinzu, die Harmonien werden etwas reicher: aber es scheint doch ein erstaunlich flüchtiger, unorigineller Beginn. Wenn man bedenkt, was für eine Meisterschaft des Komponierens Beethoven im Jahre 1801 eigentlich schon erreicht hatte (bedeutende Quartette, Violin-, Cello- und Klaviersonaten aus Beethovens Feder lagen ja längst vor), dann muß man sich über einen so matten Anfang wundern . . .

Claudio Arrau, der genauer liest und verantwortlicher interpretiert als alle Pianisten der Welt, will diesem »schwachen« Anfang offenbar helfen, indem er besonders zart und genau phrasiert, besonders präzis kalkuliert und abtönt. Aber das nützt nichts. Die »Substanz« bleibt schwach.

Und warum? Weil offenbar die meisten Pianisten, mit Ausnahme vielleicht von Schnabel und Solomon, sich nicht daran halten, daß Beethoven diese Sonate als »Sonata quasi una fantasia« bezeichnet hat. Das Thema, ein zartes Nichts, ist nichts anderes als der Zufallsanfang einer Fantasie. Die hingeworfene Begleitung ist nichts anderes als ein Tasten, das Ganze nichts anderes als eine – wie auch Paul Bekker es dargestellt hat – aufgezeichnete Improvisation. Das aber heißt: mit Genauigkeit, mit Abtönung und asketischer Konzentration – den Stärken Arraus – ist hier wenig zu gewinnen. Nur derjenige wird den Traum-Zauber des ersten Satzes und die archaisierend wüste Gestaltlosigkeit des zweiten Satzes treffen, der nicht konzentriert spielt, sondern reaktionsschnell, träumerisch und frei. Der jene Uneigentlichkeit, jenes improvisatorische Tasten darstellen kann, das hier verwehte Gestalt geworden ist, der es fertig bringt, uns an einem »Quasi una fantasia«-Entstehen zu beteiligen. Dieser schwere Anfang muß so gespielt werden, als fiele es dem Pianisten erst im Moment ein, wie es eigentlich weitergeht, als schäle sich da etwas heraus, als walte improvisatorische Freiheit. Dann bekommt die Simplizität Sinn, dann ist die Beiläufigkeit authentisch und die Musik groß.

Ob Beethoven es so gemeint hat? Beweisen läßt sich da nichts. Nur:

wenn dieser Anfang so konzentriert-präzis erklingt wie ein feststehendes Argument, dann befriedigt er nicht. Ungeheuer ernst spielt Arrau das Adagio; glanzvoll und virtuos-kräftig das Finale.

Auch die träumerische Zweideutigkeit des ersten Satzes der Pastoral-Sonate op. 28 spielt Arrau kultiviert, aber uninteressant; bei Artur Schnabel wird der großartige Orgelpunkt der linken Hand zum Ausdruck einer lyrisch strömenden, pochenden Spannung; Arrau gestaltet das Geheimnisvolle und Drängende nicht hinreichend. Den ersten Satz der Waldstein-Sonate op. 53 läßt er wiederum ohne den großen, notwendigen »con brio«-Impuls in sanft elegischem Pianissimo beginnen.

Bei alledem darf man aber die Meisterschaft und Wahrheit der großartig ordnenden, tiefsinnig beschwörenden Kraft nicht vergessen, mit der Arrau die späten Beethoven-Sonaten erfüllt und erfühlt. Mögen andere Einzelnes und Besonderes schöner, tiefer, ausdrucksvoller treffen, als Gesamtinterpretation ist Arraus Darstellung der Les-Adieux-Sonate, der Hammerklavier-Sonate, der E-Dur-Sonate op. 109 oder der c-Moll-Sonate op. 111 objektiv, genau und groß. Man muß Arrau freilich konzentriert und diszipliniert zuhören, man muß die Bereitschaft, Exzentrisches, Drängendes, Wildes, Entflammtes für wichtiger und schöner zu halten als Expressives, Gebundenes, Ernstes und Genaues, ein wenig dämpfen.

Wie ernst dieser Mann seinen Beruf nimmt, wie nobel er reagiert, selbst wenn er sich ärgert und mißverstanden glaubt, dafür soll jetzt ein Brief sprechen, den Claudio Arrau schrieb, nachdem ich in einer Kritik seine Interpretation des B-Dur-Konzertes von Brahms folgendermaßen charakterisiert hatte: »Immer wieder staunt man, wie er ... die in den Akkorden gefrorene Polyphonie zum Sprechen bringt. Gewiß, Unmögliches, wie die Leggiero-Doppelgriffe in der Durchführung, wie die Sechzehntel-Triolen im letzten Satz, die weder Horowitz noch Richter und Backhaus spielen können, vermag auch er nicht zu bewältigen. Da mogelt er, wie jeder anständige Mensch. Doch im übrigen ist er den halsbrecherischen Schwierigkeiten des späten Brahms wunderbar gewachsen.«

Darauf antwortete Claudio Arrau. Und wer den Tonfall üblicher Beschwerdebriefe kennt, diese meist lächerliche Mischung aus dummem Gekränktsein, affiger Aggression und totaler Selbstherrlichkeit, der wird aus diesen Zeilen Arraus herauslesen können, wie sehr es ihm um Reinheit und Wahrheit geht, und um nichts sonst:

»Nach reiflicher Überlegung sehe ich mich gezwungen, zu Ihrer Äußerung ... Stellung zu nehmen: ›Gewiß, Unmögliches, wie die Leggiero-Doppelgriffe in der Durchführung, wie die Sechzehntel-Triolen im letzten Satz, ..., vermag auch er nicht zu bewältigen. Da mogelt er, wie jeder anständige Mensch.‹ Im Gegensatz zu Ihrer Behauptung versichere ich, daß ich Mittwoch abend keine der bestehenden technischen Schwierigkeiten zu meiner Erleichterung umgestaltet habe, was durch unzählige Bandaufnahmen und Grammophon-Platten bewiesen worden ist. Ich habe jeden einzelnen Ton schriftgetreu gespielt, weder Töne fortgelassen, noch bestehende Notenbilder verändert, so daß das Wort ›mogeln‹ unangebracht ist ...

Ich kann mir diese Auslegung eines so hervorragenden und scharfhörigen Kritikers wie Sie, lieber Herr Doktor, nur folgendermaßen erklären: wäre es möglich, daß Sie der von Ihnen wiederholt aufgestellten These von der Unmöglichkeit (Unausführbarkeit?) besagter Passagen, (wie mit Ihren eigenen Worten schon oben angeführt) zum Opfer gefallen sein dürften, und dadurch das gehört haben, was Sie sowieso zu hören erwartet hatten? Ähnliche psychologische Phänomene haben uns alle schon oft zu Trugschlüssen geführt ...«

Arrau ist der nobelste, der sorgfältigste, der seriöseste Pianist unserer Zeit.

Rudolf Serkin, Solomon und Clifford Curzon

Rudolf Serkin sieht so aus, wie ein älter gewordener Gustav Mahler wohl ausgesehen hätte. Rein glühende, wilde Leidenschaftlichkeit verbindet Serkin mit Mahler – ganz abgesehen davon, daß beide Musiker aus Böhmen stammen. Mahler wurde 1860 in Kalischt geboren, Serkin 1903 als Sohn eines russischen Sängers. Wenn Serkin spielt, dann steigert sich mitunter die Pedalbehandlung zu rhythmischem Stampfen. Manchmal reißt er die Hände von der Klaviatur, als sei sie mit Starkstrom geladen. Er brummt mit, er wagt ohne Rücksicht auf Verluste oder falsche Töne Extremes. Dennoch gibt er keine titanischen Zerrbilder von großer Musik. Sein bedenkenloser physischer und psychischer Einsatz wird von blitzender musikalischer Gescheitheit kontrolliert. Spielt Serkin späten Beethoven, dann donnert er keinen Klischee-Heroismus, schwelgt er nicht in der Abgründelei sentimentaler Ritardandi. Er demonstriert vielmehr – wie übrigens gleichfalls Gustav Mahler, der gerade die letzten Beethoven-Sonaten wunderbar gespielt haben soll –, daß Sonaten »Dramen« sind, gewaltige Bühnenbilder für die Auftritte des musikalischen Weltgeistes. Jedes Crescendo gerät ihm, als habe Prometheus selbst es komponiert. Eleganz und leichte Pointierung sind Serkins Sache nicht. Unter seinen Händen wird dafür die Appassionata zum Reißer, so daß vornehme Zuhörer sie »zu leidenschaftlich« finden.

Greift Serkin die späten Sonaten Beethovens an, die Hammerklavier-Sonate, die ihm in seiner Schallplatten-Einspielung von 1971 leider nicht so groß geriet wie manchmal schon im Konzert, die Sonaten op. 109, 110 und 111, dann bietet er für den Kampf mit dem Engel dieser Sonaten neben seiner spannungsvollen und nervösen Intelligenz die Fähigkeit auf, sich lyrisch hinzugeben. Alles Langsame gerät herrlich – über den Entladungen jedoch liegt etwas Fieberhaftes. Serkin, das wurde in den letzten Jahren immer deutlicher, ist von offenbarer »Alterswildheit« besessen. Er spielt immer schneller, immer unkonzilianter, immer gewaltsamer, was seiner Interpretation des d-Moll-

Konzertes von Brahms viel besser bekommt als der allzu temperamentvoll um Brillanz bemühten Einspielung des späten B-Dur-Konzertes. Die Schallplatten vermitteln oft kein zutreffendes Bild von Serkins Eigenart. Da klingt sein Spiel geglättet, scheint es eher von Altersweisheit als von Alterswildheit gezeichnet.

Serkin gehörte in seiner Jugend dem Kreis um Schönberg an. Dem deutschen Musikpublikum wurde er erst bekannt, als er zusammen mit dem Geiger Adolf Busch Brahms' Sonaten für Klavier und Violine auf Schallplatten eingespielt hatte. Die Platten, 1932 aufgenommen, vermitteln den Eindruck reiner Harmonie. Von der nervösen, herrlichen Wildheit des späten Serkin merkt man da kaum etwas. Als Busch und Serkin mit so viel germanischem Tiefsinn Brahms spielten, konnten sie nicht ahnen, wie bald sie Deutschland würden verlassen müssen ... Seither ist Serkin ein weltberühmter Lehrer und Pianist geworden. Die fieberhafte Hektik, mit der er im Konzert ein Äußerstes von sich und den Hörern verlangt, führt dazu, daß sich manchmal in Serkin-Konzerten eine leichte Unrast einstellt. Mutet er sich nicht zuviel zu – fragt man dann, wenn Serkin an die Grenze der technischen Möglichkeiten gerät, wenn seine grandiose Reizbarkeit majestätischer Ruhe im Wege steht. Doch diese Reizbarkeit – der ständigen Gereiztheit des alten Schönberg und des alten Beethoven gewiß nicht ganz unähnlich – fördert immer wieder Neues zutage. Selbst ein Mozart-Andante spielt Serkin interessanter, als es die Mozart-Spezialisten tun. Plötzlich hat der verhalten rhapsodische Mittelsatz aus dem G-Dur-Konzert (KV 453) einen ins Phantastische schweifenden Zug. Nun ist ja bei Mozart ohnehin die lebendige Ungleichmäßigkeit der kleinsten Charaktere im Gegensatz zur zwingenden Ausgeglichenheit großer Teilabschnitte Ursprung spannungsvoller Vollendung. Ein Künstler, der solche Einzelheiten »hört« und »betont«, vergeht sich darum keineswegs gegen den Stil. Denn Mozarts Vollendung liegt ja weder in mechanischem Spieluhrgleichmaß noch in sentimentalischer Gebärde beschlossen, sondern in der unwiederholbaren Einheit, zu der diese Gegensätze sich in seiner Musik verbinden. Immerhin: Serkins jäher, fast vorlauter Zugriff verleiht den Dur-Akkorden aus dem 1. Satz des C-Dur-Konzertes (KV 503) von W. A. Mozart etwas Hektisches, ganz und gar Unstetes. Vergleicht man Serkins Aufnahme mit der von Glanz, Heiterkeit, Freiheit und Sensibilität gekennzeichneten Einspielung des hochbegabten Fou Ts'ong (der 1928 in Peking geboren wurde – er ist Menuhins Schwiegersohn), dann erfaßt man erst, wie verwegen der 25 Jahre ältere Serkin zugreift.

Die Diabelli-Variationen sind Beethovens letztes großes Klavierwerk. Vernimmt man sie im Zusammenhang, dann kann man sie zwar durchaus aufnehmen und bei einiger Konzentration auch dem musikalischen Verlauf folgen: aber man verliert angesichts der 33 Variationen natürlich doch die Fähigkeit zu immer neuem Staunen vor der einsamen und eisigen Gewalt der Ton-Gestalten. Greifen wir drei Variationen heraus: Die achte Variation der Diabelli-Variationen wirkt wie ein rascher Nachklang des Arietta-Themas aus der Sonate op. 111 – nur noch tiefsinniger, reicher und inbrünstiger. Die neunte klingt wie ein resolutes Scherzo, das Serkin, relativ verhalten, mit glühender Logik spielt, und die zehnte Variation stellt nicht nur an die Grifftechnik, sondern auch an die Gestaltungskraft des Spielers hohe Anforderungen: sie muß in leichtem Presto vorbeihuschen und doch jede Sekunde klar und konsequent sein. Rudolf Serkin macht aus den Variationen musikalische Charakterstücke im wahren und eigentlichen, anspruchsvollen Sinne des Wortes. Er prägt Gestalten, er spielt nicht bloß Klavier.

Ungleich härter, eisiger und wuchtiger noch spielt ein Pianist die späten Werke Beethovens, der in Deutschland kaum dem Namen nach bekannt ist. Er heißt Solomon Cutner – nennt sich aber nur Solomon – und liegt seit vielen Jahren krank darnieder. Seine Interpretationen der Hammerklavier-Sonate, der Les-Adieux-Sonate, aber auch der (nicht zu den Spätwerken Beethovens zählenden) Mondschein-Sonate besitzen die Gewalt des Fremden. Solomon, der in Deutschland als »kühl« kritisiert wurde, interpretiert Beethoven so, daß die Werke zwar keineswegs »objektiv« wirken, aber doch mehr sind als nur die schmerzlichen oder erfreuten Bekundungen eines realen Menschen. Solomons Ernst trifft, mehr noch als Backhaus, das transzendentale Subjekt, trifft die »Überlebensgröße« dieser Musik: die beispiellose Herbheit seines niemals im üblichen Sinne harten, sondern meisterhaft differenzierten Spiels hat nichts mit romantischem Titanismus zu tun, verhindert jedoch jede Anbiederei mit dem »Menschlichen« eines Klassikers. Bereits der »frühe« Solomon hat die Händel-Variationen und besonders die g-Moll-Rhapsodie von Brahms so gewaltig und schön wie kein anderer Pianist eingespielt. Die balladeske Logik seiner Interpretation der Rhapsodie übertrifft etwa Rubinsteins Aufnahme bei weitem: Solomon setzt wenige, aber große Akzente, in der Durchführung stellt er herb herrliche, großräumige und zwingende Zusammenhänge her!

Solomons Ernst ist mehr als Pathos. Da ist eine strenge, nur aus der Sache kommende Glut, ein schneidender Mangel an Lieblichkeit, ein ungeheures Engagiertsein für die Deutung und Bedeutung eines jeden Tones. Wenn Solomon Beethovens Große Sonate für das Hammerklavier op. 106 spielt, dann belebt ein fliehender, gewaltiger und doch nie hastiger Atem das überlebensgroße Werk. Man wird von der harten Konsequenz dieses Spiels ergriffen in einem mehr als sentimentalen Sinn. Da ist alle Pianisten-Eitelkeit abgefallen, alles Mittelmaß der Empfindung, des Tempos. Die Durchführung hat Größe, weil der musikalische Fortgang jede Einzelheit bestätigt. Die Sonate ist keine Folge schöner Stellen, sondern eine – großartige – Folge sui generis.

Solomon wurde auch als Schubert-Interpret berühmt. Seine Aufnahmen zweier Schubert-Sonaten, des Griegschen und des Schumannschen Klavierkonzertes sind zwar perfekt, aber doch nicht so zwingend wie Solomons Beethoven. Solomon spielt Schumann um eine Spur zu herb, zu drängend, zu antisentimental, als daß er die romantische Verlockung des »Verweile doch« entspannt erfüllen könnte. Seine pianistische Energie, seine herbe, nicht im mindesten donnernde oder auf Gigantismus zielende Härte, die jeder Mensch, dem Klavierspiel etwas bedeutet, kennen und bewundern müßte, findet ihren großen Gegenstand eben doch nur in den Werken von Beethoven und Brahms. Die ruhige, gewichtige und so eisig authentische Innigkeit, mit der er beispielsweise das Anfangs-Adagio der »Lebe wohl«-Sonate Beethovens op. 81a abtönen kann, hat ihresgleichen nicht. Man höre einmal, wie der französische Meisterpianist Casadesus die traurigen Akkorde des »Le-be-wohl« versteht: bei ihm sind sie gewiß voller Spannung und leisem Leben. Doch bei Solomon gewinnt dieser kurze Anfang, ohne daß ein lauter oder gar aufdringlicher Effekt hinzukäme, an Ernsthaftigkeit, Schmerz, kahler Inständigkeit. Vielleicht nimmt Solomon dann die Melodien des Allegro um eine Spur zu unsinnlich, zu flüchtig. Die Coda indessen mit der herrlich abstrakten Andeutung des Pferdegetrappels spielt er wieder in spirituelle Höhen hinauf. Die Meisterschaft Solomons läßt sich an seiner Interpretation der späten As-Dur-Sonate op. 110 von Beethoven am deutlichsten und reinsten demonstrieren, weil in diesem gewiß sehr schwierigen Werk keinerlei Virtuosität mehr zu Hilfe kommen kann – um Gestaltungsprobleme zu übertönen (wie es im brausenden Finale der Les-Adieux-Sonate noch möglich ist).

Diese As-Dur-Sonate op. 110 steckt voller unaufdringlicher Probleme. Sie nähert sich manchmal jenem ganz bewußten »Klassizismus«, wie ihn der späte Beethoven gelegentlich anstrebt: etwa im rokokohaften Menuett-Schluß der Diabelli-Variationen. Hier, in der As-Dur-Sonate, bringt der Anfang gleich eine Rückwendung zu Mozart. Wenn die As-Dur-Melodie zu einer harmlosen Sechzehntel-Begleitung sich rein und verklärt-unschuldig aussingt (Takt 5–12), dann ist das wie eine Beethovensche Erinnerung an die eigenen, von Joseph Haydn überschatteten Anfänge. (Nicht Imitation, sondern bewußte und zugleich verfremdende Spiegelung.) Der erste Satz enthält eine herrlich gebrochene und doch nicht im mindesten fragwürdige oder ausgehöhlt klingende Lyrik: seine sanfte Harmonie umspannt große, aber nicht derbe Gegensätze. Das Allegro dann ist ein typisches Scherzo des späten Beethoven. Der Mittelsatz indessen – bestehend aus Rezitativ und Arioso – spielt von fern auf eine Passions-Musik an, und die Fuge schließlich wendet sich merkwürdigerweise nicht traditionalistisch zurück, wie es bei der Fugenform doch naheläge, sondern nimmt eher den Typus der romantisch konzertanten Fuge vorweg. Sie ist strahlend, dramatisch und hat einen sehr pianistischen Schluß. Eine solche Fuge hätten Mendelssohn und Schumann gern komponiert. Beethoven hat sie komponiert, und daß die Sonate trotzdem eine unbezweifelbare Einheit blieb, ist vielleicht das allergrößte Wunder.

Solomon spielt das Stück mit scheuer, ernster Empfindung. Er bietet eine durch und durch meisterhafte, im Augenblick wohl von keinem Pianisten der Welt überbotene Interpretation. Seine Kunst besteht darin, ganz fest im Rhythmus zu bleiben, Beethovens agogische Vorschriften minutiös zu beachten, die Übergänge genauestens und mit höchster Empfindsamkeit zu phrasieren, ohne dem jeweiligen Effekt die große Linie zu opfern. Dabei läßt er aber die Pausen, die Bruchstellen, die Taktstriche zwischen den verschiedenen Charakteren mitspielen, ohne daß der Rhythmus im mindesten ins Wanken gerät. Nicht die Lyrik, nicht die melodiöse Empfindung, nicht die Härte, nicht die Polyphonie: *nichts* drängt sich vor, und dennoch findet alles statt.

Mitten im ersten Satz wird das As-Dur-Motiv des Beginns modulatorisch durchgeführt, bis das Hauptmotiv, von 32steln begleitet, wiedererscheint (Beispiel 11).

Aus: Beethoven, Klaviersonate Nr. 31 As-Dur op. 110, 1. Satz

Was anmutet wie Melodie und ausfüllende Begleitung, ist bei Solomon eine Hierarchie herber Linien. So entsteht im 6. Takt unseres Beispiels, mehr noch in den Takten 9 sowie 12 bis 15, fließende Vielstimmigkeit.

Erst wenn man Solomons Interpretation mit Glenn Goulds in solchem Zusammenhang fast willkürlich wirkender Empfindsamkeit vergleicht, ahnt man, worin das Geheimnis großen Beethoven-Spiels liegt. Glenn Gould spielt nichts schlecht oder gedankenlos. Im Gegenteil: alles wird bei ihm zum Ausdruck der Empfindung. Er betont das punktierte Achtel (also den dritten Ton des Hauptmotivs) schwärmerisch. Er spielt die Sechzehntelbewegung der linken Hand wie einen psychologischen Kommentar zur Melodie. Kein Ton gleicht dem anderen, die jeweiligen Spitzentöne werden stark herausgehoben. Glenn Gould unterstreicht auch die Innenstimmen, zum Beispiel das F der vier letzten Takte, stark. Seine Interpretation hat dadurch etwas empfindsam Schwankendes.

Solomon bleibt ruhig und schwer im Rhythmus. Schon am Anfang, als er die Steigerung zum hohen, zweigestrichenen C, das plötzlich im Piano erscheint, zu spielen hatte, führte er diese Steigerung gewaltig aus und machte doch das (überraschend!) leise C zum Höhepunkt, indem er es zwingend absetzte. In den von uns zitierten Takten beachtet er die Pseudo-Vielstimmigkeit genau, aber nie drängt sich ein Kontrapunkt, und klänge er noch so schön, vor. Zwischen Melodie, Begleitung und Füllstimmen bleiben gleichsam Isolierschichten erhalten, die alles in herber und großer Deutlichkeit bestehen lassen. Das Ganze gewinnt so einen erhabenen, nicht im mindesten erkünstelten, sondern fließenden Ernst. Es klingt – verglichen mit Gould – unromantisch, aber dennoch viel geheimnisvoller als die Empfindungskurven des Jüngeren. Und Beethovens Moll-Sonaten – von der Mondschein-Sonate bis hinauf zu Opus 111, deren Maestoso-Einleitung man nicht kennt, wenn man sie nicht von Solomon kennt – spielt dieser große Künstler zugleich zwingender und verschlossener als alle anderen Pianisten.

Die Musikwelt hat viel verloren, weil Solomon wegen schwerer Krankheit nie mehr Platten spielen oder Konzerte geben kann.

Clifford Curzon ist der einzige Pianist von Weltrang, den man jahrelang als zum Solisten gesteigerten Kammermusiker bezeichnen konnte. Seit Solomon krank darniederliegt, gibt es unter britischen Musikfreunden kaum einen Zweifel daran, daß er der bedeutendste Interpret Englands sei. Der junge Barenboim ist sein unternehmungslustiger Antipode. Curzon wurde 1907 geboren, er hat in Berlin bei Artur Schnabel studiert. Der Künstler wurde aber hierzulande nicht etwa durch seine verantwortlichen, wahrhaft »dienenden« Schubert-

Svjatoslav Richter

Emil Gilels

und Brahms-Interpretationen bekannt, sondern im Zusammenhang mit einem Prozeß. Curzon war es, der nach langem, von den Zeitungen freudig und neugierig verfolgten Hin und Her die beiden Kinder der unvergessenen Maria Cebotari adoptieren durfte.

Die Charakterisierung »Kammermusiker« schließt keinerlei Herabminderung ein. Sie besagt nicht, daß es Curzon zur Bewältigung der großen Konzerte und Sonaten an Kraft oder Brillanz fehle. Sie meint den Typus. Curzons unmäßiges, von seinen Partnern gefürchtetes, mitunter fast schrulliges Probier-Ethos hat offenbar nicht den eigenen Ruhm zum Ziel, Absicherung oder unantastbare Perfektion, sondern es gilt nur und entschieden dem Werk. Curzon nimmt nichts leicht. Zu den großen Pianisten unserer Zeit gehört er, weil Prägnanz, Zurückhaltung und wahrhaftige Fülle seines Spiels Darbietungen von reiner, erlauchter Schönheit zustande kommen lassen. Trotz aller Askese verfügt er über Glanz, über eine, wenn der Ausdruck gestattet ist, weltläufige Geistigkeit.

Nun weichen ja auch Rubinstein, Kempff oder Svjatoslav Richter kammermuskalischen Aufgaben keineswegs aus. Arthur Rubinstein spielt oft Klaviertrios oder Violinsonaten von Beethoven, Schubert und Brahms; Kempff hat sich gleichfalls wiederholt der Violinsonaten von Beethoven angenommen, von Svjatoslav Richter weiß man, daß er sowohl Klavierquintette spielt als auch seine Gattin begleitet, die Sängerin ist. Er hat auch Fischer-Dieskau oder dem Cellisten Rostropowitsch »sekundiert«. Doch wenn ein Svjatoslav Richter begleitet, hört man einen großen Solisten, der sich gewissermaßen kammermusikalisch unterordnet, dabei aber den großen Solisten nie verleugnet. Es gibt eine brausend schöne Platte, wo Richter mit vier erstklassigen Moskauer Streichern das Klavierquintett von Brahms vorträgt. Richter ist der geistige Führer, die leitende Persönlichkeit. Selbst wenn er nur einen leisen Akzent setzt, wirkt das wichtiger als alle Bemühungen von Geige und Cello. Clifford Curzon hat dasselbe Stück mit dem Budapester Streichquartett aufgenommen. Curzon hält sich unverkrampft zurück – und man vernimmt, wieviel Schönes und Temperamentvolles auch die Violine des Herrn Roismann sagen und klagen darf.

Daß ein Musiker, der auf die donnernde Solistenallüre freiwillig verzichtet, dennoch zum begehrten Solisten werden kann, spricht nicht nur für den Kunstverstand des Konzertpublikums, sondern auch für die ganz besonderen Qualitäten dieses Musikers. Curzon hat von

Artur Schnabel die analytische Schärfe gelernt, die Ehrfurcht vor dem Detail und den Mut, konventionellen Effekten auszuweichen. Seine Haltung ist keineswegs Ergebnis einer Not. In seiner besten Zeit war Curzon ein Fürst des Klaviers, beispielsweise imstande, die gefürchteten Oktaventriller aus dem ersten Satz des Brahmsschen d-Moll-Konzertes, wo kein Gott und keine Auffassung helfen, sondern manuelle Farbe bekannt werden muß, mindestens so dröhnend, hart und gleichmäßig zu spielen wie Serkin oder Arrau. Aber ihm liegt nichts an der konzertanten Allüre. Und vielleicht liegt sie ihm nicht.

So steigert er das Scherzo aus der frühen f-Moll-Sonate op. 5 von Johannes Brahms nicht in die Nähe eines zuckenden rhythmischen Tanzes und das getragene Trio nicht hinauf zum hymnischen Choral. Er bewahrt selbst im Fortissimo ein Ethos des Maßes, der Zurückhaltung. Das Klavier zersplittert unter Curzons Händen nicht. Sorgfältig, aber ohne Pedanterie werden die Linien nachgezeichnet. Trotz aller Versuchungen phrasiert er nicht um jeden Preis »gegen den Strich«, wie Schnabel es manchmal tat, der etwa die majestätischen Durchführungsakkorde aus dem Es-Dur-Konzert von Beethoven kurz und sinnwidrig abriß, um alles Pompöse zu meiden. Curzon, immer auf durchsichtiges, klares und maßvolles Spiel bedacht, ist ein vorbildlicher Mozart-Interpret; und die Impromptus von Schubert, bei denen sich alle Musikalität herrlich bewähren kann, schwingen unter seinen Händen mit reinem Klange aus. Das Variationen-Impromptu in B-Dur verliert sich in innigen Zauber. Curzon beginnt es harmlos. Aber er vermag die einzelnen Variationen so reich und ungezwungen zu erfüllen, daß sich das Thema am Schluß mit hinreißendem Ernst und großer Schwermut – man verzeihe den Ausdruck – aufgeladen hat.

Curzon hält sich sowohl von grüblerischer Finsternis wie auch von virtuosem Auftrumpfen fern. Er hat auf diese Weise sogar versucht, einige Werke von Liszt zurückzugewinnen. Er spielt sie, als wären sie »absolute« Musik. Dadurch wird aus dem schon tausendmal von derben Virtuosenhänden lädierten »Liebestraum«-Nocturno plötzlich wieder ein Stück männlicher, edel empfindsamer Musik. Dem Schluß der Lisztschen h-Moll-Sonate bekommt es vielleicht nicht so gut, wenn er kammermusikalisch domestiziert wird, denn ein Schuß Phantastik, dämonisches Blendwerk, ja – grob gesagt – »Schmiere« gehört zum Wesen der Sache.

Curzon spielt einen Liszt für Liszt-Verächter. Doch Curzon versteht es, die Logik dieser Musik hörbar zu machen. Bei ihm besitzt der Anfang der h-Moll-Sonate Ernst, Größe, pianistische Beredsamkeit, außerordentliche Durchsichtigkeit und Beherrschtheit. Da gibt es überhaupt nichts Kitschiges. Curzon bringt eine Härte, eine Psychologie und eine hochmusikalische, originelle Sensibilität gerade in die rezitativischen Partien der Sonate, wie es die »Liszt-Spiele« nicht vermögen. Unter seinen Händen gerät die h-Moll-Sonate gleichsam zur ungarischen Appassionata, so wie der alte Klemperer Berlioz' Symphonie fantastique in die Nähe von Beethoven dirigieren kann. Unter Curzons Händen werden plötzlich Zusammenhänge hörbar und evident, die man sonst höchstens beim Analysieren, beim Notenlesen, bemerkt.

Aber Liszts geheimnisreiche Extrovertiertheit – auch die Introvertiertheit des späten Brahms – liegt manchmal jenseits von diskreter, maßvoller Gesittung. Kammermusikalische Ausgeglichenheit verschweigt die Katastrophen, von denen bei Brahms gerade die Verstiegenheit des Pianissimo weiß. Hört man sich etwa in die trostleeren Ungeheuerlichkeiten hinein, die der späte Brahms ins Adagio des frühen H-Dur-Trios komponierte, als er die zweite Fassung dieses Jugendwerkes herstellte, dann ahnt man, wie sehr auch eine leise, verhaltene Wendung die Positivität des selig selbstgewissen Kammermusikklanges widerlegen kann.

Curzon hingegen demonstriert nur Brahms' schwerblütige Zurückhaltung. Spielt er ein spätes Intermezzo, dann liegt ihm daran, die Grenzen des Ausdrucks nicht zu überschreiten. Leise Melancholie, nicht allzu betroffen, nicht allzu subtil, will dem »Werk selbst« nicht vorgreifen.

Solch eine antisentimentale Ernsthaftigkeit kann Brahms' Klavierkonzert in B-Dur aus dem Bezirk weinerlicher Seichtheit zurückholen in die – keineswegs kühle – Luft herber Klassizität: darum ist das B-Dur-Konzert auch eines jener Stücke, die Curzon immer wieder aufs Programm setzt. Über die zerrissene Intimität des »letzten« Brahms geht er mit jener kraftvollen, etwas robusten Altherrengebärde hinweg, die der alte Backhaus bei der süßen Not von Beethovens Mondschein-Sonate gleichfalls demonstrierte.

Kammermusikalische Verhaltenheit schlägt also manchmal um in bewußte Beschränkung. Hört man den Beginn des d-Moll-Konzertes von Brahms, wie Curzon ihn, assistiert vom Concertgebouw-Orchester, auffaßt, dann wird nur zu deutlich, daß der Solist den großen tragischen Ton des Orchesters nicht aufzunehmen vermag – oder ihn nicht aufnehmen will, was auf dasselbe hinausläuft. Das Klavier antwortet privat, fast selbstvergessen traurig, leise, klagend. Nur ganz langsam wächst es mit dem Orchester zu einer Ausdruckseinheit zusammen. Curzon spielt den Anfang ein wenig unbetroffen. Das ist weder ein bewußter Gegensatz noch eine Entsprechung. Curzon will die Orchestervergangenheit pianistisch nicht bewältigen. Seine Verhaltenheit könnte von hohem Reiz, könnte eine spezifische Reaktion auf die Riesengebärde des Orchesters sein. Doch die kammermusikalische Reserve wird nicht als Kontrast erkennbar und begreiflich. Dazu bleibt die melodische Linie doch um eine Spur zu neutral. Hört man die gleiche Stelle von Rudolf Serkin, dann klingt alles viel erregter – keineswegs rascher oder lauter oder theatralischer, sondern nur eben ausdrucksvoller, ernster und gewaltiger. Bei Curzon fehlt die konzertante Allüre, die auch gerade dann spürbar sein müßte, wenn ein Solist Zurückhaltung, Verschlossenheit und Diskretion vorführen will. Denn Zurückhaltung läßt sich als dynamische und interpretatorische Qualität nur erkennen, wenn der Hörer zu ahnen meint, über welche Größe und Kraft der Ausdrucksdimension derjenige verfügt, der sich da zurückhält. Curzons Ausdrucksentscheidungen hatten lange Zeit nichts zu tun mit pianistischen Problemen oder gar Schwächen.

In allerletzter Zeit schien sich da etwas zu ändern. Es schien, als sei Curzon das »Pianistische« zu gleichgültig geworden, als leiste er sich nun, wenn schon keinen »Manierismus«, so doch überfeinsinnige Ausdruckskoketterie, die ihn dem alten Kempff annähert. Bei Schumanns C-Dur-Fantasie op. 17 führt Curzon die Dramaturgie des ersten Satzes, den leidenschaftlichen Entwicklungsbogen, die Mischung aus Keuchen, Weltumarmen, erträumtem Vergangenheitsglück und jähem Zugriff vor. Dafür gelingt es ihm im zweiten Satz kaum, einigermaßen zu spielen, was dasteht: weite Teile erlebt man nur innerlich. Ob irgendein Pianist (im Konzert) vorführen kann, daß die verrückte Sprungstelle am Schluß des zweiten Satzes keineswegs bloß ein virtuoser Ausbruch ist, sondern ein wunderbarer, nur eben explodierter Choral?

Curzon malt das Dunkle keineswegs schwarz aus; er betont keineswegs die passionierten Drücker, wird nicht »langsam«, wenn Melancholie sich einstellt. Bei ihm entsteht – zwischen zarten Nuancen, Spannungen, Färbungen, Gedankenblitzen, Empfindungen – eine seltsame Heiterkeit gerade der melancholischsten, traurigsten Töne. Wer es fassen kann, der fasse es: Wenn Curzon »späten« Schubert spielt, ist es, als ob Schuberts schwere Träume in einem seligen Zwischenreich wiederholt werden dürften, in dem aus irdischer Last längst musikalisches Glück werden durfte, Lust, Spiegelung, Nachhall. Verrückt aufregend, obwohl es nicht donnert. Beethovens Eroica-Variationen hingegen versucht Curzon so zu spielen, als ob's die späteren tiefsinnigeren Diabelli-Variationen wären. Dabei bleibt er Pianistisches schuldig. Curzon ist, mittlerweile, der Cortot unserer Tage.

Svjatoslav Richter

Über Svjatoslav Richter müßte man schreiben können, wie er Schumann spielt: fließend, feurig, mächtig dahinströmend und doch nuanciert sorgfältig, ohne Auslassungen und dilettantische Schlampigkeiten. Doch wollte man ihn so darstellen, wie er sich selbst am Flügel darstellt, wenn er mit strahlendem Schwung Prokofieff donnert oder Tschaikowskis G-Dur-Sonate, hätte man ihn nicht wirklich »getroffen«. Die hysterische Unstetheit seines Spiels, die Nervosität, die Anspannung und die Qual, die in Richters öffentlichen Konzerten mit dabei sind und mit überwunden werden, würden einem solchen Bilde fehlen.

Richter ist ein »Spätling«. Die Pianistenkarriere des 1915 in Shitomir geborenen Künstlers begann – vergegenwärtigt man sich Richters phänomenales Talent – erst spät, erst auf einer Lebensstufe, da andere schon längst einen »Namen« und Podiumserfahrung haben. Richter hatte Dirigent werden wollen. Als er seine Klavierstudien bei Heinrich Neuhaus in Moskau beendete, war er nahezu 30 Jahre alt.

Auch seine Weltkarriere fing spät an. Er hat sie gegen gigantische, sagenhafte, von kulturpolitischer Hysterie noch gesteigerte Gerüchte, ja gegen eine fast uneinholbare Aura durchsetzen müssen. Der Name Svjatoslav Richter war schon ein Begriff geworden, als weder in Mittel-Europa noch in Amerika jemand diesen Pianisten gehört hatte. Selbst die Schallplatten kannte man zunächst kaum; während die russischen Behörden Richter die Ausreise in Länder jenseits des Eisernen Vorhangs versagten, wuchs sein Gerüchtruhm. Lobte man den etwas jüngeren, aber im Westen viel früher bekannt gewordenen Emil Gilels für sein exzellentes Spiel, dann gab der zur Antwort, er freue sich zwar über solches Lob, doch jener Svjatoslav Richter hinter den Bergen spiele noch tausendmal besser als er. War das nur kokette Bescheidenheit?

Ein lebendiges Geheimnis ist ein guter Konzertagent. Der Unhörbare wurde zum Weltstar. Dann drangen einige phänomenale Richter-Schallplatten durch den Eisernen Vorhang. Sie machten die Neugier noch größer. Und Van Cliburn, der 1958 in Moskau am Tschaikowski-

Wettbewerb teilgenommen hatte, berichtete fassungslos: »Das ist das gewaltigste Klavierspiel, das ich je gehört habe.«

Als Svjatoslav Richter, nachdem man ihm endlich die Ausreise nach Amerika erlaubt hatte, sich anschickte, in New York den Westen zu gewinnen, saß eine alte Dame schwer atmend im Publikum, die Richter seit dem Kriege nicht mehr gesehen hatte und die er sogar vor dem Konzert nicht hatte sehen dürfen, damit er nicht aus dem seelischen Gleichgewicht käme: es war seine Mutter. Richters Vater nämlich war deutschstämmiger Musiker in Rußland gewesen und dann dort, im Zusammenhang mit seiner Deutschstämmigkeit und den Kriegswirren, getötet worden. Die Mutter floh mit Svjatoslavs Onkel nach Deutschland. Dort hatte sie in der Nähe Stuttgarts eine kleine Wohnung bezogen und allmählich von dem Weltruhm ihres Sohnes erfahren, dem sie, um ihn nicht zu gefährden, nicht einmal offen zu schreiben wagte. Nun, nach neunzehn Jahren, trafen sie sich wieder.

Richter findet es entsetzlich, daß ihm überall der Anspruch entgegenschlägt, er müsse der erste Pianist der Erde, müsse ein Wunder sein. Richter leidet unter seiner Aura. Er muß in einem Alter Debüts geben und neue Zuhörer überzeugen, in dem andere Pianisten das alles schon längst hinter sich haben. In Luzern beim Debüt hat Richter sich Freunden gegenüber beklagt, daß es für ihn eine fürchterliche zusätzliche Anspannung bedeute, als 50jähriger immer wieder zum erstenmal vor ein hysterisch erwartungsvolles Publikum zu treten. Um das durchzustehen, dazu müsse man jünger sein. 1960 war Richter 46 Jahre alt. Schallplatten halten sein New Yorker Debüt fest. Damals fiel eine Entscheidung. Seitdem ist jedes Richter-Konzert eine Sensation.

Bei einer normal verlaufenden Pianistenkarriere wären biographische Einzelheiten nicht so wichtig: ob und unter welchen Umständen der »Durchbruch« erfolgte, interessiert da mehr anekdotisch als musikalisch. Bei Richter gehört die exzentrische Situation zur Sache selbst. Er ist kein Pianist, der ruhig ausführt, was er sich einmal zurechtgelegt hat, der alles durch die Brille seines Personalstils sieht. Seine Kunst, seine Stimmung und seine Probleme hängen von der Situation ab.

Richter begann sein Debüt in der Carnegie Hall mit Beethovens Klaviersonate op. 2,3 in C-Dur, einem frühen, mit unbegreiflicher Sicherheit des Zugriffs komponierten, virtuosen und sehr klassizitätsbewußten Werk. Man spürt, wenn man in die Schallplattenaufnahmen des New Yorker »Debüts« hineinhört, natürlich zunächst noch die ungeheure Beklommenheit des Mannes, der die letzten Tage vor diesem alles entscheidenden Konzert angeblich weder hatte essen noch schlafen können. Richter spielt schnell, aber nicht starr. Trotz mächtiger technischer Reserven donnert er die Sechzehntel-Oktaven nicht in Tschaikowski-Nähe. Das durchaus noch Haydn verpflichtete Seitenthema klingt bei Richter um eine freundliche Nuance elastischer als etwa bei Emil Gilels, der das Motorische übertreibt. Richter spielt den frühen Beethoven mit klarem, zupackendem Griff. In den Ausbrüchen vielleicht eine Spur zu kompakt.

Richter versteht es, seinem Spiel den Charakter des Strömenden, ja Fortreißenden zu geben, ohne die Einzelheiten im mindesten zu verwischen. Wenn er in dieser C-Dur-Sonate das pointierte Scherzo samt dem nachtdunklen, rauschenden Trio in Angriff nimmt, dann hält er die beiden Teile dadurch zusammen, daß er beim Scherzo das Tempo nicht übertreibt, beim Trio aber eine großflächige Bewegung herausbringt, die im Hörer das Gefühl einer fast zwangsläufigen, selbstverständlichen und unausweichlichen Einheit erzeugt. Auch das Finale besitzt unter seinen Händen Größe und Selbstverständlichkeit. Ohne jede Affektiertheit bilden sich da die Gestalten im musikalischen Fluß. Diese Technik einer entwickelnden Artikulation beherrscht Richter beim frühen Beethoven unwiderstehlich: sein Spiel enthält Vergangenheit, Gegenwart und Zukunft des Sonatensatzes nebeneinander. Als zweites Stück stand Beethovens E-Dur-Sonate op. 14,1 auf dem New Yorker Programm. Sie gilt als leicht. Da die Ecksätze verhalten bleiben, zumindest nicht majestätisch oder exzentrisch klingen, hat Beethoven kein tiefsinniges Adagio, sondern ein schwebendes, trauriges Allegretto in die Mitte gestellt. Richter macht eine Dichtung aus diesem e-Moll-Satz, indem er ihn um eine Spur langsamer, gesanglicher und bedächtiger nimmt, als es üblich ist. Es kommt ein Moment von – man kann diesem Charakterisierungs-Adjektiv nicht ausweichen – russischer Melancholie, von endlos trauriger Weite in das Stück. Es ist vielleicht kein klassisches Allegretto mehr. Gleichwohl vermeidet Richter jede Forciertheit. Nicht die »Auffassung« entscheidet hier über das Gelingen, sondern die Anschlagskunst.

Beethovens As-Dur-Sonate op. 26 legt Richter mit leuchtender Bravour hin, sie zieht vorbei wie ein spiritueller Spuk, nicht frei von Lisztscher Noblesse. Chopin, der diese As-Dur-Sonate einmal in einem Hauskonzert vortrug, mußte sich von dem russischen Pianisten und

Beethoven-Biographen Wilhelm von Lenz vorwerfen lassen, er habe zu leise gespielt. Chopin, so berichtet Lenz, spielte die As-Dur-Sonate Beethovens zwar schön, »aber nicht so schön wie seine eigenen Sachen, nicht packend ... nicht als von Variation zu Variation gesteigerten Roman«. Als Lenz das Chopin vorhielt, antwortete Frédéric Chopin ohne jede Empfindlichkeit: »Ich deute an, der Zuhörer selbst muß das Bild vollbringen.«

Solche Tendenz zur diskreten Andeutung ist bei Beethoven nicht Richters Art. Er läßt sich nicht einschüchtern durch »Klassizität«. Eine harmonische Rückung nimmt Richter effektvoll wie ein Lisztsches »Rinforzando«. Schaut man besorgt in die Noten, findet sich allerdings eine entsprechende Vorschrift. Höhepunkt und Ende von Richters New Yorker Debüt war die Appassionata. Der Pianissimo-Anfang hatte Magie, die Ausbrüche kamen mit wilder Gewalt. Das Finale begann Richter in phantastischer, durchaus übertriebener Geschwindigkeit. Er nahm es so rasch, daß er sich im Presto-Schluß kaum mehr steigern konnte. Das ganze Stück war ein einziges Accelerando. Gewisse pianistische Effekte, wie etwa die Verdoppelung des rechten C über drei Oktaven hin, die Beethoven vorgeschrieben hat, wurden mit blendendem Glanz lebendig. So kann das heute kaum jemand spielen. Auch die zweistimmigen Läufe rollten mit wütendem und dennoch vollkommen akkuratem Schwung. Im ekstatischen Schluß-Presto hört man derbe Schnitzer. Richter hat das Stück auch im Studio auf Schallplatten gespielt; da ist dann natürlich alles »richtig« – aber so fesselnd, wie das Finale dieses Debüts im Konzert gelingt, ist die reine Plattenaufnahme keineswegs.

Weder ein bestimmter Stil noch ein bestimmter Ton oder gar eine bestimmte Tendenz scheinen typisch für Richters Spiel, sondern eine sehr persönliche Verbindung aus Intelligenz, bravouröser Technik und sicherem Instinkt. Richters Spiel hat die Unbeirrbarkeit und Direktheit des Ekstatischen. Es wirkt bei aller Übertriebenheit nie verzerrt, sondern natürlich und zielstrebig im Sanften wie im Starken. Wenn Richter zum Klavier geht, scheu und fremd, ein zerrissener Riese, dem die allgemeine Aufmerksamkeit und Vorfreude lästig ist, dann möchte man nicht glauben, daß gerade dieser so gehemmt, so verlegen wirkende Mann noch das Geheimnis des großen reinen Sturms und der tiefen Ruhe kennen sollte. Man möchte ihn eher für einen Nervösen, einen »Dekadenten«, einen Feinsinnigen und Unentschlossenen halten. Aber seine Interpretationen treffen oft den Idealtyp, haben den großen Zug zur Selbstdarstellung, die Lust am Virtuosen und Balladesken, die Befähigung zu makelloser Innigkeit. So gesehen, ist Richter ein »altmodischer« Pianist. Dabei verehrt Richter Hindemith, interessiert er sich für Schönberg, befreundete er sich mit Prokofieff, lobt er Britten ...

»Modern« gestimmte junge Pianisten scheuen sich, ihr Temperament wild und überschäumend auszuspielen, denn sie haben in sich nicht jenes Maß, jenen Takt des leisen Zurücknehmens und Neu-Ansetzens, der bei Richter neben der unbestechlichen Kraft des Anschlags und des rhythmischen Impulses die unkünstlerische Raserei (meist, nicht immer!) verhindert. Merkwürdigerweise hat Richter übrigens gerade im 1. Tschaikowski-Konzert, wo Horowitz, Rubinstein und Gilels sich wahrlich keine Skrupel daraus machen, zu donnern und zu brillieren, den Versuch unternommen, das Stück zu verinnerlichen. Die Aufnahme von Richter und Karajan ist berühmt. Mir scheint sie jedoch zu feinsinnig, zu zahm. Die beiden Stars probieren, ob Tschaikowski nicht auch so nobel und lyrisch klingen könne wie Robert Schumann. Aber sie rauben dem Konzert nur sein Pathos, seinen alle Bedenken hinwegfegenden Schwung: und ganz so innig wie Schumann klingt die höchst kultivierte und perfekte Aufnahme denn doch nicht, sondern eher etwas akademisch.

Für Tschaikowskis große G-Dur-Sonate op. 37 jedoch findet Richter hingegen die große Allüre. Er donnert. Er spielt das zwischen deutscher Romantik und Mussorgski unbekümmert vermittelnde, kraftstrotzende und musikalisch recht harmlose Stück mit brausender Vehemenz. So bewältigt, ist diese Musik nicht nur erträglich, sondern berauschend. Richter hält sich nicht auf. Er spielt die lyrischen Episoden klingend aus, aber selbst die etwas theatralischen, drei (!) Fermaten langen Generalpausen des Andante scheinen bei ihm erfüllt von Vehemenz und zügigem Streben. Die Pianissimo-Modulationen im Scherzo haben einen erregten Drang nach vorn. Im Kopfsatz verbindet er, bei aller Freude an ausholender Gestik, an rhetorischer Deklamation, doch die ausschweifenden melodischen Kurven zu einer unaufhaltsamen, selbstverständlichen Entwicklungseinheit. Er weiß, daß bei diesem frühen Tschaikowski Stillstand Rückschritt wäre, und macht aus der Sonate eine Klavier-Symphonie. Die »Rubato«-Melodie-Führung aus dem ersten Satz »Moderato e resoluto« hat eine klingende Natürlichkeit, die man dem Notenbild kaum anmerken kann (Beispiel 12).

Aus: Tschaikowski, Klaviersonate G-Dur op. 37, 1. Satz

Mag sein, daß hier manches als trivial, als rhetorisch und forciert empfunden werden kann. Bei Richter klingt es großartig und selbstverständlich. Weder die Passagen noch die Sprünge und die weit ausholende Begleitbewegung sind isoliert. Nicht motivische Arbeit ist hier oberstes Gesetz, sondern die Dringlichkeit vehementer Selbstdarstellung.

Im Finale erreicht Richter ein Vivace-Pathos, wie es selbst bei ihm selten ist. Jenes ekstatische, strahlende Tempo, das Richters Schubert-Allegro-Interpretationen (zum Beispiel beim ersten Satz der großen D-Dur-Sonate Schuberts) ebenso gefährdet wie das Finale der Appassionata, ist hier nicht nur am Platze, sondern lebenspendend und hinreißend.

Weil Richter sich auf keinen »Personalstil« festgelegt hat und festlegen läßt, darf man ihn auch keinem bestimmten Komponisten zuordnen. Sein außerordentlich großes – nur noch Arrau und Rubinstein können sich ähnlicher Fülle rühmen – Repertoire ist Folge dieser alles in Besitz nehmenden Neugier und Verwandlungsfähigkeit. Es gibt keinen Richter-Stil, ja nicht einmal einen Richter-Ton. Die Brillanz, Kraft und die Dynamik des Anschlags sind über jedes Lob, aber auch über jede begrenzende Charakterisierung erhaben: negativ formuliert heißt das indessen, daß der Anschlag keine »Individualität« besitzt, wie man sie dem Ton eines Kempff oder Rubinstein zuschreiben kann. Doch dieser Individualitätsmangel läßt sich eher als Mangel an einem bestimmten Farbton verstehen denn als Mangel an Beseelung und »persönlichem« Ausdruck.

Als Richter in Salzburg das B-Dur-Konzert von Brahms spielte – Lorin Maazel dirigierte –, da war bereits nach den Anfangstakten die Differenz zwischen den beiden Künstlern erstaunlich. Das Horn nahm die Anfangstriole und die abschließende Terz ruhig und unwichtig: Richter beseelte die Bewegung. Die Terz wurde unter seinen Händen zum Symbol eines Aufblickens, eines rührenden Fragens, eines nach Fortspinnung und Antwort drängenden Ausrufs. Richter spielte das schwere Werk mit ekstatischem körperlichem und seelischem Einsatz. Er wagte weit beeindruckender als auf seiner Brahms-Konzert-Schallplattenaufnahme das Risiko des Äußersten. Die drängende Gewalt, mit der er beispielsweise die Akkorde des ersten großen Solos hindonnerte, die einsame Ruhe, mit der er dem Orchester vorempfand, wie verschlossen und leise manche Brahmssche Wendung ist, die Inständigkeit, mit der er aus Brahms den Tragiker Hebbel herausmeißelte und ihn fast in die Nähe slawischer Wildheit drängte: alles das war ohne jede tropfende Beschaulichkeit. War der Gegentyp zu Backhaus' Weisheit und Rubinsteins pianistischer Verklärung. Es war spannend wie Horowitz, aber dabei ohne Toscaninis Brio-Freude, sondern gewichtig und voll spröden Ausdrucks.

Nicht immer geht er bis zum Äußersten. Er überlastet Mendelssohns Anmut nicht. Er bleibt bei den »seriösen« d-Moll-Variationen in der Sphäre eines noblen Gesprächstones und hebt gerade dadurch das Stück über diese Sphäre hinaus. Richter fühlt, daß man eine Mendelssohn-Melodie weder so antik getragen nehmen darf wie ein Beethovensches Adagio noch so Jean-Paulisch weltverzaubernd wie Schumannsche Poesie. Er beläßt mit natürlichem Takt die Musik innerhalb eines seelischen Konversationsrahmens. Dank dieser Betonung des Sterblichen, Weltzugewandten, offen Brillanten bei Mendelssohn rettet er dessen Unsterbliches – so wie eine Molière-Komödie ja auch dann ergreifender wirkt, wenn die Schauspieler im Rahmen heiterer Konversation bewegte Komödie spielen, als wenn sie versuchen, expressiv zu übertreiben.

Richters Sinn für Schwung, für reinen Rausch, für weite Melodik kommt seinen Schumann-Interpretationen zugute. Wenn er die grausam schwere Toccata C-Dur op. 7 vornimmt, dann wird ein Jugendsturm daraus, hinreißend, deutlich und ohne Schwankung. Aber im Gegensatz zu manchen anderen Virtuosen, die auch den Schluß der Toccata grandios hinlegen – wie aus Freude, daß sie alles hinter sich haben –, läßt Richter am Ende tiefe Schumannsche Schatten über das Stück fallen. Man denkt dann daran, wie ahnungsvoll herb Schumann die Eichendorff-Worte »Und mich schauert's im Herzensgrunde« einst komponieren konnte ... Die Fantasiestücke op. 12 und das Klavierkonzert spielt Richter ebenfalls in Schumannschem Geiste, obschon der Pianist sich da manchmal allzusehr auf seine Kraft und seinen Schwung verläßt, im Gegensatz zu dem so differenzierten, ja fast bis zur Verfremdung gebrochenen, zarten Schumann-Spiel von Wilhelm Kempff. Richters großartigste Schumann-Aufnahme scheint mir die Humoreske op. 20. Sie fasziniert nicht nur durch selbstverständliche technische Brillanz, sondern durch Ausdrucksreichtum, lyrisches Leben und bezwingend intelligenten »Sturm«. Wenn Richter da auf den Polonaisenrhythmus zusteuert – Schumann schreibt vor: »Mit einigem Pomp« –, ist ein großer Augenblick zeitgenössischen Klavierspiels erreicht, während seine jüngste Einspielung der Symphonischen Etüden Schumanns, nach herrlicher Darstellung des Themas, doch den Kraftrausch, das donnernde Heroisieren, ein wenig undifferenziert, ja bombastisch übertreibt.

Svjatoslav Richter scheint im Lauf der letzten Jahre in eine »Krise«

geraten. Allzu viele Schallplatten hat er sich abjagen lassen. Bei Konzerten, die keineswegs immer so ungewöhnlich gelangen wie das New Yorker Debüt, wurden Mitschnitte gemacht und als vollgültige Platten verkauft. Chopin bekommt Richters direkte Brillanz, die Abwesenheit eines personalen Klavierstils, wie ich finde, nicht allzu gut. Die Spannung zwischen Glanz und Sentiment wird da oft ein wenig äußerlich hergestellt. Chopins erste Etüde op. 10,1 ist nicht nur schwer, sondern groß. In weiten Schritten und mächtigen Modulationen entfaltet sich die rechte Hand über einem langsam schreitenden Baß. Herrlich leuchtend klingen die gebrochenen Dezimen. Richter hat diese Etüde einmal lieblos heruntergespielt, sich nur um den Baß gekümmert, die Rechte bloß so hin und her laufen lassen. Man begreift nur die linke Hand wirklich, alles übrige bleibt blaß und leer. Brutal hingeschmettert dröhnen die Bässe – das Stück selbst ist nahezu und der Pianist Richter völlig »unverständlich«. Wieviel herbe Musik in der Etüde steckt, hört man erst, wenn Arrau sie spielt, und auch die noble dritte oder die tiefsinnige vierte Ballade Chopins zählen bislang nicht zu Richters wirklich geglückten Interpretationen.

Doch Richter ist ein neugieriger Pianist. Nichts wäre törichter, als seine Interpretationen ein für allemal festlegen zu wollen. Für Ravel hat er Brillanz, für Debussy Geschmack. Und wenn er die hysterische Erwartung des Publikums nicht ganz befriedigt, dann braucht er bloß auf Liszt zurückzugreifen, der seinem Temperament besonders liegt und dank Richters Noblesse aller Trivialität enthoben ist. In London, wo die Kritiken zunächst fast zu streng mit ihm waren, setzte sich Richter erst durch, als er die beiden Liszt-Konzerte spielte. Unter Richters Händen klingt Liszts Größe nicht nur nicht hohl, sondern drohend, dramatisch, ebenso von lyrischer Sensibilität wie von zynischer Schärfe belebt.

Richters Lehrer Heinrich Neuhaus hat den begabten Schüler Svjatoslav mit Prokofieff bekannt gemacht. Zur Feier des 55. Geburtstages von Prokofieff, kurz nach dem Ende des Zweiten Weltkriegs, trug Richter die 6., 7. und 8. Sonate des Komponisten vor. Er spielte so, daß Prokofieff ihm die 9. Sonate widmete ... Richters Interpretation von Prokofieffs Des-Dur-Klavierkonzert kam als eine der ersten Richter-Platten in den Westen und erregte ungläubiges Staunen. Prokofieff bringt ihm Glück. Auch heute noch, da Richter-Platten in großer Fülle den Markt beherrschen, hat er seine Darbietung der 8. Sonate Proko-

Aus: Prokofieff, Klaviersonate Nr. 8 op. 84, 1. und 3. Satz

In dieser harmonisch reizvollen Partie aus dem 1. Satz der 8. Klaviersonate Prokofieffs betont Richter auffällig, aber nicht hysterisch die vier Noten (über der gehal-
tenen tiefen Oktave) der Oberstimme der linken Hand im dritten Takt unseres
Beispiels. Dadurch stellt sich eine Beziehung her, an die sich der Hörer, bewußt oder
halbbewußt oder unbewußt, erinnert, wenn das sehr prägnante Forte-Motiv (zweiter
Takt des untenstehenden Beispiels) aus dem letzten Satz erklingt. Die Ton-Wieder-
holung wird da aufgenommen, und der charakteristische Sekund-Schritt der beiden
Achtel folgt.

fieffs weder pianistisch noch intellektuell übertroffen. Das ruhige Cantabile der langsamen Sätze, das Brio der schnellen: jedem Ton scheint so viel Deutlichkeit und so viel Glanz innezuwohnen, daß die Interpretation ein Wort verdient hat, mit dem man sparsam sein muß, wenn man nicht unglaubhaft werden will: Vollkommenheit. Wie von selbst stellen sich die Beziehungen her. Nichts bleibt »kompliziert«, schwer überschaubar, redselig. Schon unter der fließend ausgespielten, den ersten Satz beherrschenden absteigenden Modulation der rechten Hand bringt Richter die Innenstimme der linken Hand so lebhaft, daß die auf das letzte Viertel fallenden zwei Achtel ganz ungezwungen das Motiv des Finales antizipieren – dessen charakteristisches Moment dann ja auch die beiden nach langer Viertelbewegung aus dem letzten Schlag des Taktes fallenden Achtel sind. Gleichgültig, ob Richter auf diesen Zusammenhang hinweisen wollte oder nicht: wenn ein Pianist so Klavier spielt, dann wird die Musik, besitzt sie nur hinreichend innere Konsistenz, zum tönenden Organismus. Und nur nebenher wollen wir uns daran erinnern, daß Claudio Arrau, als man ihm berichtete, jemand habe Prokofieff fabelhaft gemeistert, mit dünnem Lächeln zurückfragte: »Haben Sie schon mal gehört, daß irgendein Pianist Prokofieff nicht gut gespielt hätte?«. (Beispiel 13)

Es muß nachdenklich machen, daß Richter bislang noch keinen Zugang fand zur Welt des späten Beethoven, obschon die Sonaten op. 90, 101 und 110 oft auf seinen Programmen stehen. Bei Beethovens »mittleren« Sonaten – zwischen Opus 26 und der Appassionata – kann Richter die meisten Sätze aus *einem* Impuls entwickeln und als einsichtige Einheit darstellen. Nicht so bei Beethovens Spätwerk. Richter spielt die späten Sonaten ohne baumeisterliche Überlegenheit. So schön manches Einzelne dargestellt wird: die Sonate op. 110 klingt, als bestehe sie aus zusammenhanglosen Bruchstücken früher Beethoven-Sonaten. Die Kontraste des späten Beethoven werden weder »gedeutet«, noch wird die hinter ihnen liegende Einheit erklärt. Dafür klingt die Adagio-Trauer sentimental-haltlos, der jähe Wechsel zwischen langsam und schnell gerät oft maniert.

Auf über fünfzig Langspielplatten will der unermüdliche Svjatoslav Richter nun sein Gesamtrepertoire fixieren. Der erste Band von Bachs Wohltemperiertem Klavier, einiges von Beethoven, Schumann und Brahms liegen bereits vor. Ob Richter die Konzentration findet, um gleichsam die Summe seiner lebenslangen Klaviererfahrung zu ziehen?

Arturo Benedetti Michelangeli

Robert Casadesus

Emil Gilels

Der Pianist Emil Gilels hat im Oktober 1961 in Moskau einen öffentlichen Klavierabend gegeben, der – mit sämtlichen Hustern, mit Beifallsbekundungen und auch den gelegentlichen ganz unbeträchtlichen Fehlern, die Gilels da unterliefen – auf zwei Schallplatten »gebannt« worden ist. Diese beiden Platten gehören nicht nur zum besten, was ich von Gilels kenne, sondern sie offenbaren eine Meisterschaft, die auf der ganzen Welt kaum mehr als drei Virtuosen im Konzert darbieten könnten – hin und wieder spielt Emil Gilels da (im ganzen gesehen) zwingender als selbst ein Rubinstein oder ein Horowitz. Auf Grund dieser Platten, die Schumanns fis-Moll-Sonate, Chopins Trauermarsch-Sonate, Liszts h-Moll-Sonate großartig enthalten, dazu noch Kleinigkeiten von Bach/Siloti, Strawinsky und Ravel, darf man den Schluß wagen, daß Gilels doch zu bescheiden ist, wenn er immer wieder behauptet, Svjatoslav Richter spiele weit besser als er. Die beiden sind, zumindest, gleichwertig, wenn auch nicht gleichartig.

Zu Gilels' Charme, seiner Vitalität, Gesundheit und seiner Pranke ist noch eine intellektuelle Überlegenheit, eine motorische und dramatische Modernität gekommen, die ihn wohl doch zum ersten Pianisten Rußlands machte. An diesem Oktoberabend des Jahres 1961 begann Emil Gilels mit Robert Schumanns fis-Moll-Sonate. Dieselbe Sonate aber hatte er einige Jahre zuvor auf Schallplatten eingespielt. Die beiden Gilels-Platten des Klavierabends sind in Rußland unter der Nummer 011278–11279 a erschienen – die Soloplatte mit der fis-Moll-Sonate wurde eigens für die Brüsseler Weltausstellung von 1958, also drei Jahre vorher, geprägt. Sie hat die Nummer D 4080-4081. Man kann also vergleichen, wie ein und derselbe Künstler dasselbe Stück auf Platten und im Konzert spielt. Die Unterschiede sind musikalisch und psychologisch faßbar – und sie sind erstaunlich.

Zunächst beginnt die Platte mit einer günstigen Vorgabe. Der Künstler ist natürlich nicht so nervös, muß sich nicht akklimatisieren, darum nimmt er die langsame Einleitung breit und mächtig, wie sie wahrscheinlich von Robert Schumann gemeint ist. Im Konzert ist Gilels befangener und etwas flüchtiger. Da spielt er denselben Anfang um vieles rascher, als habe er Angst, sonst das Publikum nicht in den Griff zu bekommen.

Natürlich spürt Gilels, der im Konzert Schumanns fis-Moll-Sonate so viel rascher begann, als es seine Schallplattenauffassung war, daß er in Gefahr gerät, den Gegensatz zwischen »langsam« und »schnell« zu verwischen. Er spürt es entweder bewußt oder, weil er ein Künstler mitten im Konzert ist, wo er ja nicht einfach noch einmal anfangen und lange Überlegungen verifizieren darf, instinktiv. So kann man beim Konzertmitschnitt konkret miterleben, wie der große Gilels sich bemüht, durch um so innigeren Ausdruck gewissermaßen die Flüchtigkeit des Beginns aufzufangen. Schon die Spannung, mit der er dann das Allegro artikuliert, ist stärker als auf der Platte, wo alles seinen geregelten, schönen Lauf nimmt. Und wenn dann in dieses Allegro langsame Partien hineindämmern, dann spielt Gilels im Konzert ungleich beredter, engagierter als auf der Platte. So wie ein Mensch, der mit aller Anstrengung seines Sensoriums und seiner Leidenschaft ein begonnenes Abenteuer zu Ende bringen will, der die »Einmaligkeit« des öffentlichen Konzerts in allen Fasern spürt. So kommt es, daß am Schluß des ersten Satzes nicht nur alle Nervosität längst abgefallen ist. Sondern in der Fülle und dem Glücksgefühl, Schumann doch noch ganz gerecht geworden zu sein, das Publikum ganz in den Bann geschlagen zu haben, wächst Gilels da über sich hinaus. Am Schluß des ersten Satzes gelingt ihm ein überwältigendes »più lento«. Da ist er nun plötzlich im öffentlichen Konzert bemerkenswert langsamer als auf der ausgeglicheneren Platte.

Diese unbeschreiblich reine Eingebung Schumanns trifft Gilels bei der Studioaufnahme nicht annähernd so spontan, so phantasievoll, so gelöst und selig überredend. Auf der Platte, die er einige Jahre vor dem Konzert aufgenommen hat, klingt dieselbe Stelle selbstsicherer, weniger bewegend. Schön, gewiß – aber doch nicht so eindringlich, hingebungsvoll mit Leib und Seele gespielt.

Das Gefühl spreche eben im Konzert unter glücklichen Umständen vielleicht freier, werden die Befürworter der Schallplatte sagen, dafür falle aber bei der Studio-Aufnahme die Unsicherheit des Konzertzufalls weg, und der Künstler könne Passagen, die im Konzert ein Kampf mit der Tücke des Objekts sind, auf ihre rein musikalische Substanz hin ausspielen. Doch auch das ist fraglich. Hört man dies Scherzo im Konzertmitschnitt, dann scheint ein Entfesselter, ein genialer Virtuose am Flügel zu sitzen. Gilels wagt da ein viel rascheres Tempo als bei der Studio-Aufnahme! Man merkt: er will alles riskieren. Zwei Unsauberkeiten stören ihn nicht und uns nicht. Das Schumann-Scherzo, eben noch ein hübsches, kapriziös romantisches Klavierstück, wird zur hinreißenden Bekundung eines feurigen Lebensgefühls. Glasklar die Linke, die Akkorde der Rechten fallen wie Blitze, der Unterschied zwischen Konzert-Feuer und Schallplatten-Ruhe scheint astronomisch.

Bei diesem Vergleich zwischen Konzertmitschnitt und Schallplatteneinspielung wollen wir nicht übersehen, daß Emil Gilels natürlich im Jahre 1961, in dem er übrigens auch seine Deutschlandtournee machte und Mozarts großes C-Dur-Konzert wie Tschaikowskis b-Moll-Konzert unvergeßlich interpretierte, als Pianist und Künstler möglicherweise weiter und reifer war als zur Zeit, da er die Schallplattenaufnahme derselben fis-Moll-Sonate einspielte. Doch darauf kommt es gar nicht so sehr an. Sondern der Reiz der Konzertaufnahme, wofür es kaum ein anderes Wort als das längst blaß gewordene »lebendig« gibt, liegt vor allem in der Reaktion des Künstlers sowohl auf das Gesetz, nach dem er angetreten, als auch auf das Publikum und die gewonnene Aufmerksamkeit. Nur diese Reaktion, dieser unbegriffliche Ganzheitsbegriff, wiederum läßt jene Spontaneität entstehen, die lauter einzelnen Punkten, mögen sie noch so gut dargeboten sein, kaum jemals innewohnen kann.

Emil Gilels, Jahrgang 1916, Bruder einer Geigerin, mit Leonid Kogan verschwägert, mit einer Komponistin verheiratet, stammt aus einer russischen Musikerfamilie. Er verkörpert rein den kräftigen russischen Virtuosentypus. Da ist noch die offenkundige Beziehung zu den spätromantischen, aufs Grandiose und Virtuose bedachten Klaviertitanen der Liszt- und Siloti-Schule.

Selbst die jüngeren russischen Virtuosen spielen nicht »modern«, wie ein Gulda oder ein Glenn Gould es zu tun versuchen. Freilich sind sie auch nicht unschuldig altmodisch. Sie haben die exzentrische und ironische Welt eines Prokofieff hinter sich. Grandezza, dividiert durch Prokofieffs Phantastik und pianistischen Charme: das wäre also eine Formel für die Voraussetzungen von Emil Gilels. Während Horowitz' virtuose Zerrissenheit manche Werke so fesselnd durchdringt, daß seine maßlose Klavierkunst gleichsam zur interpretatorischen Wünschelrute wird, forciert Gilels immer nur höchstens das Tempo – aber selten die Nerven. Er ist ein gesunder Pianist, kein manierierter.

Das Wort »gesund« klingt neuerdings ein wenig verächtlich. Ist kein reines Lob mehr wie zur Goethe-Zeit. Fast immer assoziiert man Undifferenziertheit, mangelnde Passion, seelische Armut, wenn es heißt, ein Künstler sei gesund. Um auch den letzten Rest solcher Assoziationen zu tilgen, sei hinzugefügt, daß Gilels nicht nur seinen Anschlag – er ist der einzige Lebende, der sich da mit Rubinstein messen kann –, sondern auch seine »harmonischen« Interpretationen offensichtlich mühsam erkämpft. Wenn man ihm beim Spiel zuschaut, dann wirkt dieser Pianist immer zerfurchter und gepeinigter, als sein Spiel klingt.

Für die durchtrainierte Hand, den Charme und die Frische seines Spiels sprechen Gilels' Scarlatti-Interpretationen. Da herrscht zupackende Klarheit, prangende Helle, eine musterhafte Genauigkeit und Präzision des Griffs. Die Akkorde des Hauptthemas der C-Dur-Sonate – Puccini-Liebhaber dürften heraushören, woher die Quinten-Partien der »Bohème« kommen, und Puccini würde gewiß nichts dagegen haben, so buchstäblich mit der italienischen Tradition in Zusammenhang gebracht zu werden – nimmt Gilels ohne jede historisierende Scheu und Langeweile. Man darf an ein vergnügt mit seinen Tatzen spielendes Raubtier denken, wenn man ihm dabei zuhört. Im zweiten Teil wird's eine Spur melancholisch. Aber Gilels, von der glanzvollen Verve seines Spiels fortgerissen, forciert die melancholische Nuance keineswegs, er stellt nicht die Urlaute russischer Seele dar, sondern nur eine pianistische Kostbarkeit. Darum untertreibt er sogar ein wenig. Das ganze dauert nur 100 Sekunden: aber viele klavierverliebte Erdenbürger müßten 100 Jahre üben, bis sie es dann doch nicht ganz so gut könnten wie dieser Emil Gilels.

Doch auch dieser phantastische Pianist hat Grenzen – und es ist gewiß kein Zufall, daß diese Grenzen am meisten zutage treten, wenn er Beethoven oder eine Mozart-Sonate oder Brahms' B-Dur-Konzert bewältigen will. Wenn der »frühe« Gilels einer frühen Beethoven-Sonate begegnet, nämlich der mit durchaus virtuosem Anspruch komponierten C-Dur-Sonate op. 2,3, dann hilft der Charme nicht. Das rokokohafte, eigentlich kinderleichte Seitenthema schwingt nicht aus, die natürlich makellos dargebotenen Passagen und Akkorde kommen zu gestochen, zu explosiv, zu sehr, als wüßten sie schon von

Tschaikowski. Es fehlt der Musik die Innen-Spannung: man spürt, wie alles von außen, mit pianistischer Kunst und virtuosem Temperament, hinzugetragen wird, aber die Musik lebt nicht aus sich selbst, atmet nicht. Das donnert nur, verrät naive Freude am Können, ist feurig. Doch der frühe Gilels schien dem frühen Beethoven nicht gewachsen. Er überfuhr ihn – und war selber das Opfer.

Manche russischen Pianisten pflegen einen allzu motorischen, allzu kindlichen Mozart. Sie haben Angst, Mozart spätromantisch zu verzerren und zu verdicken – darum legen sie sich (und Mozart!) zuchtvolle Beschränkung, eine Art »Stil-Diät« auf: verlassen sich aufs bloß perlende Spiel und auf sanften Ausdruck. Sie »dissimulieren«, sie stellen sich kühl. Wenn Horowitz Mozart spielt, kann man – etwa im ersten Satz der großen F-Dur-Sonate KV 332 – Spuren dieses Dissimulierens entdecken: manchmal wird dann allerdings die gekünstelte Verstellung beendet, und ein überhartes Forte bricht durch. Auch Emil Gilels scheint Mozart früher vor allem als Schule der Geläufigkeit empfunden zu haben. Darüber ist er längst hinaus. Gilels hat sich, das belegt seine Interpretation des großen C-Dur-Konzertes KV 467, Mozarts Ausdruck entdeckt. Gelegentlich gibt es zwar rhythmische Schwankungen: aber der Ton leuchtet, ist kantabel und von bewunderungswürdigem Gleichmaß, die Passagen haben Leben und wagen konzertanten Schwung. Mozart, unter Gilels' Händen, wird zum pianistischen Ereignis. Die Intimität von Mozarts kleiner d-Moll-Fantasie liegt Gilels nicht so gut – da forciert er die Gegensätze. Aber das ohnehin verhältnismäßig extrovertierte »große« C-Dur-Konzert spielt er mit beherrschter Hingabe: erst bei der Kadenz merkt der überraschte Hörer, welche Stilbrüche der Pianist während des Stückes klug vermieden hat. Deutsche und französische Pianisten bevorzugen heute einen mehr gezeichneten, mehr gläsernen Mozart. Gilels spielt das Konzert in großer, nächtlich-dunkler, festlicher Manier: farbig und innig wie Arthur Rubinstein. Er zerrt Mozart keineswegs in verbotene Chopin-Bezirke, sondern bietet ein Exempel großen, künstlerisch durchaus vertretbaren und pianistisch hinreißenden Klavierspiels.

Emil Gilels' empfindsamer Konzert-Mozart scheint mehr an den Forte- als an den Piano-Stellen gefährdet. Bereits Gilels' Mozart enthält nämlich – ebenso wie seine hinreißend pointierte Darbietung des D-Dur-Konzertes von Haydn – die unnachahmliche, typische Grundspannung aller Gilels-Interpretationen: den Gegensatz zwischen einem lächelnden, charmanten, innigen und persönlichen pianistischen Augenaufschlag einerseits und prasselnder Bravour andererseits. Freilich, die frühen Klaviersonaten spielt er neuerdings doch wieder zu sicher, zu glatt; wenn er jedoch etwa im kaum mehr bekannten, sehr virtuosen zweiten Klavierkonzert von Saint-Saëns das Scherzo meistert, dann hat da die überschäumende Lust am Leichten, an der Grazie, eine Humanisierung des Motorischen zur Folge. Gilels spielt das sehr salonhafte Seitenthema ohne jede Trivialität mit kantabler Behutsamkeit. Schöner kann kein Flügel klingen (Beispiel 14).

Gilels antwortet auch im dritten Rachmaninow-Konzert nicht nur souverän, sondern charmant. Er ist einer der glänzendsten Virtuosen unserer Epoche, er verleiht den »Reißern« Noblesse. Er ist kein Getriebener wie Horowitz, dessen Wildheit die Stücke manchmal überspannt, vergewaltigt, fesselnder und bedeutender macht als sie wirklich sind – wie man es überwältigt hören kann, wenn Horowitz etwa im Finale des 3. Rachmaninow-Konzertes eine Ekstase türmt, so daß Rachmaninow selbst zu den erschreckten Bewunderern des jungen, teuflisch begabten Horowitz gehörte. Gilels ist ausgeglichener. Seine Virtuosität will die schöne, vollkommene Darstellung der romantischen Literatur: aber sie wird nicht zur musikalischen Wünschelrute, zur unnachgiebigen Atomspaltung wie bei Horowitz. Dafür bleibt Gilels' Spiel auch ohne jenen exzentrischen Drücker, ohne jenen verzweifelten, immer das Äußerste anstrebenden Kampf, der die Horowitz-Interpretationen so aufregend und manchmal abwegig werden läßt. Selbst wenn Gilels einen ironisch pointierten, glänzenden Prokofieff spielt, sprengt er weder die Grenzen des Klaviers noch des Geschmacks.

Mittlerweile hat Gilels sich auch ums 18. Jahrhundert (Scarlatti, Bach und Bach-Söhne) gekümmert, er hat mit George Szell und dem Cleveland Orchestra für Angel Records die fünf Beethoven-Konzerte eingespielt; dazu noch drei Variationszyklen. Bereits diese Platten lassen einen neuen Gilels erkennen: zurückhaltend, harmonisierend, auf Ausgleich und Stiltreue bedacht. Bei aller Bewunderung hört man die Aufnahmen ein wenig enttäuscht: Es fehlt ihnen an Spontaneität, an Gewalt. Sie haben etwas Meisterhaftes auch im negativen Sinn, sind perfekt und akademisch. Weit weg scheint jener Gilels, der Schuberts f-Moll-Impromptu op. 142,1 in einen traurigen Traum, Liszts h-Moll-Sonate in einen festlichen Sturm zu verwandeln wußte.

Gilels geht nicht mit einer »Auffassung« an die Werke heran,

Aus: Saint-Saëns, Klavierkonzert Nr. 2 g-Moll op. 22, 2. Satz

Das ist gewiß keine große Musik, aber die Töne haben Sentiment, Eleganz, Melodie und Klangsinnlichkeit. Gilels bereitet den Begleitrhythmus raffiniert vor (4. Takt), und er spielt den Sept-Akkord (6. Takt usf.) mit unwiderstehlichem Anschlags-Charme.

sondern mit seinen Fingern, mit den Möglichkeiten und Verheißungen des Steinway-Flügels. Unter den Händen eines solchen Pianisten kann die Mischung aus Technik, Klangsinn, virtuoser Versenkung in »Interpretation« umschlagen. Ein feinsinniger Technokrat wird zum Entdecker. So erspürte Gilels im ersten Satz der Weberschen As-Dur-Sonate – dank seines überwältigenden Legatos – die Naturmystik, das pulsierende, herrliche Freischütz-Geheimnis. Der Zwiespalt zwischen dem »deutschen« Opernkomponisten und dem internationalen Klaviervirtuosen Weber existiert dann nicht mehr. Den ersten Satz spielt er zurückhaltend, verträumt, vielleicht sogar um eine Spur zu verhalten. Merkwürdigerweise bleibt das Finale etwas starr: bei Gilels stellt sich im Konzert manchmal keine überzeugende Verbindung zwischen Verhaltenheit und Gedonner her.

Die c-Moll-Variationen Beethovens, jenes ganz streng durchgeformte, alle Möglichkeiten des Figuralen ausnutzende, im Gegensatz zu den Diabelli-Variationen aber eher rückwärts gewandte Werk interpretiert er mustergültig. Alle Tonwiederholungen artikuliert er logisch und klar. Großes Klavierspiel. Das ist gewiß keine leere Virtuosität, aber doch nur eine Interpretation aus dem Geist des Instrumentes. Da, wo der Interpret sein Wort sagen, wo das Subjekt sprechen, eingreifen könnte, müßte – in der leichten fugierten »minore«-Variation, in den Abgründen der 30. oder vor allem in der sechsmal wiederholten, zwielichtig brütenden Kadenzwendung vor dem Schluß –, bei Gilels bleibt es immer nur beherrschtes, schönes, klares Klavierspiel. An Elegischem fehlt es nicht, an Strenge nicht, aber an der großen, nervösen, leise-gewaltigen Spannung.

Es ist nicht respektlos gemeint, wenn das Phänomen Gilels hier mit einer Präzisionsmaschine verglichen wird. Er scheint immer im Besitz neuer, überraschender Energien, wenn die Schwierigkeiten sich steigern. Bei Steigerungen, die anderen Mühe machen, so daß man diese Mühe auch merkt und gleichsam der Interpretation zuschlägt, setzt er, scheinbar mühelos, neue, anderswo herkommende Kräfte ein. Beethoven-Interpret ist er dann nur im Piano, im Fortissimo erwacht das Prokofieff-Feuer. Auch seine jüngste Einspielung der frühen Mozartschen Klaviersonaten leidet ein wenig an dieser pianistisch perfekten Unfreiheit. Einst klang Gilels' Mozart schöner, tiefsinniger, weniger irdisch, mehr himmlisch.

Die Romantiker liegen ihm mehr. Emil Gilels' Einspielung vor allem der Nachtstücke op. 23 von Schumann und der Moments musicaux op. 94 von Franz Schubert ist von erlauchter Kultur. Sätze wie: »Schönste Klavierplatte seit langer Zeit« oder »Beispiel meisterhafter Verinnerlichung«, die man kaum hinzuschreiben wagt, weil sie unfehlbar als Werbebumerang wiederkehren, vermögen, eben weil sie als Werbefloskel ja längst nicht mehr ernst genommen werden, keineswegs auszudrücken, was Gilels da gelang.

Daß Gilels einer der größten Pianisten der Erde ist, wenn nicht im Augenblick sogar der bedeutendste, wird von vielen Fachleuten angenommen. Gewiß, ich habe den Künstler auch schon überaus nervös und fehlbar und tournee-erschöpft gehört. Da bietet diese Gilelssche Schumann-Einspielung Trost. Was an ihr besticht, ist zunächst der Ton an sich. Selten wurde – und gar auf den technisch meist reich unterentwickelten UdSSR-Aufnahmen – der Klang eines schönen, nicht allzu obertonreichen, keineswegs scharfen, sondern wohllautenden dunklen und intimen Konzertflügels so rein und reich auf eine Platte transponiert.

Schumanns Nachtstücke op. 23 schließen die Reihe der genialen Klavier-Kompositionen zwischen Opus 1 und Opus 23 ab, mit denen der junge, leidenschaftlich antiakademische Künstler sich der Klavierwelt vorstellte und ihr neue, ebenso kühne wie träumerische Ausdrucksbezirke gewann. Die Nachtstücke gelten als relativ »schwach«, selbst der Plattentaschentext gibt das ›gramvoll ehrlich veranlagt‹ (wie Thomas Manns Dichter Detlev Spinell sagen würde) zu. Gilels aber straft die Skepsis Lügen.

Obwohl die Stücke relativ leicht sind, geht sein eminentes Können gleichsam als grifftechnischer Überschuß in die Interpretationen ein. Die rhythmisch gespannte Ruhe, mit der Gilels das erste Nachtstück steigert, die phantastische Unruhe, die er im zweiten erzeugt, der überwältigende Geschmack, mit dem er das großartige dritte Stück eben nicht in jene Rachmaninow-Nähe spielt, die sich ergeben würde, wenn der Pianist allzu brillant aus sich herausginge, das verhaltene, um so glühendere Feuer, das sich da als Anschlags-Diskretion ausdrückt: Reineres kann Klavierspiel kaum leisten. Und die volksliedhafte Lyrik des vierten Nachtstückes spielt Gilels geradezu unvergleichlich konzentriert und melodisch aus.

Benedetti Michelangeli und Casadesus

Es gibt in der weiten Welt der Pianisten nicht einen Künstler, der es sich so schwer macht um reiner Schönheit willen – wie Arturo Benedetti Michelangeli. Ungeheuer ist seine Skrupelhaftigkeit, sein Mißtrauen gegenüber der eigenen Leistung, sein Wunsch, Allerhöchstes in jahrzehntelanger Mühe zu erarbeiten, nichts vorschnell zu wagen, das Klavier zum Instrument reinen Wohllauts zu machen. Mit jenem robusten Künstlertypus, der unbeschwert von Konzert zu Konzert, von Podium zu Podium eilt, des Erfolges sicher, vergnügt und siegend-gesund, hat er wenig zu schaffen. Dafür stellen aber die wenigen Interpretationen, die man von ihm kennt (Scarlatti, Mozart, Beethoven, Schumann, Chopin, Brahms, Ravel) Höhepunkte des Klavierspiels in unserem Jahrhundert dar.

Arturo Benedetti Michelangeli wurde 1920 in Brescia geboren. Er fügt sich schwer ein in einen Konzertbetrieb, wo es vor allem darauf ankommt, daß alles wie geölt funktioniert. Im Gegenteil. Michelangeli verliert sich nicht nur Jahre, sondern Jahrzehnte in ein einziges Stück, gibt dann überraschend irgendwo ein Konzert, sagt, keineswegs überraschend, dafür zehn andere ab. Im Augenblick plant er zwar wieder einmal sehr viele Schallplattenaufnahmen, die er dann so günstig wie möglich verkaufen will. Doch auch daran sollte man erst glauben, wenn man die Platten tatsächlich in der Hand hält.

Wir kämen nicht in Versuchung, über das, was ein italienischer Pianist tut oder nicht tut, zu spekulieren, wenn nicht die wenigen Schallplatten, die es von Michelangeli gibt, und die wenigen Konzerte, die man von ihm hat hören können, mit überwältigender Eindeutigkeit hinwiesen auf ein Klavierspiel von ungeheuerlicher Reflektiertheit, von wahrhaft beispielloser Kultur des Geschmacks. Michelangeli ist geheimnisvoll, weil er sich entzieht.

In Michelangelis Spiel treffen der brillant-grandiose Zugriff, wie amerikanische und russische Virtuosen ihn kultivieren, und eine, wenn man so sagen darf, europäisch-konservative Freude an der atmenden

Vielfalt, ja der Subtilität der Melodie zusammen. Michelangeli verbindet Kempffs Phantasie und Horowitz' Technik. Dieser Satz mag ungeheuerlich klingen, ist das größte Lob, das man einem Pianisten spenden kann – und der Italiener hat diesen Satz auch noch keineswegs an den großen Werken der Klavierliteratur verifiziert. Doch die Aufnahmen, die es von ihm gibt, die Konzerterlebnisse, die er vermittelte, legen so hohe Vokabeln nahe. Michelangeli spielt das Scherzo b-Moll op. 31 von Chopin nicht nur mit großer Virtuosität, die sich dennoch vor allem Donnern zurückhält, sondern er hat eine subtile Freude am Auffächern der Melodie. Den akkordischen Mittelteil, der zu einer Riesensteigerung gelangt, beginnt er ganz kühl, wie ein slawisches Mysterium. Bestechend ist nicht die Technik und auch nicht die Fülle der Nuancen, sondern das einzigartige Mischungsverhältnis. Rubinstein spielt das Stück viel balladesker, Horowitz nimmt es mit einer etwas manierierten Subtilität, Arrau bändigt es. Benedetti Michelangeli hingegen läßt ihm höchste pianistische Gerechtigkeit widerfahren, ohne es zu zerreißen, ohne es aus dem Französischen nach Moskau oder New York zu verschleppen. Und im Laufe jahrelanger, intensiver Arbeit hat er seine Scherzo-Interpretation noch reicher gemacht: jetzt klingen aus den Passagen des Mittelteils noch Melodien heraus, von denen die Schallplatte nichts ahnt.

Michelangeli unterwirft sich auch bei dem motorischen Klavierkonzert von Ravel nicht der Mechanik. Er ist kein Opfer seiner Technik, er bleibt Herr des Klaviers, obschon der Flügel sich mitunter zum Schlagzeug wandelt. Physische Kraft wird da plötzlich benutzt, um den Sieg des klavierspielenden Subjekts gegen die fast unwiderstehliche Explosion des beinahe maschinellen Objekts zu befestigen. Immer noch spürt man den gestaltenden, den pointierenden, den atmenden Menschen, auch in diesem Ravel-Presto. Einem Stück also, das die meisten anderen Pianisten zu Benützern einer Nähmaschine degradiert. So stellt sich bei Michelangeli die abenteuerliche Spannung her zwischen einer wahrlich sich selbst genügenden Technik und einem Menschen, der nicht zum Opfer der eigenen Fähigkeiten wird.

Hört man Brahms' Paganini-Variationen von Arturo Benedetti Michelangeli, dann begreift man, daß das Auftreten dieses blutjungen Pianisten einst in Berlin eine musikalische Sensation sondergleichen war. Das Werk ist der letzte große Variationenzyklus für Klavier, den Brahms komponierte. Es trägt die Opuszahl 35 und wird sehr selten im

Konzertsaal gespielt: es ist ungemein schwer und fast nicht zum Klingen zu bringen, selbst wenn der Interpret die technischen Hürden zu nehmen versteht. Brahms' Variationen über das übrigens auch von zahlreichen anderen Komponisten variierte Paganini-Thema stehen in zwei Heften. Jedes Heft enthält das Originalthema, woraus vielleicht zu schließen ist, daß nicht unbedingt beide Hefte nacheinander vorgetragen werden sollten. Michelangeli nimmt ein paar gewiß statthafte Umstellungen vor und läßt drei von achtundzwanzig Nummern – keineswegs die schwierigsten – aus. Nicht die Demonstration glanzvoller Technik ist das eigentlich Erstaunliche, auch nicht der stilistische Takt, die Lebendigkeit jeder Stimme, die Angemessenheit jedes Trillers, jedes Ritardandos. Das können einige andere große Pianisten auch – wenn vielleicht nicht immer so selbstverständlich und feurig. Die Interpretation überwältigt, weil sie zugleich ein Drama, eine beinahe klirrende innere Spannung birgt. Arturo Benedetti Michelangeli vergißt nie, daß es sich um ein virtuoses Stück, um *Paganini*-Studien handelt, die Brahms während seines Umgangs mit dem berühmten Virtuosen und Liszt-Schüler Carl Tausig schrieb. Es ist ein Hörerlebnis, zu verfolgen, wie sich die Variationen ganz allmählich von Paganini und von der Freude an virtuoser Pflichterfüllung entfernen. Der Pianist scheint sich alle billige Sentimentalität, alle Gefühlsduselei zu verbieten: Immer wieder hält er sich an das Packend-Motorische, an die Etüde, und dennoch gerät er, indem er die Untertöne erfühlt, langsam ins Träumen. Nach anderthalb Minuten sind schon Thema und drei Variationen vorübergerollt, aber ganz winzige, herbe Ritardando-Behutsamkeiten haben das Stück trotz aller Beweglichkeit in einen »typischen« Brahms verwandelt. Auch die langsamen Variationen erniedrigt Michelangeli nie zu schweißtriefenden Bekundungen germanischer Rührseligkeit. Dennoch herrscht nie langweilige Helle, manches klingt großartig schattenhaft. Es ist, als wolle hier ein Künstler darauf bestehen, die Paganini-Variationen schwungvoll und herb zu Ende zu spielen, als hege er eine Scheu vor allzu leichter Exhibition und sentimentalem Kitsch. Aber plötzlich hat ihn das tiefe Dunkel dann doch übermannt, und die »con grazia«-Variation gegen Ende klingt beinahe erstarrt. Michelangelis Brahms-Interpretation ist ein Beispiel für pianistische Meisterschaft und ein faszinierendes Spannungsverhältnis zwischen klarer Motorik und tiefgründigem Verdämmern. Vielleicht war dem Künstler gar nicht bewußt, daß in seiner Seele zwei Prinzipien miteinander kämpften, als er die Paganini-Variationen von Brahms spielte. Idiomatisch-Wienerisches und Phantastisches begegnen sich . . .

Michelangeli hat mittlerweile auch jene Platte herausgebracht, an der er, wie das Gerücht wissen will, jahrelang arbeitete: seit dem Frühjahr 1965 gibt es Beethovens Sonate op. 111 in Michelangelis Interpretation. Leider ist die Aufnahme, auf allerhöchstem pianistischem Niveau, eine leichte Enttäuschung. Und zwar wohl deshalb, weil sich Michelangeli allzusehr nur von seinem Klangsinn, von seiner Freude an reinen, schönen Tönen leiten läßt. Er verklärt die Gegensätze, die Schroffheiten, die Akzente klassizistisch. Gewiß, die Trillerketten der Arietta-Variationen kann wohl niemand ätherischer spielen als der italienische Meisterpianist. Aber bleibt er dem ersten Satz nicht den verstörenden Beethovenschen Zugriff schuldig? Sein Spiel wirkt meisterhaft in einem hier nicht mehr ausreichenden Sinne. Es ist zu gefällig, fast dekorativ. Beethovens frühe C-Dur-Sonate op. 2,3 vermag Michelangeli hingegen mit intelligenter Gespanntheit zu interpretieren.

Als die Pianistin *Elly Ney* nach 1945 nicht mehr Mode war, da spielte sie die Sonate op. 111 aus einer großen, ruhigen Einsamkeit heraus, die dieser Künstlerin unendlich bekömmlicher war als die heroische Attitüde. Die Electrola hat eine Platte herausgebracht, auf der Elly Ney diese Sonate op. 111 zweimal spielt: die eine Aufnahme wurde 1936 gemacht, die andere 1958, als die Künstlerin 76 Jahre alt war. Hört man diese Aufnahmen, dann denkt man nicht an Pianistisches. Wichtig wird das Gewicht, die Inständigkeit, das ruhige Pathos. Elly Neys Spiel hat mit den Absichten der großen Virtuosen nichts zu tun. Sie will – bei op. 111, also jenem Stück, das sie, wie mir scheint, besser bewältigt als Beethovens Konzerte oder seine frühen und mittleren Sonaten – Zeit nicht in Klavierspiel, sondern in Ausdruck, Ruhe und Andacht verwandeln. Das gelingt ihr. Mag sie dem Allegro auch ein wenig an pianistischer Macht schuldig bleiben: die Ruhe der Arietta ist ihr Königreich. Man muß sich – wie man auch sonst über die Gefahren pianistischen Hohepriestertums denken mag – vor Elly Ney verneigen, weil sie den Schluß von Opus 111 auf die Höhe unforcierter Empfindung heben und bewunderungswürdig langsam ausspielen kann. Es war staunenswert, mit welcher Frische die 1968 verstorbene Künstlerin das kraftvollste und strahlendste aller Beethoven-Konzerte, also das

Es-Dur-Klavierkonzert, auch in hohem Alter noch spielte. Technische Probleme interessierten sie nicht. Aber immer wieder versuchte sie, selbst im »Emperor«-Konzert, herauszuholen, worüber blendende Pianisten gern hinwegrollen: die Innigkeit. Über diesem Bemühen um Poesie, das nicht etwa sentimentale Wirkungen sucht, sondern die Darstellung reinen, wohllautenden, sozusagen »weisen« Gefühls, ging freilich der Zusammenhang des Werks verloren. Man hörte es stückweise; zwischen Klavier und Orchester bestand kaum mehr dramatische Korrespondenz, obwohl Elly Ney sich weit mehr als andere Pianisten zurückhielt, wenn irgendwo ein Bläser eine Melodie zu spielen und das Klavier nur zu begleiten hatte. Junge Pianisten konnten da immerhin lernen, daß, beispielsweise im langsamen Satz, Ausdruck geradezu die Abwesenheit von empfindsamer Selbstdarstellung sein kann – und daß das Rondo-Thema einen authentischen, knorrigen Charakter annimmt, wenn man nicht etwa den Es-Dur-Aufstieg, sondern vielmehr den mit Nachdruck auf die Forte-Dominante hinauslaufenden Abstieg dieses Themas unterstreicht.

Zurück zu Michelangeli. Obwohl die heroisch-direkte Gebärde wahrlich nicht seine Sache ist, meistert auch er das Beethovensche Es-Dur-Konzert – einfach kraft seines Stil- und Formgefühls, kraft seines pianistischen Vermögens – immer noch weitaus eindringlicher als manche seiner glänzend begabten jüngeren Konkurrenten. Man denke nur an den, im Es-Dur-Konzert, doch viel glatteren Maurizio Pollini, an den in diesem Stück allzu hysterisch freien und banalen Glenn Gould, den großartig starken, aber doch verhältnismäßig unnervös konventionellen Stephen Bishop oder den allzu unbeirrbar zuverlässigen Bruno Leonard Gelber.

Michelangeli artikuliert gleich zu Beginn die »Kadenzen« mit größtem Kunstverstand, und er hat wie kein anderer begriffen, daß es selbst in diesem Werk, wo der Pianist verhältnismäßig wenig »Freiheiten« zu haben scheint, doch eine Reihe von Momenten des Zögerns, ja der »individuellen Entscheidung« gibt. So bringt Michelangeli zu Beginn der Durchführung den allmählichen Entschluß des Solisten, sich in einen hochdramatischen Dialog mit dem entfesselten Orchester zu wagen, bezwingend eindringlich heraus (mittels genauestens eingesetzter Klangfarben), so versteht er es auch, wenn in der Coda jener geisterhaft marschartige Seitengedanke plötzlich in es-Moll erscheint, eine neue Dimension der Empfindung herzustellen. Es ist gewiß keine improvisatorisch-spontane, wohl aber eine souverän kalkulierte Freiheit.

In jüngster Zeit ist Michelangeli relativ häufiger auf den Konzertpodien, und sogar vor der Fernsehkamera, erschienen. Er gilt nicht mehr als »Phantom«, sondern als Künstler, der meist tatsächlich auch spielt, wenn es angekündigt ist. Diese relative Zuverlässigkeit war offenbar seinem ungeheuren Ruhm ein wenig abträglich. Der Michelangeli des Jahres 1972 ist nicht mehr die Sensation von 1950 oder 1965.

Am entschiedensten haben wohl seine Beethoven-Interpretationen kritische Einschränkungen herausgefordert. Wenn Michelangeli Beethoven spielt, fragt er mit erlauchter Geschmackskultur, mit einer unbegreiflichen Fülle von Klangfarben, die er manchmal sogar entschieden zurückhält, um einer Tonqualität, einer strengen Monotonie willen: Wieviel Schönheit steckt in dieser Musik? Was bleibt übrig, wenn da kein militanter Wille mehr sein darf, wenn keine Psychologie des Ablaufs mehr direkte Wirkungen erzwingt, wenn kein Keuchen der Seele mehr den Verlauf der Bewegungen belädt? Es ist ein Moment von betörender, unirdischer, ja eigentlich sogar hysterischer Ruhe in Michelangelis Beethoven. Die Leidenslinien, die Ausprägungen eines wüsten Komponisten-Willens scheinen erstarrt zur Vollendung in Marmor. Nie hätte man geahnt, daß der erste Satz der Es-Dur-Sonate op. 7 (auch) soviel Linienzauber enthält, (auch) soviel Bewegungssymmetrik, soviel reines Licht.

Im langsamen Satz sind die Pausen, so paradox sich das bei der Beschreibung auch lesen mag, geheimnisvoller, erfüllter noch als die Klänge; den menuettartigen dritten Satz und das Finale spielt Michelangeli naiv. Nur setzt die Naivität auf eine höchste Höhe an, im Parnaß pianistischen Wohlklanges. Und bleibt dann unbewegt. Michelangeli kann wirklich alles – nur den Beethovenschen Willen, den kann er nicht wollen. Das »con brio« fehlt mittlerweile allzu sehr dem ersten Satz der C-Dur-Klaviersonate op. 2,3, der samt Kadenz fast dürftig bleibt. Michelangelis Beethoven hätte sich für die »Iphigenie« interessiert, aber nie für den »Egmont« oder gar den »Coriolan«. Schönheit solchen Grades hat etwas Abweisendes, etwas Starres, ja fast Steriles. Kein Kontrast darf stören. Im Verklingen leuchten die Akkorde des Adagios; im Verschwinden wird bei Michelangeli noch mehr Schönheit spürbar, als wenn andere schwelgen ...

Manchmal gibt er sich auch kraftvoll. Aber selbst seine Energie – die leuchtende, unfaßlich gleichmäßige Härte der Trillerketten, die Macht der Oktaven und Akkorde – läßt keine Zerrissenheit, keine sogenannte »Dämonie« zu. Sondern dann klingt es eher pompös, eher sicheres Argument als Drohung.

Auf Platten wirkt Michelangelis neue Einspielung der Es-Dur-Sonate op. 7, mehr noch als im Konzert, anfechtbar. Unter Michelangelis Händen werden die irdischen Längen dieses Stückes allzu deutlich, weil der Pianist im ersten Satz gar keinen Sinn hat oder haben will für das rhythmische, drängende, von einem Gulda so fabelhaft belebte Pulsieren des »Allegro molto e con brio«, das hier zum akademischen »Moderato« erblaßt. Wenn Michelangeli schöne Einzelheiten herausheben möchte, gerät ihm der Anschlag seltsam süßlich. Natürlich ist die Akribie, mit der er jeden Phrasierungsbogen, wirklich jeden, vorführt, untadelig: aber dem ersten Satz fehlt gleichwohl die Größe und Entwicklungsspannung, dem langsamen das Gewicht (etwa die Posaunen-Unisono-Stelle, der quasi Pianissimo-Flöten antworten: bei Schnabel ist das, samt der tiefsinnigen Überleitung, größte Musik, bei Michelangeli ohne jede Gebärde und Notwendigkeit). Die Reinheit seines Anschlags, die im Konzert beim 3. Satz wie ein lateinisches Wunder überwältigt, kommt auf der Platte auch nicht so zwingend heraus, und das Finale ist, rundheraus gesagt, von ernüchternder Langeweile. Michelangelis frühere Beethoven-Einspielungen gelangen doch weitaus reicher. Von allen diesen Schwächen ist Michelangelis neue Debussy-Einspielung keineswegs angekränkelt.

Bereits während der ersten zehn Takte der »Reflets dans l'eau« aus den Debussyschen »Images« geschieht in Michelangelis Einspielung nämlich pianistisch und musikalisch unendlich mehr als in der ganzen Beethoven-Sonate. Der Flügel blüht auf, die Obertöne leuchten, das Rubato atmet und ist doch nicht forciert. Während Beethoven als Gipsbüste erschienen war, erscheint Debussy als Musiker. Die Nuancen-Fülle ist beängstigend, trotzdem nicht Selbstzweck. Unnachahmlich lauter gelingen vor allem die Debussy-Anfänge (»Hommage à Rameau«). Daß Debussys Suite »Children's Corner« womöglich noch perfekter dargeboten ist als die schwierigeren »Images«, hängt mit etwas Unbeweisbarem zusammen: bei den »Images« stellt sich nämlich manchmal keine durchgehende Stimmungs-Einheit her. Man gelangt da von meisterhaft bewältigter Stelle zu meisterhaft bewältigter Stelle.

Glenn Gould

Friedrich Gulda

Die ästhetische Erlauchtheit von Michelangelis wahrhaft elitärem Spiel (aber auch ein größtenteils jugendliches Publikum liebt solche Qualität; Stehplatzbesucher weichen und wanken nicht bei Michelangeli) hängt zusammen erstens mit Michelangelis Verachtung naheliegender Effekte. Mit seiner Kunst, eine Phrase oder eine Periode rückblickend in neues Licht zu setzen. Ein spätes Ritardando macht darauf aufmerksam, was eigentlich vorher war. Michelangelis rhythmisch immer ganz wache, unnahbar intelligente Kunst steht natürlich hart an der Grenze der Manier. Man kann begreifen, daß manche Musikfreunde sich nach mehr Wärme und Unmittelbarkeit sehnen, trotz höchsten interpretatorischen Reflexions-Niveaus ... Doch darf man einem solchen Pianisten mit Forderungen kommen, die seiner Kunstsphäre und Kunstübung wirklich nicht entsprechen? Er kann die herbe, traurige Kühle der Ravelschen »Ondine« mit einer fließenden Unnahbarkeit, das Galgenlied »Le Gibet« mit trockener Verzweiflung (Ravel selbst spielte das um eine Spur brahmsischer, »klassischer« noch) und den »Scarbo« mit einer Technik und einer Delikatesse der Tonwiederholungen bieten, wie dergleichen weder von Gieseking noch Rubinstein je vollkommener zu hören war.

»Lateinisches«, also Scarlatti oder Clementi oder Ravel, ist nicht Michelangelis Grenze. Sein Allerhöchstes erreicht dieser Künstler mittlerweile bei Chopin. Er spielt die Grande Polonaise brillante in Es-Dur op. 22 mit Witz, Tempo und Brillanz. Nicht nur durchsichtig, perfekt und geradezu niederschmetternd virtuos, sondern voller aufregender Konsequenzen im Hinblick auf moderne Chopin-Interpretation.

Darüber, daß sich während der letzten Jahrzehnte ganz offenbar beispielsweise unser Schubert-Verständnis und mithin auch der Stil verbindlicher Schubert-Interpretation geändert hat, gibt es kaum Zweifel. Wir hören eisige Schatten und Finsternisse auch da heraus, wo frühere Interpreten sich an Schuberts Ländler-Seligkeit und seinem gläubigen Naturgefühl berauschten. Eine ähnliche Umdeutung versucht, manchmal manieristisch, manchmal allzu starr und unspontan, Michelangeli bei Chopin. Nun gibt es bei Chopin gewiß nichts Depressives mehr zu entdecken. Die Melancholie, die vornehm blutende Seele, die mit tausend sensiblen Zungen klagende, oft auch manisch wilde, romantische Herbheit dieses großen Polen: alles das liegt ja längst offen zutage, zum sentimentalen Pianistenmißbrauch einladend.

Da wendet sich Michelangelis produktiver Geschmack zunächst und

vor allem gegen den »Schwung«, gegen den oft so selbstgefällig dahin-
stürmenden, ungebrochenen balladesken Ton, gegen die herrliche, aber
eben doch auch verharmlosende Pianisten-Grandezza, die viele Chopin-Interpretationen, auch manche sehr guten, kennzeichnet. Er begreift
die Pausen bei Chopin, das Pathologische, die magische Mischung aus
Stillstand und Architektur und musikalischer Zeit. Er spielt die Kanti-
lenen nicht aus wie todsichere Nummern, sondern er versteht es, sie zu
»gewinnen«, ihnen jene Freiheit und jenen Impuls des Gerade-noch-
entronnen-Seins aus finsterem, depressivem Kreisen mitzugeben

Bei Michelangelis überwältigendem, mitunter sogar gefährlich gescheit wirkendem Spiel könnte man sich an die analytischen Bemerkun-
gen erinnern, die Adorno über die g-Moll-Ballade gemacht hat. Nicht
dramatischer Schwung als Folge motivischer Arbeit (wie in großer klassischer Musik) sei da zu beobachten, sondern der Komponist geleite
eine Geschichte durch die Zeit, führe sie in immer neuer Beleuchtung
vor, bewähre historischen Takt.

Mit einem Klangsinn und einer Anschlagkultur, die manchmal zum
Artifiziellen, zum Unspontanen führt, die auch bei Wiederholungen
kaum Änderungen gestaltet, bringt Michelangeli es fertig, Chopins
Espressivo in einen herrlich stillen Naturlaut, in eine »zweite Natur«
umzuwandeln. Den Trauermarsch-Anfang der f-Moll-Fantasie spielt
er so: erstarrt, totenblaß, ruhig und klassizistisch schön dahinschreitend.
Erst im zehnten Takt macht eine Verlangsamung klar, von welcher
Tragödie schon die ganze Zeit die Rede war. Michelangeli, der überdies keineswegs säuselt oder immer nur sanftes Piano verströmt, sondern zwischen Lyrik und eisernem Forte einen krassen Gegensatz herstellt, führt noch ein anderes Kunstmittel ein: die Stilisierung zum
Opernhaften. Das Trio aus dem Trauermarsch der b-Moll-Sonate
könnte geradewegs aus der »Norma« des (von Chopin übrigens hoch-
verehrten) Bellini kommen. Den letzten Satz der b-Moll-Sonate spielt
er mit einer eisernen Kraft des Unisono. Da es sich um ein Presto-Finale
handelt, spielt er phänomenal schnell: tatsächlich objektiv rascher als
Gilels oder Janis oder Horowitz oder Rubinstein.

Michelangelis Salzburger *Fernseh*einspielung der Chopinschen Mazurkas ist eine Jahrhundertaufnahme geworden. Die Kamera steht
neben Michelangeli, bewegt sich um ihn herum, fängt sein Klavierspiel
ein. Sie drängt sich nicht vor, sie macht keine Fehler, sie ist nicht zu
brillant, ein roter Faden existiert. Wie Michelangeli da etwa die f-Moll-

Mazurka op. 68,4 versteht, nicht als polnisch derbe Tanz-Szene, sondern als Nackttanz hinter Glas, mehr als Mazurka über eine Mazurka denn als Mazurka selber – es ist von niederschmetternder Vollkommenheit. Dem totenblassen Erinnerungscharakter der Interpretation hilft diskrete Fülle: Michelangeli spielt jede neue Wendung, jede harmonische und sonstige Überraschung deklamatorisch aus. Man hat doch das Gefühl, das Stück könne nicht weiter, es steht starr, unbewegt, traurig – und es geht trotzdem immer weiter.

Mit einem solchen Schönheitsmanierismus ist Schumanns Klavierkonzert, das Michelangeli einst eminent schwungvoll gespielt hat, allerdings nicht mehr zu bewältigen. Michelangelis Schumann wendet sich an Kenner, die mitzuerleben bereit sind, wie ein hundertmal schwungvoll heruntergerauschtes Stück seine Wahrheit nicht enthusiastisch-rhetorisch, sondern vielmehr als Gebilde aus Klängen und Nuancen, aus erfüllten Intimitäten und herrlich klaren Linien sagen darf. Luftig sagen darf, mit Freiheit zum taghellen Traum sagen darf, die sich nicht als schmachtendes Ritardando oder als chevalereske Affektentfaltung versteht. Florestan und Eusebius, Schumanns Chiffre-Figuren für Temperament und Empfindsamkeit – bei Michelangeli sind sie zwar noch unterscheidbar, aber einander sehr angenähert. Sie sind zu gläsern-schönen Figuren geworden, die sich über der Sphäre derber Klavierwirklichkeit in einem lateinischen Klavierhimmel begegnen.

Handgreiflicher ausgedrückt heißt das: Die Akkordwiederholungen im liedhaft-traurigen Hauptthema haben Leichtigkeit und Anmut, das Ritardando bei der typisch Schumannschen Gebärde wird zu einem Hauch, die große Oktaventürmung, bevor das Thema in Dur eintritt, ist keine dramatische Steigerung, sondern ein pianistisch großartig exakte Zeichnung. Banalitätsferner lassen sich die noblen Aufschwünge nicht denken, und der langsame Dialog im ersten Satz zwischen Klarinette und Klavier erklingt schöner, stiller und »absoluter«, als ihn selbst Cortot oder Lipatti oder Arrau oder Kempff je dargeboten haben. Die Kadenz des ersten Satzes spielt Michelangeli wahrhaft und meisterlich. Immer wenn es scheint, als wollten die Achtelfiguren sich in meditative Stille verlieren, was sie bei Schumann ja dürfen, dann zieht er in der zweiten Hälfte des Taktes unmerklich-merklich das Tempo an, die Traumgestalt verliert nie ihre Konturen, die pompösen Akkorde leuchten, und der Triller, den Michelangeli dann produziert, müßte so ziemlich allen Pianisten die Frage nahelegen, ob sie nicht doch besser

den Beruf wechseln sollten. Überwältigend das Andante. Die Trippel-
figur des Anfangs hatte nichts Trippelndes, sondern zielte sehnsüchtig
auf den jeweils letzten Akkord (erster und zweiter Takt), die Antwort
war dann jeweils glücklich verzögerte Erfüllung (im dritten und vierten Takt).

Schumann, der für Jean Pauls Ballszenen schwärmte, habe keine
Grande Valse brillante geschrieben? Irrtum: Michelangeli spielt den
letzten Klavierkonzertsatz als große, manchmal fast derbe Phantasie-
Walzer-Szene. Aber es fehlt dann manchmal doch der Lipatti-Glanz.
Und jene verborgene Walzermelodie, die Claudio Arrau im Schluß
aufgespürt hat, holt Michelangelis Linke nicht heraus. So verstanden,
ist Schumanns Klavierkonzert nur eine Folge himmlisch schöner Stellen.
Wie Michelangeli beispielsweise das rhythmisch kapriziöse zweite Motiv des letzten Satzes aufteilt, daß es sich in zwei Hälften gliedert, weil
er, fast unbegreiflich, einen Akkord genau in der Mitte dieses Themas
so anschlägt, daß er zugleich ausschwingendes Ende der ersten Hälfte
und origineller Beginn der zweiten ist, das wirkt unnachahmlich. Aber
die schönen Stellen bleiben schicksallos. Jenes »Werden«, welches die
Deutschen (als Nation) für andere Völker so beängstigend, so grenzen-
los, so gestaltlos macht, das aber – das Prinzip des Werdens – unserer
großen Musik Kraft und Entwicklungstemperament verleiht: bei Michelangeli fehlt es. Da »wird« nichts, weil immer alles »ist«.

Der französische Meisterpianist Robert Casadesus – er wurde im
Jahre 1899 geboren – hat sich vom (relativen) Alter keineswegs zu
lispelnder Ergriffenheit, verweinter Nostalgie oder gar zur Attitüde
erhabener Altersweisheit hinführen lassen. Er demonstriert jetzt, wie
Serkin, das Gegenteil von alledem: nämlich Alterswildheit, eine quasi-
cartesianische Redlichkeit, immer beim »Gegebenen« anzufangen und
zu bleiben. Das Opfer dieses freimütigen Zugriffs heißt Mozart. Casadesus, dessen jeu perlé jahrzehntelang weltberühmt war, hat sich aus
der Schlinge gelöst, die phantasielose Veranstalter ihm legten, indem
sie ihn zum Spezialisten für einige wenige Mozart-Klavierkonzerte zu
machen versuchten. Jetzt spielt er einen derben, oft virtuos forcierten,
gewiß zu draufgängerischen Mozart. Wenn er heute eine Mozart-Sonate,
ein Mozart-Konzert oder eine Haydn-Sonate »angreift«, dann möchte
man sich einiges von der Zierlichkeit, deren Meister Casadesus einst
war, zurückwünschen. Das Klavier ist ihm kein Ort mehr für den
schwer erlernbaren Spitzentanz von eisern trainierten Fingern.

Merkwürdig genug: Mozarts Klavierkompositionen, unter anderem auch Gesellschaftsmusik höchsten Grades, sind wegen ihrer gleichwohl intimen Wirkung in riesigen Konzertsälen außerordentlich gefährdet, während umgekehrt selbst die introvertiertesten Bekenntnisse Beethovens oder Chopins auch vor 2000 Hörern nicht um ihr Spezifisches gebracht werden. Manchmal sprengt Casadesus' Interpretation den Mozart-Rahmen, Beethovensche Lautstärke stellt sich ein. Plötzlich merkt man, daß Klavierkompositionen vor einem Riesenpublikum verzerrt werden, so als gäbe man einen Chaplin-Stummfilm auf der Riesenbreitwand.

Casadesus scheint das zu spüren. Er versucht darum, etwa im Schlußsatz der F-Dur-Sonate (KV 332), mit äußerster technischer Brillanz zu beeindrucken, Aufmerksamkeit zu erzwingen. Die Folge davon ist oft überhastetes Spiel und Flüchtigkeit, selbst bei ihm, dem Makellosen. Bei Beethoven bringt Casadesus solche Bedenken zum Schweigen. Die Appassionata hat bei ihm mitreißende Größe, Gestalt, Feuer. Und zwar nicht, weil Casadesus dieses unergründliche Stück von vornherein nur als Tummelplatz für pianistische Donnerei betrachtet. Im Gegenteil: er fängt bei »Null« an, spielt das Unisono des Anfangs noch nicht als glühende Lava, sondern eben als Pianissimo unisono, behandelt das As-Dur-Seitenthema nicht als mysteriöse Gestalt, der »Erscheinung des Erdgeistes« gleichend – sondern bleibt immer nahe bei der Sache. Er gewinnt die Spannung ganz aus der Riesengewalt der musikalischen Entwicklung. Bei ihm wird die Durchführung zum Höhepunkt des musikalischen Geschehens, weil er nicht von außen herangebrachte Überlegungen musikalisch illustrieren will. Plötzlich hören die Zuhörer auf zu husten, sich umzudrehen, das Programmheft fallen zu lassen. Sie spüren, wie Beethovens Atem über sie hingeht.

Das Programm des Pianisten Casadesus heißt im Augenblick also: Kompaktheit und Schwung. Er fängt – und darin liegt das eigentlich Zuverlässige, Unverkrampfte, Derbgesunde seines Spiels – vorteilslos beim pianistisch Möglichen an und läßt sich von der Entwicklung dann in eine oft extreme Temperamentssituation hineinbringen, die übrigens nicht immer Alterswildheit sein muß, sondern manchmal natürlich auch eine Art unvermuteter Delikatesse sein kann.

Ihm bricht, und das ist die Folge solcher cartesianischen Konsequenz, nie etwas auseinander. Nie drängen Einzelheiten sich vor, machen Impressionismen sich breit. Schumanns Symphonische Etüden spielt er –

und das vermögen wirklich nur wenige – wie in einem Atem. Ihr Aufbau, ihre Mischung aus Melancholie und Grandezza, wird zum Hintergrund für einen romantisch-heroischen Aufschwung. Um die Samtpoesie des Werkes kümmert Casadesus sich nicht: mögen andere Pianisten Schumann auf ein romantisches Zwickau festlegen – er entführt ihn in ein chevaleereskes Paris. Wie großartig gallisch Schumanns Klavierwerke ausfallen können, zeigt sich, wenn Casadesus die oft so treuherzig »deutsch« klingenden Waldszenen aufs Programm setzt. Man betritt plötzlich einen Wald der französischen Romantik. Der »Jäger auf der Lauer« wartet pompös, laut und prächtig gekleidet. (Den »weißen Hirsch« unserer Volkslieder hätte der bestimmt nicht verschlafen, weil das Tier angesichts eines solchen Mannes sich von vornherein zu einem Umweg entschließen würde.) Es weht nicht nur der Duft von Buchen, sondern auch ein Hauch von Parfüm durch diesen Wald, als hielte sich eine lustige Pariserin da irgendwo versteckt. Mit unerlernbarer Differenziertheit spielt Casadesus die Genre-Szenen, mit eleganter Sicherheit entwickelt er die kleinen und die großen Formen, rundet er den Zyklus der Stücke zum Werk.

Daß Impressionismen den Mozart-, Beethoven- und Schumann-Interpretationen von Robert Casadesus fehlen, ist ein Vorzug. Sie fehlen aber auch da, wo wirklich alle Welt in Übergängen und Zerbrochenheiten schwelgt: nämlich bei Debussy und Ravel. Casadesus verfügt über eine solche Kraft und Lebendigkeit des Tones, über so viel grandseigneurale Gespanntheit und Selbstsicherheit, daß er den Kultus der kleinsten Übergänge, der bei Debussy-Interpretationen oft genug zu feinsinniger Verzärtelung führt, einfach nicht mitmacht. Er betont die Männlichkeit, den logischen Konstruktivismus auch der impressionistischen Musik. (Hört man, wie Claude Debussy auf den Langspielplatten »Berühmte Komponisten spielen eigene Werke«, Telefunken HT 18 und HT 34, einige seiner Préludes selbst interpretiert, dann weiß man, wo Casadesus sich die Anregung geholt hat. Debussys Préludes stehen, wenn der Komponist sie selbst spielt, viel zwangloser in der großen Klaviertradition, viel näher an Brahms und Beethoven, als das etwas langweilige Ganzton-Zwielicht vermuten läßt, in das Debussy von modernen Pedalvirtuosen so oft getaucht wird. Von diesem – mit einem Korn Salzes sei es gesagt – klassischen Untergrund heben sich die harmonischen Kühnheiten um so erstaunlicher ab. Denn wenn, wie so oft, Debussys Musik in eine allzu frei schwebende Wolke von

Aus: Ravel, Klavierkonzert für die linke Hand, Kadenz

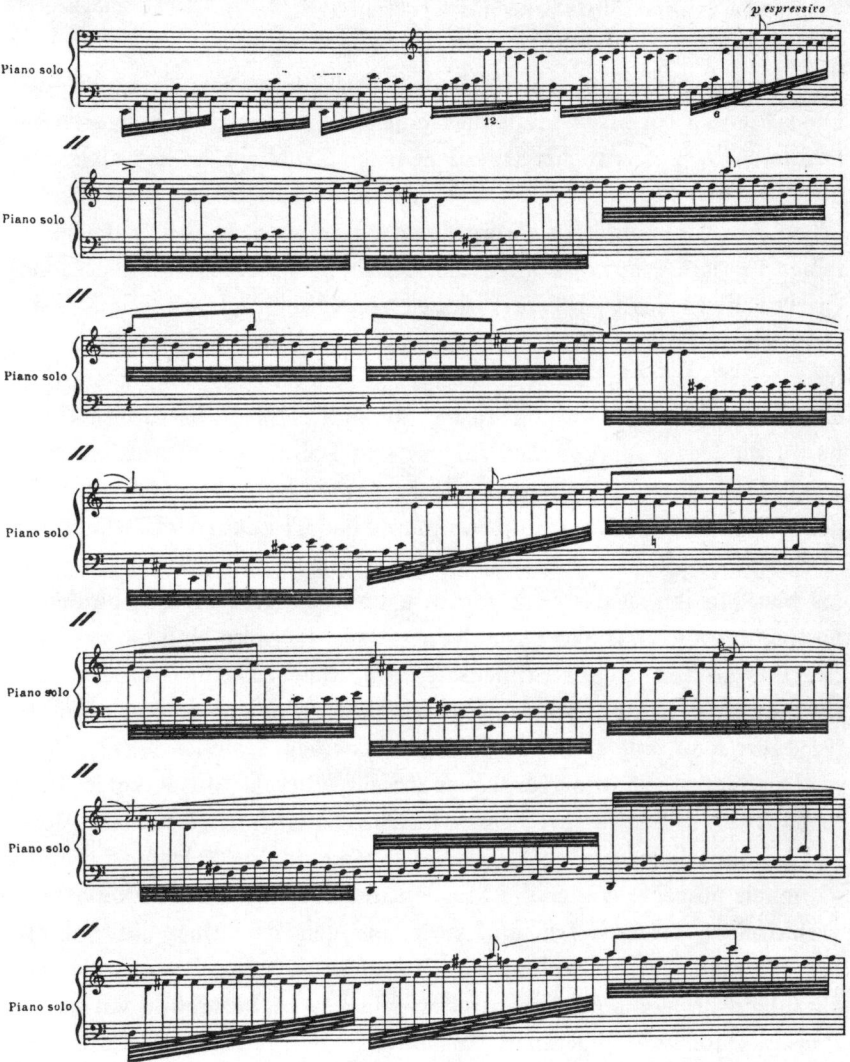

Das alles spielt nur die linke Hand. Casadesus interpretiert die Musik streng, marmorn und gelassen. Er braucht nicht zu mogeln und Ritardandi (etwa beim Vorschlag im 6. Takt unseres Beispiels) zu erschleichen.

Tönen verwandelt wird, dann fallen die harmonischen Gewagtheiten ja kaum mehr auf. Das läßt seine Musik mitunter statisch-langweilig scheinen. Debussy selbst verstand sie offenbar anders.)

Casadesus spielt die Préludes durchaus kompakt. »Les collines d'Anacapri« sind unter seinen Händen ein dramatisches, witziges Stück. Die »Piano expressiv«-Stelle hat einen Zug Lisztscher Steigerungsfreude. Alles das entbehrt trotzdem jeder Grobheit. Es hat vielmehr die Authentizität einer Musik, die nicht unter dem Zwang eines angeblichen Zeitstils, sondern als Tonfolge geboten wird. Daß Casadeus mit seiner Festigung impressionistischer Musik nicht allein steht, demonstrieren die Debussy-Interpretationen von Monique Haas. Die Künstlerin setzt nicht nur ihre Technik, sondern auch ihre unbefangene, mit improvisatorischem Elan zupackende Kunst zur Belebung Debussys ein. Sie bringt ihn manchmal fast in die Nähe von Rameau und Couperin, die sie wiederum mit Valeurs und Pointierungen auszustatten wagt. Daß eine Pianistin von solcher Art und Kunst besonders aufgeschlossen ist für Mozart und Schumann, bedarf kaum der Erwähnung.

Casadesus also weigert sich, die stilistischen Konformismen mitzumachen. Für ihn ist der Text, nicht die übliche »Auffassung«, bindend. So spielt er auch das glänzende Konzert für die linke Hand von Maurice Ravel ohne jeden sentimentalen »Drücker«. Dafür: vollkommen rhythmisch gespannt, prasselnd-gleichmäßig, weniger delikat als feurig. Hört man, wie er in der Kadenz aus einem staunenswerten technischen Vermögen die Konsequenz zieht, Ravels Musik ruhig und brillant sich selber aussprechen zu lassen, wie er durchgestrichene Vorschläge ohne jedes (da doch übliche) Ritardando mit marmorner Genauigkeit mitteilt, wie er die Musik dann doch nicht zum Exercitium verharmlost, sondern frei und stolz und gelassen atmen läßt: dann begreift man erst, in welche Sackgasse Debussy und Ravel von den allzu Feinsinnigen hereininterpretiert wurden. Im Notenbild wirken ja Ravels 32stel wie Jugendstil-Girlanden, wie affektierte Dekoration. Sie sind indessen mehr. Nämlich Äußerungen eines bewegten, männlichen und stolzen Herzens (Beispiel 15).

Glenn Gould und Friedrich Gulda

Die beiden Pianisten, die wir im Folgenden zu charakterisieren versuchen wollen, sind um eine oder gar zwei Generationen jünger als die meisten Künstler, mit denen wir es bisher zu tun hatten. 1939, beim Ausbruch des Zweiten Weltkriegs, war Friedrich Gulda 9 Jahre alt, Glenn Gould 7 Jahre. Die anderen Interpreten, denen wir Gulda und Gould hier ohne jeden unangebrachten Jugendschutz gegenüberstellen, waren damals bereits reife und erfahrene Künstler: man darf nicht vergessen, daß Backhaus, Rubinstein und Kempff noch aus dem 19. Jahrhundert stammen und daß Solomon, Arrau, Serkin, Horowitz, Curzon, Svjatoslav Richter und Emil Gilels immerhin zur Generation derer gehören, die vor oder während der Zeit des Ersten Weltkrieges geboren wurde. Demgegenüber sind Gulda und Gould junge Leute des Jahrgangs 1930 beziehungsweise 1932. Ihr Spiel wird nicht durch jahrzehntelange Erfahrung beglaubigt, sondern durch ein anderes Moment: beide sind glänzende Pianisten, bieten aber nicht die Kopie großer Vorbilder. In ihren Interpretationen spiegelt sich wahre Modernität: der expressive Konstruktivismus der Wiener Atonalen ist nicht ohne Einfluß geblieben auf Goulds Intellektualität, die verlockende Spontaneität des Jazz-Zeitalters nicht ohne nachhaltige Wirkung auf Friedrich Guldas motorischen Elan.

Doch wenn man solche Überlegungen und Charakterisierungen wagt, dann steht im Hintergrund immer das Gespenst des sogenannten Historismus, von dem wir uns nicht paralysieren lassen wollen. Einer bestimmten Generation anzugehören, von bestimmten Entwicklungen und Stilen geprägt zu sein: das ist ein Schicksal, manchmal ein Unglück, manchmal ein Glück – aber auf keinen Fall ein Verdienst. Wir müssen also eine doppelte Anstrengung machen. Wir müssen uns um alles das kümmern, was zeittypisch und generationstypisch ist im Spiel und in der Künstler-Physiognomie von Gulda und Gould, aber auch jene andere Frage durchhalten, der man gern feige ausweicht. Nämlich: wie gut spielen diese mittlerweile immerhin auch über 40 Jahre alten Pianisten? Vermögen sie Meisterwerke so zu durchdringen wie Serkin oder Rubinstein, verfügen sie über die manuellen Mittel eines Horowitz oder Arrau? Wäre das nicht der Fall, so könnte man den beiden Jüngeren gewiß keinen Vorwurf daraus machen – aber man müßte es gleichwohl feststellen dürfen. Die Antwort, die im Folgenden belegt werden soll, sei gleich gegeben: sowohl in Gulda als auch in Gould steckt ein genialischer Funke. Ihr Bestes ist zweifellos dem überhaupt Besten, was die großen Pianisten unserer Zeit vermögen, an die Seite zu stellen. Gould verfügt manchmal über eine Eleganz und eine Durchsichtigkeit, die überhaupt kein lebender Pianist, selbst Horowitz nicht, erreicht – und Gulda spielt einige der großen, quasi klassischen Werke, zum Beispiel die Waldstein-Sonate Beethovens, mit einzigartiger Belebtheit und Gespanntheit: von allen überhaupt zugänglichen Interpretationen dieser Sonate scheint er mir sowohl Kempffs durchgeistigte Magie als auch Solomons Energie oder Giesekings Gelöstheit noch zu übertreffen.

Friedrich Gulda und Glenn Gould, die beiden interessantesten Pianisten der jungen Generation, vermögen offenkundig auch gegenüber dem höchsten Anspruch zu bestehen. Demnach wäre alles gut. Man könnte aufatmen und sich selig damit zufriedengeben, daß also doch immer irgendwo jemand erscheint, der die leuchtende Fackel großer Kunst übernimmt und weiterträgt. Gleichwohl wird, gerade bei dem Gedanken an Gulda und Gould, sich niemand mit der schönen Vorstellung beruhigen, daß die tönenden Flügel unserer Konzertpodien also nach wie vor in guten Händen seien. Mit dem Talent hat sich offenbar auch ein Fluch vererbt. Oder sollte es wirklich nur ein Zufall sein, daß ausgerechnet die beiden besten Pianisten der jungen Generation zu den seltsamsten Exzentrizitäten neigen, daß ihnen so viel selbstzerstörerische Extravaganz in die Wiege gelegt wurde?

Was man bei den anderen gönnerhaft als »Entwicklungskrisen« bezeichnet, hat bei Gould und Gulda verstörende Ausmaße. Die joviale Heiterkeit eines Rubinstein, die Sicherheit eines Backhaus, die Zuverlässigkeit des guten Durchschnitts, der zufriedenstellend seine Konzerte absolviert – von alledem spürt man bei Gulda und Gould kaum einen Hauch. Die Musikergilde ist wahrscheinlich schon seit Orpheus' Tagen zu Spott und Schadenfreude geneigt, weil eben alle die, die sich von ganzer Seele mit dem Schönen und Erhabenen zu beschäftigen haben, begreiflicherweise eine Kompensation brauchen. Haarsträubend unanständige Witze, trockene Flegeleien und verletzende Lieblosigkeiten stellen den Ausgleich her. Mozarts oft wüste Briefe, Wagners geschmacklose Selbstreklame oder Pfitzners Gehässigkeiten sind die Kehrseite der ehrlichen Weihe. In dieser Musikergilde laufen Dutzende von boshaften Anekdoten um, in denen die spleenige Sonderlichkeit Goulds oder die abwegige Theoretisiererei Guldas durch den kollegialen Kakao gezogen werden.

Der eine sagt ständig Konzerte ab, brummt bei seinen Platten unbeherrscht mit, betritt mit Turn- oder auch nur Handschuhen das Podium, räkelt sich grotesk am Flügel. Gewiß: Gould hat es schwer. Sein ständiges Frösteln mag mit einer Kreislaufinsuffizienz zusammenhängen. Aber seine Exzentrizität übersteigt alles in dieser Hinsicht Übliche ... Der andere ist darauf gekommen, daß Beethoven keine Musik für unsere Zeit sei, daß aber auch die moderne Musik keine Musik für unsere Zeit sei und daß alle Pianisten sich etwas vormachen, wenn sie mit Beethoven zufrieden sind. Einzig in der Jazzmusik sei, so meint er, die spontane Befreiung zu erreichen.

Es wäre unfair, alle diese Gerüchte, für die man freilich nur zu leicht Bestätigung erlangt, wenn man mit Gulda spricht oder Gould im Konzert erlebt, übermäßig ernst zu nehmen. Unheimlich an alledem ist eher der Umstand, daß gerade die besten gewissermaßen »unzuverlässig« sind und ihren Managern sowie ihrem Publikum Grund zu ständiger Aufregung geben. Manche Konzertagenten und Musikfreunde weichen, weil das am bequemsten ist, dieser ständigen Beunruhigung aus und halten sich an das gute Mittelmaß. Gould und Gulda bieten soviel Gelegenheit, wie man nur will, gegen sie »recht« zu haben, ihnen irgend etwas vorzuwerfen oder anzukreiden. Zudem sind sie nicht ohne Hochmut. Doch wenn wir es uns so leicht machen, diese »Schwierigen« auf irgendwelche Überspitzungen festzulegen, ja festzunageln und damit vermeintlich zu erledigen, dann haben wir allzu rasch vor dem Ungewöhnlichen kapituliert, und dann haben wir einfach nicht begriffen, daß die äußerste Leistung und Befähigung heutzutage offenbar mit einer inneren Spannung oder Überspannung bezahlt werden muß, von der sich guter Durchschnitt nichts träumen läßt. Lassen wir uns also durch keine alberne Caprice verwirren, nehmen wir Friedrich Gulda und Glenn Gould notfalls gegen ihre eigenen Eskapaden in Schutz.

Alles das ist freilich nur statthaft, wenn über das pianistische »Niveau«, um diesen etwas altmodisch und geschmäcklerisch klingenden Ausdruck unverdrossen anzuwenden, wirklich kein Zweifel bestehen kann, wenn wirklich außergewöhnliche Talente zur Diskussion stehen. Und auch in diesem Punkt sind Gulda und Gould sich ähnlich: beider Spiel hat sich zwar während der letzten zehn Jahre auffällig, im Falle Goulds sogar unmäßig gewandelt, der pianistische Rang aber war von vornherein staunenerregend da. Gulda selbst hat einmal gesagt, daß er mit 17 Jahren genausoviel »konnte« wie später – und er hat damit nicht zuviel behauptet. Bereits der Zwanzigjährige konnte alles. Ja, einige seiner Freunde meinen, daß Gulda 1950 sogar noch besser gespielt habe als heute. Bei Glenn Gould liegen die Dinge nicht anders. Er war wirklich erst 23 Jahre alt, als er Bachs grausam schwere Goldberg-Variationen bewältigte. Es mag manches gegen den Bach dieser Schallplatte eingewandt werden können. Die technische Perfektion, die Durchsichtigkeit und Flexibilität des Anschlags hat Gould nie mehr übertroffen – wohl auch nie mehr übertreffen wollen.

Es gibt ein Wort, mit dem die Gegner des 1932 in Toronto geborenen Glenn Gould den jungen Exzentriker erledigen wollen, wenn wieder einmal etwas Absurdes über die Kleidung, die Manieren, Manien und Hysterien dieses Pianisten bekannt wird: sie nennen ihn dann einen »Blender«. Das ist ein hassenswertes Wort – nur von gedankenlosen Snobs anwendbar in einem Bezirk, wo viel weniger »geblendet« werden kann als etwa auf der Schauspielbühne, beim Inszenieren oder Reden. Was die Kunst des Klavierspiels angeht, so muß der Blender in genau dem gleichen Maße mit den Problemen einer Bach-Fuge, einer Sechzehntel-Stelle, einer späten Beethoven-Sonate fertig werden können wie der Nicht-Blender – und es läßt sich beispielsweise hören, ob er das vermag oder nicht. Natürlich, manche Pianisten versuchen, »Tiefe« vorzutäuschen, gehen technischen Problemen aus dem Wege, ziehen sich vorsichtig hinter einen Nebel aus Pedal und sogenannter Auffassung zurück. Aber alles das läßt sich dingfest machen, wenn ein Künstler Konzerte gibt und Schallplatten ohne betrügerische Manipulationen einspielt. Vor Beethovens Sechzehnteln sind alle gleich. Dem Einsamen auf dem Podium hilft da keinerlei »Blendwerk«. Man möge mir einen nicht ganz zutreffenden Vergleich verzeihen: zumindest im Hinblick auf die pianistische Fertigkeit ist das »Blenden« genauso mühselig wie etwa beim 100-Meter-Lauf. Wenn da ein »Blender« 10,1 schafft, dann ist er kein Blender. Auch wenn er sich vielleicht vor oder nach dem Lauf wie ein Blender aufführt.

Bach und Beethoven sind die Schwerpunkte des Repertoires von

Glenn Gould, und er hat auch während seiner Europatournee – die ihm verdiente und überwältigende Erfolge eintrug – hauptsächlich Klavierkonzerte Bachs und Beethovens gespielt. Schallplatten lehren indessen, daß sich dieser Pianist auch mit Mozart, Haydn, Brahms, Berg, Schönberg, Křenek und sogar dem Enoch-Arden-Monodram von Richard Strauss auseinandergesetzt hat. Beethovens frühe Klavierkonzerte gelingen ihm unanfechtbarer als Beethovens Spätwerke. Brahms wird zum Eldorado für Goulds Klangsinn und Intelligenz – aber das unbeherrschte Genie kümmert sich nicht um Brahms' »Vorschriften« und nicht einmal um die so wichtigen, durchaus notwendigen und von Beethoven geforderten Ritardandi in der Sonate op. 111. (Diese gleichsam keuchenden, den Tonstrom trennenden Atempausen verbinden die Sonate op. 111 mit dem ersten Satz der 9. Symphonie, deren abgründige Ritardandi kein Dirigent zu vernachlässigen wagen dürfte. Glenn Gould jedoch wagt dergleichen ohne weiteres, er macht auch gelegentlich aus dem Pianissimo ein Forte. Und es ist für alle Wohlmeinenden gewiß nur ein schwacher Trost, aber doch immerhin ein Trost, daß der so schlagend intelligente junge Künstler sich bei allen diesen Provokationen offenbar immer etwas gedacht hat.) Freilich macht er auch aus den »Freiheiten« keineswegs ein Prinzip. Er widerspricht nicht um jeden Preis dem Gebotenen – manchmal folgt er sklavisch und hinreißend exakt den Vorschriften. Das kann er eben auch, wenn er nur will.

Wären alle diese Marotten wirklich nur Marotten, von denen Glenn Gould sich ohne weiteres lösen könnte, falls es ihm einmal darauf ankäme, dann brauchten wir ihm hier nicht oberlehrerhaft die Fehler anzukreiden. Aber in diesem Glenn Gould steckt nicht etwa die amüsante Aufsässigkeit eines übermütigen Genies, das die Beckmesser aller Länder provozieren will, sondern ein Dämon. Der Dämon der Übertreibung. Er übertreibt mit großer Überzeugungskraft alles: das schnelle Tempo, die langsame Entsagung, aber auch die Schlichtheit, die Innigkeit, ja – so paradox es klingt – auch die Bescheidenheit. Immer geht er bei alledem jenen Schritt zu weit, der ihn zwar auch vom Durchschnitt trennt, von der faden Routine des Üblichen und Konventionellen, der ihm aber zugleich auch ein Äußerstes abverlangt an Kunst und Geschick: Glenn Goulds pianistische Meisterschaft gleicht einem Drahtseilakt, weil der Künstler es sich immer und immer wieder auferlegt, das *Zuviel* glaubhaft zu machen, das Ungewöhnliche und

Exzentrische zu humanisieren, das Wilde und Unzähmbare doch noch zu beherrschen. Wer sich über die phantastischen, irrwitzigen Tempi des 25jährigen ärgerte, der hat später über die absurde Langsamkeit des 31jährigen den Kopf geschüttelt. Doch noch im äußersten Extrem, ja gerade in ihm, offenbarte sich trotz allem immer große pianistische und musikalische Kunst. Nur einmal bleibt er, vielleicht weil er begleitet, zurückhaltend, ohne Forciertheit: wenn er den Klavierpart des Enoch Arden von Richard Strauss spielt (wenn er also ein Partner des Rezitators Claude Rains ist). Gould spielt da »nur« schön. Strauss' Klavierpart klingt überwältigend: süß, strömend, leicht, nie dick. Denn Gould phrasiert so überlegen, daß keinerlei Trivialität, Effekthascherei oder Dünnblütigkeit hörbar wird. Er rettet ein Unikum, das noch brahmsisch klingt und doch schon die »Ariadne« enthält.

Es ging durch die Weltpresse, daß Glenn Gould und der berühmte Dirigent Leonard Bernstein sich öffentlich gestritten hätten. Vor Beginn des Klavierkonzerts in d-Moll von Brahms habe Bernstein dem verdutzten Auditorium mitgeteilt, daß er sich mit der nun folgenden Interpretation nicht identifizieren könne, da Gould alles viel zu leise und zu langsam spiele. Nun kommt es ja glücklicherweise nicht allzuoft vor, daß ein Dirigent so unverblümt sagt, was er von der Interpretation seines Solisten hält – und darum hat man überall geschmunzelt. Offenbar, so dachten die Kenner, wieder eine Verrücktheit des immer manierierten und absonderlichen Glenn Gould. Hört man dann aber die Platte, auf der Glenn Gould zehn Brahms-Intermezzi vorträgt: mit erlauchter Klangphantasie, zärtlicher Zerrissenheit, abgründiger, ja maßloser, aber immer wohlformulierter Sensibilität, dann nimmt man den Spott zurück. Glenn Gould forciert die Innigkeit – aber er entdeckt dabei doch manche Herrlichkeit, von der die Nüchternen sich nichts träumen lassen. So muß man zu hören verstehen, wie er in Brahms' A-Dur-Intermezzo op. 118,2 durch diskretes Betonen nicht nur die ohnehin sich aufdrängende Melodie spielt, sondern auch die Mittelstimme zum Leben erweckt, die wunderbar brahmsisch sich heraushebt und zugleich die Anfangstöne des Chores »Ich will euch trösten« aus dem Deutschen Requiem zitiert. Gould spielt das mit poetischer Kunst (Beispiel 16).

Die Leichtigkeit etwa, mit der Glenn Gould in Beethovens 2. Klavierkonzert, dem B-Dur-Konzert op. 19, das übrigens vor dem ersten Klavierkonzert Beethovens entstand, den musikalischen Konversa-

Aus: Brahms, Intermezzo A-Dur op. 118,2

Wo alles zur Schwermut, zum Verhaltenen und Süß-Verhangenen neigt, wie in den späten Intermezzi von Brahms, da darf der Pianist der Verlockung zum Sentimentalischen nur bis zu einem gewissen Grade nachgeben. Bis dahin, wo die Melancholie noch nicht zur programmatischen Zerrissenheit wird. Glenn Gould geht bei seiner Interpretation der Intermezzi durchaus bis zum Äußersten der Schwermut und der Differenziertheit – dennoch trägt er nicht dick auf. Man merkt nie die »Absicht«. Um so kunstvoller ist es, wie er hier die oberen sechs Töne der linken Hand (1. und 2. Takt unseres Beispiels: ais, cis, fis, eis, dis, cis) so heraushebt, daß sie wie ein cantus firmus klingen – und zugleich wörtliches Zitat sind des Choreinsatzes aus dem 5. Abschnitt von Brahms' Deutschem Requiem: »Ich will euch trösten«.

175

tionston trifft, die Genauigkeit und Liebenswürdigkeit, mit der die Passagen dahinfließen, niemals bloß um ihrer phänomenalen technischen Akkuratesse willen, sondern immer im Dienste eines fortschreitenden musikalischen Gedankens mit bezaubernd heller und unwiderstehlicher Beredsamkeit: alles das hat Rubinsteins Glanz, Gilels' Genauigkeit und versetzt so manchen erstklassigen Klavierspieler zurück in den Bereich einer schlechten Naivität. Gould wählt für diesen frühen und unverkrampft virtuosen Beethoven ein atemberaubend rasches Tempo. Dennoch wird keine wilde Jagd aus dem relativ kammermusikalischen Dialog. Das Gespräch ist perlend, schnell, aber nicht atemlos. Niemand auf der Welt, selbst Casadesus nicht, kann Sechzehntel gleichmäßiger, lockerer und reizvoller spielen. Das Klavier setzt schon so leichthin ein, ohne die majestätische Attitüde eines gewaltigen Auftritts. In zwanglosem Nebeneinander verweben sich Haupt- und Seitengedanken. Glenn Gould phrasiert nobel und ohne alles solistische Fett. Wer Sinn hat für den Klang eines Klaviers, für eine Tongebung, die zwischen reiner Virtuosität und noch reinerer Selbstverständlichkeit souverän die Mitte hält, dessen Einwände verstummen vor so viel Können, vor so viel Kunst.

Zu diesem Allegro con brio des B-Dur-Konzertes von Beethoven gehört, wie zu jedem rechten Konzertsatz, eine Kadenz. Die Kadenz hat sich aus den Schluß-Klauseln gebildet, man sprach beispielsweise von »Landino-Klauseln«, die den Schlußton besonders sinnfällig herbeiführten. Doch dabei blieb es nicht. Im klassischen Instrumentalkonzert kommt es zur sogenannten »aufgehaltenen Kadenz«; jenem Quartsextakkord, nach dessen Erklingen der Solist allein und frei phantasieren kann, bis endlich ein erlösender Triller oder ein Schlußlauf wieder das Orchester herbeiruft. Das klingt vielleicht alles äußerlich und spielerisch, aber sogar in Mozarts c-Moll-Messe kommt eine auskomponierte Kadenz für Sopran und Bläser vor. Und im 5. Brandenburgischen Konzert beehrt J. S. Bach ausführlich das Cembalo.

Natürlich haben nicht alle Pianisten oder Solisten zu phantasieren gewagt. So schrieb Beethoven für Mozart-Sätze Kadenzen, Clara Schumann für Beethovens Konzerte, auch Brahms hat Kadenzen für Beethovens G-Dur-Konzert verfaßt. Dabei stellte sich natürlich oft die Frage, ob diese Kadenzen noch zum »Stil« des Konzertes passen. Wenn etwa Glenn Gould sich für Beethovens C-Dur-Konzert selbst eine

Elly Ney

Daniel Barenboim

Kadenz komponiert, klafft zwischen Beethovens und Goulds Ton-sprache ein Unterschied.

Für das B-Dur-Konzert liegt gleichfalls eine Kadenz aus Beethovens Hand vor. Allein gerade sie ist ein Problem. Sie paßt nämlich eigent-lich nicht in die Wiener Welt von 1795, in der das B-Dur-Konzert ent-stand. Die späte Beethoven-Kadenz beweist, daß es auf sogenannte »Stileinheit« zwischen Kadenz und Konzert nicht unbedingt ankommt. Als Beethoven etwa 1808 seine Kadenz fürs Jugendwerk schrieb, war in sein Schaffen schon der Geist des Spätwerks eingezogen. Die groß-artige Kadenz klingt nun schroff, einsam, punktiert, unkonziliant, herb und wild. Sie wächst weit hinaus über die inneren Dimensionen des B-Dur-Konzertes, für das sie geschrieben wurde. Statt zu Opus 19 paßt das eher in die Klangwelt der späten A-Dur-Sonate op. 101, an deren 2. Satz sie erinnert. Obschon Beethoven sich ganz genau an die Themen seines frühen Konzertes hält – macht er etwas ungeheuer Neues aus ihnen. Bei der Kadenz nun kommt es Glenn Gould zustat-ten, daß er das ganze Konzert schon auf Tempo, auf brillante Gefähr-lichkeit und nicht nur auf Harmlosigkeit angelegt hatte. Er steigert sie zu einem stürmischen Ausbruch, spielt sie balladesk in gezacktem, gro-ßem Forte. Wenn dann das Orchester wieder mit dem frühen Konzert einsetzt, stoßen zwei Welten zusammen: Altersstil und Jugendstil Beet-hovens. Goulds dramatische Kraft zwingt das Widerstrebende förm-lich zusammen.

Friedrich Gulda spielt in seiner Interpretation des B-Dur-Konzertes von Beethoven natürlich auch diese großartige Kadenz Beethovens. Gul-da spielt sie zurückhaltender, er beobachtet die Vorschriften Beetho-vens sorgfältiger. Gould zum Beispiel hatte sich durch seinen Schwung verführen lassen, über ein »dolce piano« einfach hinwegzustürmen. Gulda setzt deutlicher von neuem an, atmet mehr, erreicht dafür nicht ganz Goulds Dramatik, wie Gulda überhaupt dies B-Dur-Konzert weit privater, ruhiger und authentischer vorträgt als Glenn Gould.

Gould macht es sich »schwer«. Daß die pianistische Vollkommen-heit Goulds sich – um nicht zur gleichgültigen Spielmusik zu ver-flachen – ihr Risiko gewissermaßen selbst sucht und doch nicht daran zugrunde geht, lehren Goulds zahlreiche, wahrlich nicht orthodoxe Bach-Interpretationen. Glenn Gould hat sich keineswegs nur die vir-tuosen Sachen herausgesucht, sondern er spielt auch die zwei- und drei-stimmigen Inventionen, die Partiten und das Wohltemperierte Klavier. Polyphonie bereitet diesem großartigen Pianisten keinerlei Schwierigkeiten, die Unabhängigkeit und Freiheit der Hände ist erstaunlich, die Kunst, Stimmen genau festzuhalten und zu tönen, verblüffend. Dennoch dürfte es nicht so leicht einen germanischen Hörer geben, der Glenn Gould das Presto aus Bachs bekanntem und vielgeliebtem Italienischen Konzert verzeiht. Hört man dies rasende Presto zum erstenmal, dann reagiert man mit einem schlichten »unmöglich«. Doch man entdeckt, je mehr man sich mit der Interpretation beschäftigt, immer mehr Deutlichkeiten in diesem Stück. Gould hat Beziehung nicht nur zwischen kleinen Toncharakteren hergestellt, sondern zwischen ganzen Perioden und Satzteilen. Er unterschlägt keine Einzelheit. Und wenn dies Italienische Konzert auch in Stromlinientempo yankeehaft vorbeibraust: die von Bach komponierte Heiterkeit, die Fülle und die zügig konzertante Herrlichkeit kommen heraus.

Den endlosen Streit, wie Bach aufzufassen und darzustellen sei, kann kein Mensch entscheiden. Am besten wird man mit dem Stildilemma fertig, wenn man nicht fragt, was ein Cembalist oder Pianist tut, sondern wenn man hauptsächlich darauf hört, was er zutage fördert. Dann braucht man sich nicht mit den immer mühsamer kodifizierbaren Stilgesetzen herumzuquälen, die sämtlich auf Verbote hinauslaufen, sondern man mißt die Interpretation an der Fülle und der Einheit des Werkes. Dieser Fülle nun ist Gould trotz allen Übermuts gewachsen. Er behandelt den Flügel wie ein gesteigertes Cembalo, verzichtet auf Ausdruckswirkungen nicht, wohl aber auf allzuviel Pedaleffekte, die bei Bach meist nur vernebeln und sich dazwischendrängen, ohne zu klären oder zu pointieren. Hingegen läßt sich Gould nicht – und das macht wiederum den spontanen Reiz seines Bachspiels aus – davon abbringen, auf eigene Faust nach Nuancen zu spüren, harmonische Schattierungen auszukosten, die selbstverständlichen Genieblitze des späten Bach hingerissen und hinreißend mitzuteilen. Goulds Spiel gerät an eine Grenze immer nur dann, wenn er seine phänomenale Technik dazu benutzt, um auf dem Flügel Wirkungen herauszubringen, die kaum anders vernehmbar sind denn als rein mechanische, fast karikaturistische Wirkungen – auch wenn der Interpret sie nicht so gemeint hat. Die Goldberg-Variationen, gespielt von Glenn Gould, demonstrieren den Reichtum und die draufgängerische Frische von Goulds Spiel: also eine faszinierende Mischung aus Konstruktivismus, Virtuosität und Nonkonformismus. Manchmal stellt sich unser Pianist naiv, und die Pralltriller führen geradezu ein Privatkonzert miteinander. In anderen Variationen macht Gould ohne jede doktrinäre Verbissenheit harmonische Abläufe sozusagen elegant klar; und die Variation Nr. 13 bietet ein geradezu vollendet nuanciertes Bachspiel. Die 14. Variation, sie ist rasch, überschreitet die Möglichkeiten des Flügels, nicht die Möglichkeiten Goulds. Gould spielt sie einfach zu schnell. In der berühmten 25. Variation, einem namenlos tiefsinnigen g-Moll-Stück, muß sich Goulds poetische Kraft dann bewähren.

Darüber, wie Glenn Gould diese 25. Variation aus den Goldberg-Variationen spielt, ließe sich endlos spekulieren. Zweifellos tritt da ein sentimentalisches Moment hinzu – nicht etwa ein sentimentales. Sentimentalisch im Schillerschen Sinne bedeutet hier eher eine Bewußtseinsstufe, also ein Fehlen von Naivität. Dieses Fehlen, verbunden mit tiefer, einsamer Trauer, könnte dazu führen, daß die Variation zerbricht, sich auflöst in Schwebungen und Melancholien. Dem widerspricht freilich die Ruhe, mit der Gould differenziert, die Genauigkeit, mit der er an Linien festhält. Indem er Bach spielt, analysiert er ihn, so wie die Instrumentation, die Anton von Webern dem Ricercar aus Bachs Musikalischem Opfer zuteil werden ließ, in Wahrheit eine Analyse gewesen ist. Modernität wird in Glenn Goulds Bachspiel also erkennbar als Mischung aus Leidensfähigkeit, Sentimentalischem und Konstruktivismus. Das ist nicht unbedenklich, aber ehrlich, persönlich und zwingend.

Muß man nun schon während der Interpretation der 25. Goldberg-Variation durch Glenn Gould an Anton von Webern denken, dann ist es kein Wunder, daß dieser Pianist sich auch direkt mit den Werken der Wiener Schule beschäftigt hat. Und wenn er den Beginn der Sonate op. 1 von Alban Berg spielt, dann kommt ihm dabei seine Souveränität zustatten: Anschlagskunst und Intelligenz machen das Stück zwingend melodiös, es ist eine Mischung aus Brahms, Jugendstil und Kontrapunktik. Der Höhepunkt der Berg-Sonate klingt, von Gould domestiziert, wie eine Verbindung aus Wagner und Brahms (Beispiel 17).

Glenn Gould, der Bach quasi modern spielt und der den Beginn der Klaviersonate von Alban Berg interpretiert, als handele es sich um traditionelle Musik, hat sich mit Beethoven befaßt.

Und zwar in seltsamer Reihenfolge: zunächst schockierte er die Musikwelt mit einer sehr exaltierten und gleichwohl fesselnden Aufnahme der letzten drei Beethovenschen Klaviersonaten op. 109, 110 und 111. Dann lieferte er Früheres nach: die drei Sonaten op. 10, die

Aus: Berg, Klaviersonate op. 1

Die sequenzähnliche Relation zwischen den Takten 2–3 und 4–5 deutlich zu machen, den Unterschied zwischen ff und fff herauszuheben und dennoch nie die melodischen Linien dieses nicht polyphon, sondern »allstimmig« geführten Höhepunktes zu vernachlässigen: das ist Glenn Goulds Kunst bei der Interpretation der Sonate Alban Bergs. So hat das Stück zugleich ein traditionalistisches Air.

Pathétique, die beiden kammermusikalischen Sonaten op. 14, die Mondschein-Sonate und zuletzt die Appassionata. Dabei leistet er Erstaunliches – und leistete er sich Erstaunliches ... Von der Appassionata behauptete er, offensichtlich wegen des üblichen Pseudo-Titanismus und der offiziellen Sonorität verärgert, er halte sie für eines der schwächsten, wirrsten, einfallsärmsten Stücke Beethovens. In Glenn Goulds Wertschätzung rangiert die Appassionata irgendwo »zwischen König-Stephan-Ouvertüre und der Schlacht von Vittoria«.

Als Beweis für diese These hat Glenn Gould vor allem seine Einspielung anzubieten. Wenn man hört, wie er die Appassionata zugrunde richtet, dann glaubt man ihm, daß er sie für schlecht hält. Er spielt den ersten Satz im Andante-Tempo, fast doppelt langsamer als die anderen. Er nimmt die Triller mal schnell, mal tröpfelnd. Man hört das Stück gegen den Strich. In ein paar Jahren wird Glenn Gould sich dieser Aufnahme genieren, hoffentlich.

Denn er ist durchaus imstande, seine Auffassungen radikal zu ändern. Im Begleitessay zu seiner Einspielung der letzten drei Beethoven-Sonaten hat er sich einst spöttisch über die »Spätstil-Mystifikationen« von Thomas Mann oder Aldous Huxley geäußert. Ein paar Jahre später, als er den ersten Satz der E-Dur-Sonate op. 109 fürs Fernsehen einspielte, hielt er einen sehr sorgfältigen Einführungsvortrag, wo von nichts anderem als von Spätstil-Besonderheiten die Rede war: Glenn Gould unterschied da reinlich zwischen dem rhythmischen Rückgrat, das beim mittleren Beethoven gegeben und verbindlich sei, während man beim späten Beethoven nicht nur die Klangfarben und die Tonfarben verändern dürfe, sondern auch das Tempo selber. Wenn man nun einmal analysiert, wie Beethoven das erste Thema aus dem ersten Satz von Opus 109 variiert, dann scheint Beethovens »rhythmisches Rückgrat« unter Glenn Goulds Händen in der Tat ungeheuerlich, eben spätwerkhaft verkrümmt. Die ersten acht Takte des Themas dauern beim erstenmal etwa dreizehn Sekunden, bei der Wiederholung dann nur noch zehn Sekunden, und auf dem Höhepunkt der Durchführung benötigt er für acht Takte bloß noch acht Sekunden.

Dafür hat er eine zugleich scharfsinnige und undurchsichtige Theorie anzubieten über Beethovens harmonische Rückungen und Prinzipien der Zwölfton-Technik.

Glenn Gould ist eben nicht nur ein mutiger Interpret, sondern auch ein mutwilliger. Wenn er sagt, es habe keinen rechten Sinn, zwanzig

existenten Einspielungen der Mondschein-Sonate nun noch eine einundzwanzigste folgen zu lassen, die auch nicht viel besser und viel anders
sei als das, was Rudolf Serkin und der von Glenn Gould so hochverehrte Artur Schnabel bereits vorgelegt haben, dann ist eine derartige
Einstellung durchaus überzeugend. Wenn er daraus die Folgerung
zieht, man müsse also unbedingt alles anders machen, um neue Interpretationen zu rechtfertigen, dann verläßt er sich offenbar zu wenig
auf die Kraft selbstverständlicher Originalität, das Besondere suchend.
Und es klingt »gesucht«.

Doch nicht nur pianistische Brillanz, sondern auch eine ungewöhnliche Entdeckerlust – manchmal gleichsam der Freiheit vergleichbar,
die sich ein großer Regisseur gegenüber einem Shakespeareschen Text
nimmt – sowie ein nach wie vor großartiger Sinn für Klang und für
Klangekstatik fesseln bei Glenn Gould. Glenn Goulds Einspielung der
3. Skrjabin-Sonate ist ein klangekstatisches Wunder, nicht weniger
überwältigend als Horowitz' genial-sensible Interpretation der 9. Sonate; man kann sich darüber freuen und braucht nicht ernst zu nehmen,
daß Glenn Gould auf der Plattentasche über Chopin spöttelt, der
Skrjabin keineswegs das Wasser reichen könne.

Wenn Glenn Gould die Exposition der frühen Beethovenschen
c-Moll-Sonate op. 10,1 spielt, dann braucht er für die 105 Takte
nur 58 Sekunden, Wilhelm Kempff benötigt annähernd 100 Sekunden.
Glenn Gould rast das Stück herunter, als sei es ein explodierter Klassiker. Er hält sich mit phänomenaler Technik an die Fortissimo-, an die
Allegro-molto-e-con-brio-Vorschriften. Wie ein Wilder, von keiner
europäischen Bedeutungtradition angekränkelt, versucht er, das Furioso, den Sturm und Drang, fieberhaft rabiat wahrzumachen. Der junge
Beethoven ist unter seinen Händen kein edler Heroe mehr. Und das
Schluß-Prestissimo spielt Glenn Gould tatsächlich »prestissimo«. Gewiß,
er verfehlt die Steigerung des Beginns der D-Dur-Sonate op. 10,3,
weil er ein nach Originalität haschendes Schwächer-Werden in die
Oktaven-Bewegung hineinbringt; aber dafür findet er am Schluß
des Largos eine neue Struktur, dafür entdeckt er die Beredsamkeit des
Finales der Pathétique, dafür beschämt er uns alle, die wir bisher
immer glaubten, der zweite Satz der ziemlich unbekannten G-Dur-
Sonate op. 14,2 sei ein helles, naives, marschartiges Alla-breve-
Variations-Andante im Viervierteltakt. Glenn Gould behauptet spielend, klavierspielend, das sei ja gar nicht wahr. Wir hätten nur nicht

bemerkt, wie schön, wie todtraurig, wie betörend melodiös diese Andante-Klage aus Opus 14 Nr. 2 sei. Gould spielt die Variationen wie einen Abschied aus dem Paradies. Alle Prousts dieser Welt sind Grobiane verglichen mit ihm, wenn er die Akkorde dieses Andantes abtönt. Mit germanischem Ernst wäre die Frage aufzuwerfen: ja darf denn ein Künstler dieses gehende Andante plötzlich so germanisch ernst spielen? Verzerrt er es nicht? Macht er nicht manieristisch, mittels eines Vergrößerungsglases, aus einem Rasenstück ein Stück Gefühls-Urwald?

So gefragt: natürlich darf er es nicht. Es sei denn, er tut es. Was das Vergrößerungsglas, das heißt die Tendenz zu übermäßiger Verlangsamung, betrifft: Natürlich gibt es einen überlieferten Stil, ein naheliegendes tradiertes Tempo. Was Glenn Gould unternimmt, ist also ein psychisches und akustisches Experiment. Man kann alle Bilder so vergrößern, daß sie erstaunlich und erschreckend werden. Wenn Gould die relativ simplen Akkord-Steine hier so betrachtet, als wären es Gebirge, dann tritt allerdings auch zutage, was alles aus diesen Akkorden herausgeholt werden kann an Ergriffenheiten und Sublimiertheiten und Generalpausen. Gould experimentiert betörend. Als hätte er den Trauermarsch aus der Eroica entdeckt. Aber im Gegensatz zu Svjatoslav Richter, der in der E-Dur-Sonate op. 14,1 den Mittelsatz, das Allegretto, tragisch verschleppt und dann im Dur-Teil kapitulieren muß, gelingt es Glenn Gould, seine extrem langsame Auffassung zwingend durchzuhalten. Gewiß, er verzerrt. Aber *eine* Ausnahme, wenn sie mit soviel Anschlagszauber und Anschlagsernst und Überzeugungskraft dargeboten wird, wird der Himmel, oder zumindest Beethoven, verzeihen.

Beim Beethovenschen Es-Dur-Konzert jedoch lassen die wüstesten Verzerrungen freilich nicht überhören, daß Glenn Goulds Freiheit nur Banales oder Exaltiertes entdeckt. Erwartet man aber eine Exzentrizität – nämlich wenn Gould Beethovens 5. Symphonie in Liszts Transkription spielt –, dann macht er keineswegs einen pianistischen Witz. Er nimmt die Symphonie, die Lisztsche Transkription und die Möglichkeiten seines Flügels so ernst, daß man schon nach wenigen Schocksekunden beeindruckt ist von der Kraft, der Durchsichtigkeit und dem zurückhaltenden Pathos dieser höchst ungewöhnlichen Interpretation. Liszts Bearbeitung unterscheidet sich von den bekannten Klaviertranskriptionen durch die größere Freiheit gegenüber dem Flügel und durch die für Liszt typische Ausnutzung der Lagenwechsel.

Liszt versteht es halt, eine musikalische Gestalt in vier Oktaven, in Stockwerken gleichsam, vorzuführen. Er nutzt ohne billige Effekthascherei den Unterschied zwischen mittlerer und hoher Klavierlage aus. (Ein etwas kindisch gewordener älterer russischer Pianist hat Beethovens Klavierwerken einmal vorgeworfen, sie seien zwar sehr beeindruckend, aber unpianistisch. »Oben Töne, unten Töne, aber in der Mitte nichts«, meinte der Greis.) Dieser Vorwurf kann nun Liszt wirklich nicht gemacht werden. Und wenn Glenn Gould die »Fünfte« spielt, läßt sich sehr genau beobachten, wie geschickt das dramatisch auseinandergelegte Klavier den Orchestereffekt reflektiert. Plötzlich vermag man sich vorzustellen, wie Beethovens Symphonien, die das Publikum im frühen 19. Jahrhundert meist in Klavierbearbeitungen kennenlernte, damals wirkten.

Die zehn Finger eines genialischen Pianisten reichen fürs über-lisztete große Beethoven-Orchester gerade noch aus. Bei alledem gelingt es Gould, selbst in diesem nur allzu bekannten Stück noch auf einige sonst oft überhörte Dinge aufmerksam zu machen. Man hört beispielsweise, wie barock, mehr auf Händel als auf Bach zurückgehend, die Achtelpassagen in der Coda des 1. Satzes sind. Man nimmt im besonders gut gelungenen langsamen Satz manche sonst untergehenden melodischen Bewegungen wahr. Beim Scherzo sind, ebenso wie beim Finale, natürlich die Grenzen eines Flügels und eines Pianisten erreicht. Glenn Gould spielt das Scherzo auffallend langsam. Das Trio »schafft« er zwar, aber auch im Finale ist nicht zu überhören, daß noch so kultiviertes Klavierspiel beziehungsweise Klaviergedonner den napoleonischen Marschtritt von Beethovens C-Dur-trunkenem Orchester keineswegs hinreichend wiedergeben kann. Zwei Sätze außerordentliches Klavierspiel, zwei Sätze Kuriosum: so stellt sich Beethovens Fünfte dar, wenn Liszt und Gould ihre Hände im Spiel haben.

Hört man Beethovens Sonaten von Friedrich Gulda, dann haben sie plötzlich jene große Selbstverständlichkeit, der Glenn Gould ausweichen zu müssen glaubt, um des Besonderen habhaft zu werden.

Friedrich Gulda, der gewiß bedeutendste jüngere Beethoven-Interpret unserer Epoche, macht es sich schwer und stellt die Klavierwelt vor ein Problem. 1962 spielte er zur Eröffnung der Berliner Festwochen mit dem von ihm herzlich verehrten Karl Böhm Beethovens 4. Klavierkonzert. Diskret, musikalisch, sensibel, makellos und vielleicht allzu scheu. Dann sagte er eine große Tournee durch die Welt und alle Konzerte ab. Er mußte sehr gebeten werden, ein Jahr später wieder in Luzern wenigstens als Partner des Cellisten Fournier aufzutreten. Gefragt, warum er sich denn zurückziehe, antwortete Gulda, der Jazzmusiker werden möchte, natürlich liebe er Beethoven und Schubert, er habe da mehr aufzugeben als andere, denen deren Welt ohnehin nichts mehr bedeute. Aber, so sagte mir Gulda wörtlich: »Die Klassiker haben nicht die Probleme des heutigen Menschen.« Und: »Wenn ich mich in fünfzig Klavierabende einsperre, lebe ich nicht.« Es sei noch viel zu erfinden in der Musik. Die Trauer, die hinter der modernen Oberflächenfassade verborgen sei, von ihr rede nicht Beethoven, sondern der Jazz. Es sei doch keine Existenz, von Stadt zu Stadt zu reisen, halbtägig in Hotels herumzusitzen, denn ein Konzert sei zu anstrengend, als daß man vorher etwas anderes entschieden tun könne, aber doch wiederum nicht aufregend genug, daß man sich Tag und Nacht damit beschäftigen müsse. Die moderne Welt lebe mit Jazz, nicht mit den großen Toten.

Natürlich habe ich Gulda gefragt, ob es ihn nicht befriedige, mit einer verantwortlichen Beethoven-Interpretation den Menschen etwas zu sagen. Wieviel er ihnen damit sage, wisse er doch. Nein, antwortete er, es sei ihm wichtiger, den Menschen mit Eigenem etwas zu sagen. Er improvisiert lieber, als daß er spielt – und er hat sogar bei seinen Schallplattenaufnahmen zweier Mozart-Konzerte die Kadenzen zum Schrecken der Tontechniker regelrecht improvisiert, obwohl sich dabei Unsauberkeiten natürlich einstellen mußten. Offen blieb die Frage, ob Gulda ganz davon überzeugt sei, daß nicht der Jazz gleichfalls »manipuliert« werde, ob er – wenn es schon zeitgenössisch sein müsse – nicht mit den modernen Komponisten den Versuch wagen solle.

Friedrich Gulda weiß, welches Risiko er eingeht. Er will vermeiden, daß seine eminente Begabung ihn in eine Lebensform einsperrt – nämlich die des reisenden, ständig Klassiker spielenden Virtuosen –, die er für hassenswert und unaufrichtig hält. »Geübt«, so sagt er, habe er nur zwischen seinem 13. und 16. Lebensjahr. Das genügt offenbar, aber nur, wenn man so begabt ist wie Gulda. Jetzt suche er nach »Wirklichkeit«. Und er findet, andere Künstler müßten, wenn sie nur aufrichtig wären, genauso denken wie er.

Dieser Aufstand ehrt Gulda. Er macht nicht selbstzufrieden und hochbezahlt »weiter«. Vielleicht sucht er nicht nur das Leben, die Wirklichkeit, sondern vor allem das Lebensrisiko, das für ihn nicht mehr existiert, wenn er sich über Jahre hin »ausbuchen« läßt und heute schon weiß, daß er in siebzig Monaten in San Francisco die Appassionata mit großem Erfolg spielen wird, weil er sie so gut kann. So lächelt er auch in Salzburg und Luzern nur höflich, fremd und resigniert zum tosenden Beifall für seine Beethoven-Interpretationen. Er gleicht einem Hamlet, der endlich Ionesco spielen will.

Guldas Musikalität ist so selbstverständlich, daß er sie selbst gewissermaßen gar nicht bemerkt. Gefragt, wie er's macht, sagt er immer: »Einfach laufen lassen.« Der prominenteste Star aus einer Reihe von trefflichen Wiener Pianisten – Badura-Skoda, Alfred Brendel, Ludwig Hoffmann, Jörg Demus, Ingrid Haebler gehören neben vielen anderen dazu –, der berühmteste Schüler des Pädagogen Seidlhofer, will also ausbrechen zum Jazz. Wahrscheinlich denkt mancher Musikfreund, wenn Gulda den Jazz lieber mag, soll man ihn nicht halten. Es diskreditiere Guldas Liebe zu Beethoven, wenn er den Jazz vorzieht. Doch so denkt man nur, bis man Gulda hört. Denn glücklicherweise hat er sich zu einem Doppelleben überreden lassen. Er ist jetzt Jazz-Pianist und Interpret der sogenannten E-Musik (also der Ernsten Musik). Er spielt beides nebeneinander, improvisiert Läufe in Mozarts kleine C-Dur-Sonate hinein, läßt sich auch gelegentlich zu einem Beethoven-Abend verführen – und überzeugt die Jazzfachleute keinesfalls davon, daß er ein ganz erstklassiger Jazzpianist sei.

Als Friedrich Gulda aber wieder einmal einen Beethoven-Abend gab, hat er alle, die ihm zürnen, zum Schweigen gebracht. Die Genauigkeit, mit der er nicht nur die Oberstimme phrasiert, sondern jedes Detail der Begleitung, die ruhige Gebärde, mit der er neu ansetzt, die temperamentvolle Entschiedenheit, mit der er zusammengefaßt und abhebt, was als musikalisch-geistiges Ergebnis der Hervorhebung bedarf: dergleichen wird ihm überhaupt nicht zum Problem. Er spricht die Sprache Beethovens – wenn auch manchmal ohne Magie, ohne leuchtende Kantilene und Sechzehntel-Brillanz. Während man sich bei vielen hochbegabten jungen Pianisten immer wieder darüber wundern muß, daß sie zwar einzelnes trefflich darstellen, anderes aber amusisch fallenlassen, besticht Guldas spannungsvolle Präsenz. Wie er im Adagio der Mondschein-Sonate ohne forcierte Ergriffenheit ruhig beginnend aus dem Tonverlauf selbst eine melancholische Tragödie herauslöst, wie er begriffen hat, daß die getürmte 32stel-Stelle im Presto agitato Höhepunkt des Finales der Mondschein-Sonate ist und daß dann beim

Aus: Beethoven, Klaviersonate Nr. 14 cis-Moll op. 27,2 »Mondschein-Sonate«, 3. Satz

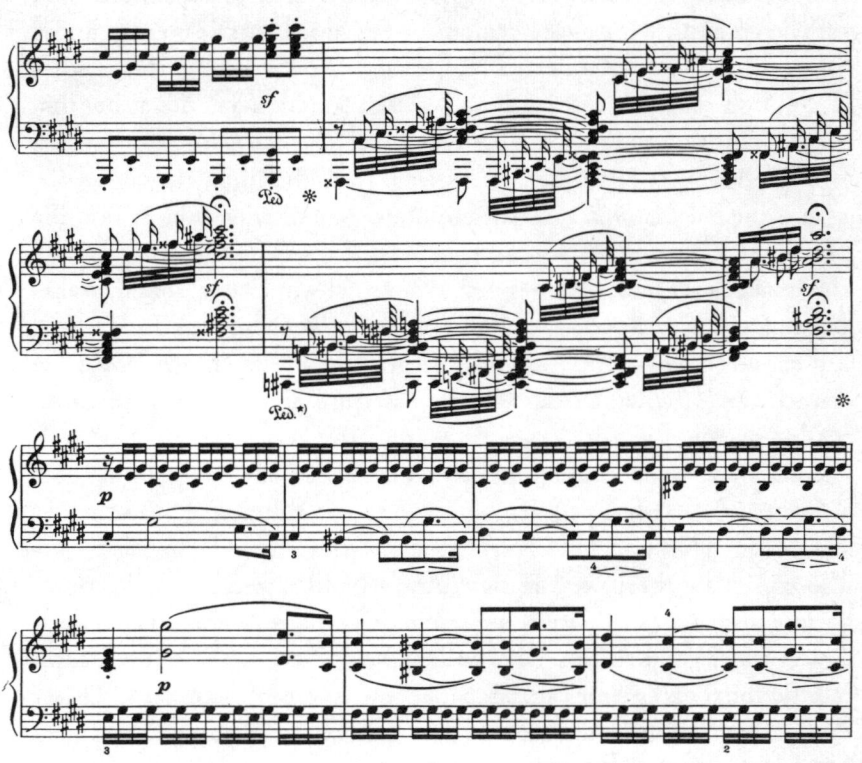

Die große Steigerung der getürmten 32stel im Presto agitato der Mondschein-Sonate bleibt nicht ohne Rückwirkung auf den quasi-psychologischen Fortgang des Stückes. Gulda nämlich nimmt den staccato-Punkt auf dem cis (6. Takt unseres Beispiels) wörtlich, er versteht so den Einsatz elegisch. Analog interpretiert er den 10. Takt. Auch durch diese Reaktion fällt ein Licht auf die Gewalt des Vorhergegangenen.

Wiedereintritt des cis-Moll ein elegischer Hauch über dem Tongeschehen schweben muß: besser kann man das kaum spielen, und dergleichen versteht sich erst »von selbst«, wenn Gulda es tatsächlich zum selbstverständlichen Ausdrucksmoment gemacht hat. Die meisten anderen Pianisten setzen dann neu und kraftvoll ein, als sei nichts geschehen. Gulda indessen hat das Finale dieser Sonate verstanden. Bei ihm wirkt die Anfangsquinte nach dem Ausbruch elegisch (Beispiel 18).

Solche Konzerteindrücke bestätigen: Friedrich Gulda ist, seit er sich so entschieden dem Jazz zuschrieb, ohne jene akademische Kälte, die sein Spiel einst umgab, so daß sein Beethoven wie »Strawinskoven« klingen konnte. Jetzt ist sein Beethoven-Spiel wahrhaft fesselnd, wahrhaft aufregend. Allerdings läßt sich nicht verkennen, daß die Technik Guldas um eine Nuance unzuverlässiger scheint als früher. Nicht bei den schweren Stellen passiert etwas. Aber um die »leichten« kümmert er sich zuwenig.

Gulda war immer ein motorischer Pianist. Er hat dabei die Affekte nicht gescheut, er hat zugegriffen, aber er hat sich zum Pathos immer nur zwingen lassen. Nie klang sein Spiel titanisch, klassizistisch-verschnörkelt, angeberhaft. Die Bewegtheit Guldas reicht über Virtuosität und auch über brillante Klavierspielerei hinaus. Während ein Glenn Gould zum gefährlichen Übertreiben neigt, stellt Gulda die Musik selbst dar, so daß sie vielsagend, bedeutend und bewegend wird. Dieser Pianist hat subjektiv-auftrumpfendes Pathos nicht nötig. Wenn man vergleicht, mit welcher phantastischen Sicherheit er zwei Beethoven-Presto- beziehungsweise Prestissimo-Finales spielt, dann begreift man, wo Guldas Kunst anfängt. Die erste Klaviersonate Beethovens, die sogenannte kleine f-Moll-Sonate op. 2 Nr. 1, endet mit einem Prestissimo. Friedrich Gulda spielt das Stück so, daß es zwar ein früher, fesselnder Beethoven ist, aber doch noch keine Bekenntnismusik großen Stils. Er spielt das 18. Jahrhundert mit, in dem diese Sonate entstand. Sie ist ja Haydn gewidmet, hat noch eine leichte Steifheit, wie wir sie von den Bach-Söhnen her kennen, aber in ihr lebt eben doch schon der Beethoven-Zugriff. Die atmende Genauigkeit, mit der Gulda alles das erfüllt, mit der er auch die Stakkato-Oktaven in den Klangverlauf hineinnimmt, ist ein Wunder. Nie drängt sich Gulda mit seinem staccatissimo oder legatissimo vor. Er verfügt darüber, aber er läßt Beethoven sprechen. Gemäßigter und fesselnder kann man das Stück nicht spielen (Beispiel 19).

Aus: Beethoven, Klaviersonate Nr. 1 f-Moll op. 2,1, 4. Satz

Der naheliegenden Versuchung, diese entfesselte Jugendkomposition als Beethovensche Bekenntnismusik zu begreifen, weicht Gulda aus. Er spielt im Jahre 1953 die pochenden Oktaven (drittes und viertes Viertel des 7. und 8. Taktes in unserem Beispiel) verhalten, federnd und bremsend. Er nimmt auch die gebrochenen Akkorde noch nicht allzu pathetisch, sondern beläßt ihnen eine – schwerlich »beweisbare« – Barock-Steifheit. Das Stück steht so zwischen den Zeiten: zwischen Mannheimer Extasen, Beethovenschen Aufschwüngen und den Freiheiten der Bach-Söhne.

Vergleicht man die Interpretation, die Gulda diesem frühen Beethoven-Finale der Sonate in f-Moll op. 2,1 zuteil werden läßt, mit dem festen Schwung, den er für das Presto der Mondschein-Sonate aufbietet, mit der Intelligenz, die da das Tondrama türmt und beschließt, dann muß man zumindest Guldas Stilsicherheit bewundern – und sich übrigens vor Augen halten, daß er dieses Mondschein-Sonaten-Finale im Konzert entfesselter darbietet als bei seinen Aufnahmen.

Daß Gulda ein Jazzpianist ist, merkt man da, wo man am wenigsten darauf gefaßt sein dürfte, nämlich ausgerechnet im Arietta-Finale aus Opus 111. Die punktierte Variation nimmt Gulda sozusagen mit Beebop-Ekstase. Er vergewaltigt sie nicht, sondern spielt sie exakt, aber doch mit enthusiastischem Rhythmus. Beethoven hätte vielleicht darüber gelächelt.

Merkwürdigerweise scheint Gulda am meisten bei Mozart von der Gefahr des Manierismus bedroht. Er will keinen sentimentalen Mozart, darum bringt er Mozart manchmal in Spieluhr-Nähe.

1968 hat Friedrich Gulda, der 1930 in Wien geborene Pianist, »zu einer Zeit«, wie er sagt, »in welcher der Geist schon funktioniert und die Technik noch immer«, alle Beethoven-Sonaten für die österreichische Schallplattenfirma Amadeo eingespielt. Seit Gulda 1953, also 23jährig, mit dem Zyklus sämtlicher Beethoven-Sonaten in Wien, danach in anderen Städten hervortrat, gilt er als der fesselndste, umstrittenste, zumindest manuell begabteste Beethoven-Spieler seiner Generation. Wie spielte er 1968 die Sonaten? Ausgesprochen maskulin, kraftvoll, bestimmt, entschieden. Große Zusammenhänge geraten ihm wie aus einem Guß, werden überschaubar, einfach. Auch im entfesselten Tempo erlaubt er sich nie eine Undeutlichkeit. Nie wühlt die linke Hand nur so herum, müht die rechte sich ziellos ab. Sein manuelles Vermögen ist außerordentlich. Er »kann« technisch offensichtlich mehr als Schnabel oder Kempff, als Fischer oder selbst Svjatoslav Richter.

Und er übersieht genau, was er kann. Darum vermag er die Dreischichtigkeit des üblichen Sonatensatzes mit bestechender Lebendigkeit zu fixieren. Die Mittelstimme verwischt sich nicht, die Baßlinie dringt durch, die Oberstimme dominiert nicht auf dilettantische, sondern auf sinnvolle Weise.

Wer diese Angaben überprüfen will, höre sich aus den Platten das virtuos kapriziös stilisierte Finale der Sonate op. 2,2, das Scherzo der Sonate op. 2,3, den Kopfsatz der Pathétique, die Mondschein-

Sonate, das Finale der Les-Adieux-Sonate, die Fuge der Hammer-klavier-Sonate und das Scherzo der As-Dur-Sonate op. 110 an.

Aber beim Gulda-Hören muß man umlernen, umdenken und, manchmal möchte man sagen, leider: umempfinden. Irgendein Beispiel: im orchestral gesetzten Largo der A-Dur-Klaviersonate op. 2,2 steht (Takt 23 ff.) eine Achtelfigur in fis-Moll, die sich zur Sechzehntelfigur ausweitet, dann in eine harmonisch schreitende Sopran-Melodie mün-det (Takt 27), die einen Takt später durch expressive Verzierungen gesteigert und auf einen dissonanten Vorhalt geführt wird. Pianisten zeichnen üblicherweise zunächst diese herrlich meditative Stelle natür-lich ausdrucksmäßig nach, sie bringen agogische Verstärkungen und Steigerungen an. In seiner frühen Aufnahme der A-Dur-Sonate deu-tete Gulda das auch zumindest an. Jetzt spielt er zwar ausdrucksvoll kräftig, beobachtet er die Vorschriften Beethovens peinlich genau, aber der Rhythmus ist vollkommen gleichmäßig geworden. Die Musik holt nicht mehr Atem, sie hält nie inne, sie fließt nur. Die ersten drei Takte etwa der Les-Adieux-Sonate »Le-be-wohl« spielt ein Solomon oder auch ein Bruno Leonard Gelber doch mit leichter, schmerzlicher Verdunkelung; Solomon führt die Moll-Stufe mit winzigem, unver-geßlich ausdrucksvollem Zögern ein. Das tut Gulda nicht. Er faßt Beet-hovens Tondramen nicht als Tondramen auf. Er spielt sie ohne jede Psychologie. Da, wo Beethoven nicht nur espressivo vorschreibt, son-dern die Ritardandi bis ins einzelne ausführt, macht Gulda sie gehor-sam und phantasievoll nach und gewinnt, wie etwa bei der tiefsinnigen Überleitung der Reprise im Kopfsatz der Es-Dur-Klaviersonate op. 31,3, sofort herrliche Wirkungen. Aber sonst neigt er bis zur Selbst-verleugnung dazu, das Metrum durchzuhalten. Das hat, etwa im Finale der Pathétique, in den Kopfsätzen von Opus 2 Nr. 3, im Finale von Opus 14 Nr. 2, im ersten Satz der Waldstein-Sonate und sogar im Kopf-satz der Hammerklavier-Sonate eine Liquidierung des melodiösen Sei-tengedankens zur Folge. Das dialogische Prinzip scheint außer Kraft gesetzt, selbst Vorschriften wie cantabile und zweifaches espressivo heben in der Hammerklavier-Sonate (Takt 201 ff.) nichts mehr heraus, die Werke tendieren, allzu rhythmisch verstanden, zu barocker Mono-thematik. Gewiß, wenn man etwa von Gulda den ersten Satz der Es-Dur-Sonate op. 31,3 gehört hat und sich das Stück danach immer-hin von Rubinstein anhört, wirkt Rubinstein nicht nur, was ja noch kein Werturteil wäre, altmodischer, sondern auch dicklicher, brahmsi-

scher. Aber Gulda, der sich mit seiner Tendenz zum scharfen, sogar
überscharfen Tempo ja eigentlich in Übereinstimmung mit avantgar-
distischen Kritikern wie Theodor W. Adorno und Wolf Rosenberg
befindet, hat es doch allzu schwer, das jeweilige Gesangsthema als solches erscheinen zu lassen.

Man darf daraus nicht schließen, er spiele empfindungs- und artiku-
lationslos. Im Gegenteil: er akzentuiert jedes Sforzato, jedes Crescendo, phrasiert durchdacht und genau. Aber auf seinen Interpretationen liegt manchmal ein kaltes Licht. Jähe, gespannte Akzente fallen
auf eiserne metrisch durchorganisierte Sonaten. Alles pompös Auf-
gedonnerte fehlt natürlich.

Die Themen haben nicht nur, wenn sie nach der Durchführung oder
in der Coda wiederkehren, keinerlei Stellenwert, sondern der ständig
von der Improvisations-Freiheit schwärmende Friedrich Gulda (»Hohl,
unglaubwürdig, verlogen bis ins Mark«, nennt Gulda den Gegensatz
zwischen Establishment-Konzertkultur und der unterdrückten Impro-
visationskultur) versagt sich beim Beethoven-Spiel allzu gehorsam
genau diese Freiheit. Es muß ungeheure Konzentration dazugehören,
sich dem natürlichen oder empfindsamen Fluß von Musik so zu ver-
sperren. Manchmal glaubt man zu spüren, daß Gulda – etwa in der
Waldstein-Sonate, die er im Konzert mit hinreißender Bravour spielt –
dem gerade erklingenden musikalischen Sachverhalt leider immer um
zwei Takte voraus ist, um den von ihm hinreißend gemeisterten Anforderungen seines rasenden Tempos stets mit voller pianistischer Ver-
antwortung gewachsen zu sein.

Die Innigkeit des ersten Satzes der Fis-Dur-Sonate op. 78 wird
zum Opfer bewunderungswürdig klaren Fortschreitens. So rationali-
siert Gulda die großen, fast wahnwitzigen Entladungen der Hammerklavier-Sonate in vollkommen übersichtliche Klaviervorgänge, so werden seine langsamen Sätze manchmal nur zu einem klangschönen
Linienspiel.

Mit seiner Beethoven-Sonaten-Kassette setzte Gulda einen neuen
Standard. Er hat danach in Konzerten immer wieder den Versuch
gemacht, die relative Mäßigung solcher verbindlichen Schallplatten-
Interpretationen zu übertrumpfen: schneller, wilder, exzentrischer,
antiklassischer zu spielen.

Er hat sich, aus Verehrung für den Dirigenten Karl Böhm, auch
dazu verstanden, Mozarts frühes Es-Dur-Klavierkonzert herrlich kon-

Stephen
Bishop

Alfred
Brendel

Martha Argerich

zentriert, über alles Konventionelle und Galante hinaus als reine »Bekenntnismusik« zu spielen. Dabei geriet er in einen großartig beherrschten, expressiven Rausch. Vergessen waren Sachlichkeit und Motorik und vermeintliche Kälte ...

Der Erfolg seiner Sonatenkassette bewog Gulda, zusammen mit Horst Stein und den Wiener Philharmonikern sämtliche Beethovenschen Klavierkonzerte einzuspielen, aber die Interpretation blieb enttäuschenderweise nur meisterhaft exakt. Im öffentlichen, vom Fernsehen photographierten Konzert hatte Gulda sowohl den ekstatischen Schwung des Finales aus dem fünften Konzert viel feuriger als auch den Beginn der Durchführung aus dem ersten Satz des G-Dur-Konzerts viel empfindsamer, farbenreicher, schöner gespielt.

Zwischen harmlosen eigenen Kompositionen, höchst respektvoller Interpretation von Barockmusik – von den neuen »Linken« wegen seiner anti-modernistischen Haltung genauso angefochten wie von den Konservativen wegen seiner Jazz-Begeisterung – geht dieser ungewöhnliche Pianist einen ungewöhnlichen Weg weiter. Wer weiß, ob er nicht noch einmal entdeckt, wie schön das Träumen und das Meditieren sein kann, wenn man die Musik so liebt (und sich das so wenig eingesteht) wie er.

Daniel Barenboim, Stephen Bishop, Alfred Brendel

Ein Wunder kommt selten allein: wohl noch wunderbarer als Daniel Barenboims Spiel ist seine phantastische Karriere.

Was ermöglichte ihm den Durchbruch in den exklusiven, vielbeneideten Club jener großen Interpreten, die auf Schallplatten einspielen dürfen, was sie wollen, die sich sogleich eine Gemeinde schaffen, denen alles, was sie berühren, sich in Musik, Glück, Ruhm, Arbeit und einen übervollen Terminkalender verwandelt? Barenboim hat weder jemals mit einschüchternder Hohepriestermiene als »Heiliger des Klaviers« posiert, er hat auch nicht durch ungewöhnliche äußere Vorzüge für sich eingenommen. Wenn man nicht wüßte, wie Mozart und Beethoven unter seinen Händen klingen können, würde man ihn wahrscheinlich für einen heiter-undifferenzierten, derben, harmlos-wohlgenährten, vitalen jungen Mann halten, dem noch einige Erfahrungen bevorstehen. Aber nur, bis Barenboim sich an den Flügel setzt und reinem Ausdruck bezwingt ...

Als Pianist war er von vornherein, was man am Theater einen »stücktragenden Schauspieler« nennt: jemand, der auch mal einen weniger guten Abend haben kann, der aber trotzdem immer, kraft seiner Intensität, kraft seiner Innigkeit, ja kraft seiner Kraft, den Abend macht, formt, beherrscht. Daniel Barenboim wurde 1942 in Buenos Aires als »russisch-stämmiger Argentinier« geboren, er wuchs in Israel auf, studierte in Rom und Paris, er lebt in London und konzertiert überall. Nicht Motorik, Mechanik, Brio, Gewalttätigkeit, hinreißende Virtuosität oder hysterisch überredender Schwung sind Barenboims Stärke, sondern Musikalität, Ruhe, Meditieren- und Beleben-Können. Da wurde also jemand zum Star der Schallplatten-Zeitschriften, zum Liebling Londons sowie der europäischen Klassik-Fans, der mehr an Wilhelm Furtwängler und Edwin Fischer anzuknüpfen scheint als an Vorbilder unserer Zeit. Furtwängler hat sich übrigens für das Wunderkind, besser: für den Wunderjungen Daniel Barenboim sehr liebevoll und produktiv interessiert – Barenboim spielte zum Dank Furtwänglers großes, spätromantisches, zu Unrecht unbekanntes Klavierkonzert, ein Werk, das auf seine Weise gleichsam ein Analogon für Mahlers Symphonien zu bieten versucht, die ja ohne jedes konzertante Gegenstück blieben.

Barenboims phantastischer, modisch gesteigerter, aber gewiß nicht nur modischer Erfolg widerspricht allen vorschnellen Vermutungen über den »schlechten« Publikumsgeschmack. Oder doch nicht? Dieser junge Musiker spielt gewiß nicht »kritisch«, nicht »unstet«, er spielt den Zweifel nicht mit. Er gehört auch nicht zu jenen edelaffirmativen, langweiligen Lügnern, die ihr Nicht-Glauben-Können überkompensieren und darum verlogen klassizistische Beethoven- und Brahms-Interpretationen abliefern. Barenboim spielt vielmehr wie ein neugieriger Prophet, wie ein naiver, von seiner Wahrheit durchdrungener Evangelist, der nichts zu verbergen braucht, der nicht rasch über vermeintlich langweilige Stellen hinweghuscht, sondern der um so sicherer und überredender wirkt, je langsamer er artikuliert.

Man muß mittlerweile unterscheiden zwischen der »Person« Barenboim: also dem immer noch jungen Mann, der nicht nur die klassisch-romantische Klavierliteratur beherrscht, sondern auch gern und professionell dirigiert, der neugierig, unternehmungslustig und übermütig ist im Unterschreiben und Erfüllen von Mammut-Verträgen, der im Fernsehen ganz zum Spaß heiter posiert, wenn er da Chopins g-Moll-Ballade mit falschen Tönen und bewußt bedeutenden, schicksalhaften Augenaufschlägen dahindonnert, der – er ist kein Intellektueller – erstaunlich harmlose Einführungstexte zu Beethoven wie tiefgefühlte Weisheiten vorträgt, der sich im chinesischen Restaurant und beim Verbeugen und beim Schwätzen und beim Musizieren filmen läßt . . . Man muß also unterscheiden zwischen dieser manchmal derb-naiv mutwilligen Privatperson, die in kürzester Zeit »Wunderkind« und »Glückskind« und »Schallplattenstar« und Festival-Beherrscher und Rubinstein-Nachfolger und was sonst noch alles war – und dem Ethos, das Barenboim verkörpert. Sein Ausdrucksernst, seine Schönheitssuche ist ein Wunder. Freilich: sein Schönheitsfinden manchmal gleichsam bereits diesseits des spezifischen Formzusammenhangs, ja diesseits der pianistischen Realität gerät gelegentlich zum allzu umstandslosen Sieg. Das Wort »Perfektion« wird üblicherweise im Zusammenhang mit Technischem verwendet: jemand sei technisch perfekt, aber . . . Barenboim führt vor, daß es auch einen Perfektionismus der musikalischen Einsicht, des musikalischen Fühlens und Ausdrückens geben kann, eine vorschnell gefundene, allzu reine Schönheit diesseits der pianistischen Konkretion und des formalen Widerstandes. Solche Behauptungen klingen und sind kompliziert: sie bedürfen der Erläuterung.

Wir wollen dazu Barenboims Biographie zu Hilfe nehmen. Der immerfort Erfolgreiche und Ausgezeichnete spielte bereits als 16jähriger zum erstenmal sämtliche Beethoven-Sonaten auf Schallplatten ein! (Ich habe ein paar Stichproben gemacht, habe Waldstein-Sonate und Hammerklavier-Sonate aus dieser frühen Einspielung gehört: zur Beruhigung möglicherweise erschreckter Leser sei hier versichert, daß der 16jährige zwar absurd begabt Klavier gespielt, aber den späten Beethoven, glücklicherweise, doch noch nicht souverän interpretiert hat.) Nun dauerte es gar nicht mehr lange, und Barenboim – dessen Ruhm von öffentlichem Auftritt zu öffentlichem Auftritt wuchs – erhielt abermals die Chance, sämtliche Beethoven-Sonaten einzuspielen. Und auch noch die beiden Brahms-Konzerte, und Mozart und Bartók, undundund.

In der zweiten Hälfte der sechziger Jahre – Barenboim war kein Wunderkind mehr, auch kein 15jähriger, sondern 24 – lernten wir also wieder die gerührte Bewunderung, das Atemanhalten vor einem Pianissimo. Der junge Mann spielte schwungvoll und schön. Ein Genie des unabgenutzten reinen Ausdrucks. Einige Schubert-Impromptus, einige Beethoven-Adagios, der Beginn der späten Beethovenschen As-Dur-Sonate op. 110 oder der Pianissimo-Eingang des Waldstein-Sonaten-Finales, oder die beiden (von Beethoven später hinzugefügten) Eröffnungsoktaven des Adagios der Hammerklavier-Sonate, die unter Barenboims Händen im Konzert fast 20 Sekunden (!) dauerten und doch keineswegs langweilig waren, sondern beklemmend: man spürte, daß da ein junger Pianist einige Momente lang über Fischer und Rubinstein und Arrau und eigentlich alles, was man je gehört hatte, hinauskam. Im Konzert noch beeindruckender als auf Platten.

1966, 67, 68 schien es, als ob es für diesen genialisch-musikalischen Künstler überhaupt keine Grenzen gäbe. Aber dann kam doch der erste, wenn man so will, »Rückschlag«: Und er kam, als niemand damit gerechnet hatte, er kam, als man eine frühe Krönung der Karriere Barenboims erwartete, nämlich als Daniel Barenboim, zusammen mit Otto Klemperer und dem Neuen Philharmonia-Orchester (London) Beethovens 5 Klavierkonzerte samt der Chorfantasie einspielte. Da wurde hörbar, was seitdem zugleich als Barenboims Spezifisches, als seine Tendenz und seine Gefahr gelten kann: sein eigentliches musikalisches »Interesse« fällt immer mehr zusammen mit einer sanften pianistischen Gleichgültigkeit. Man möge das nicht falsch verstehen: was etwa Mozart-Passagen, oder die Oktavtriller als dem d-Moll-Konzert von Brahms, oder die Schwierigkeiten des Opus 111 von Beethoven, betrifft, so hat Barenboim das alles im Konzert schon als junger Mann großartig, untadelig, temperamentvoll, richtig und fesselnd gespielt. Das »Technische« war ihm selbstverständlich. Aber es wurde ihm offenbar nebensächlich. Nicht verächtlich (er ist ja kein Dilettant), nur uninteressant. Die langsamen Sätze faszinierten ihn offenbar in dem Maße immer mehr, indem ihn die raschen Artikulationsprobleme, die er ja alle schon so und so oft gelöst hatte, kalt ließen. So geriet der musikalischste, der gesündeste aller jungen Pianisten in die Gefahr eines Pianissimo-Manierismus.

Gewiß, ein Weltrekordler, ein hitziger Techniker war er nie gewesen. Auf einer seiner frühesten Platten spielt er Mendelssohns fis-Moll-Capriccio op. 5 so, daß man statt des Prestissimo ein Allegretto zu hören glaubt; auch Mozarts »Ah, vous dirai-je, Maman« gerät da allzu langsam, zu bedeutungsschwer. Aber das waren diskrete Untertreibungen gewesen, nicht aus Not, sondern aus Stilwillen. Wenn man erlebt hat, wie er das Presto-Finale aus dem frühen Es-Dur-Konzert KV 271 hinzulegen verstand, wie er in Beethovens konzertanter Es-Dur-Sonate op. 31,3 rhythmisch weit fester und sicherer als etwa die verehrungswürdige Clara Haskil zu brillieren wußte, wie er – in einer Fernsehaufnahme – den letzten Satz aus Mozarts letztem Klavierkonzert hinreißend beschwingt und schön spielt (Kempff nimmt das Finale zu langsam-absichtsvoll, wie vom Totenbett aus, während Barenboim durchaus ein lebhaft-konzertantes Allegro anschlägt, die Trauer dabei indirekt viel zwingender anzudeuten weiß, in der Kadenz ganz groß und frei artikuliert, und dann, nach der Kadenz, das wiederkehrende Thema als einen zart verklärten Abschied von der Welt darstellt), wer alles das je auf sich wirken ließ, der hätte nie auf den Gedanken kommen können, Barenboim plage sich mit pianistisch-technischen Schwierigkeiten. Umgekehrt: aus mangelnder Neugier, Überdruß und Musikalität plagt er sich damit nur zu wenig. So wurde also die mit Spannung erwartete Kassette der von Barenboim eingespielten Beethovenschen Klavierkonzerte zum Krisenzeichen.

Bei dieser unseligen Aufnahme kam noch die golemhafte Starre des alten Klemperer dazu, der sich, hochbetagt, anscheinend keine Zeit mehr nehmen mag, eigene Schallplatteneinspielungen abzuhören. Prompt war das Unglück geschehen. Klemperer und Barenboim haben die Konzerte – ob es nicht doch falsch war, weil damit die schwersten zuerst drankamen? – in umgekehrter Reihenfolge aufgenommen. Zu Beginn das fünfte, dann das vierte Konzert, endlich zweites, erstes und Chorfantasie. Gewiß, der erste Satz, vor allem der zart mystische Beginn der Durchführung und auch das Andante des 4. Klavierkonzertes sind mit ausdrucksvoller Sorgfalt dargestellt; der langsame Satz des B-Dur-Konzertes atmet lyrische Empfindsamkeit. Während der Kadenzen kommt Barenboim fast immer ganz zu sich selbst. Zumal das erste Klavierkonzert lebt von Barenboims rundem, meditativem, strikt antivirtuosem, hochmusikalischem Ton. Wenn man während der etwas ledernen Interpretation des c-Moll-Konzertes oder während der plötzlich jede Dynamik verlierenden, allzu schöngeistigen Interpretation des großen Es-Dur-Konzertes an Barenboim zu zweifeln beginnt, dann demonstriert schließlich der große Anfangsmonolog der Chorfantasie op. 80, daß angelsächsische Barenboim-Schwärmerei und deutsche Barenboim-Bewunderung doch kein leerer Wahn gewesen waren: Plötzlich, allein, findet Barenboim wieder spannungsvolle Ausdrucksgewalt.

Was aber fehlt? Vor allem der konzertante Sinn für Beethovens Brio. Wenn Beethoven so oft »Allegro con brio« vorschreibt, dann ist das gewiß keine »absolute« Tempoangabe, doch immerhin eine Richtung: Feierliche Introvertiertheit darf nicht der Hauptgestus solcher Sätze sein. Merkwürdig auch, wie schwach Barenboim das Finale aus dem Es-Dur-Konzert herausbringt, wie gleichgültig ihn die Passagen aus dem »Vivace« des G-Dur-Konzertes lassen, wie wenig ihn der bärbeißige Witz des Rondos aus dem c-Moll-Konzert berührt.

Dabei handelt es sich nicht um »technische« Fragen – obwohl manchmal das Pianistische mehr in den Hintergrund tritt, als es bei Beethoven-Konzerten statthaft scheint. Wenn Barenboim etwa die großen, höchst diesseitige Brillanz in den Dienst eines weitgespannten Dramas stellenden Entladungen und Kadenzen aus dem Es-Dur-Konzert verhältnismäßig zurückhaltend, langsam, ohne jeden Monologcharakter spielt, dann ist diese Auffassung zwar ehrenwert, aber in ihrer Nicht-Kühnheit allzu kühn: es müßte schon ein außerordentliches Äquivalent fürs Fehlende geboten werden. Möglicherweise hat der alte Klemperer den jungen Barenboim zu erfolgreich gezügelt, zu sehr in den Bann seines Musizierens gezogen. Nun begegnet man allzu oft statt eines energisch-dynamischen Allegros – manchmal mehr dem Typ als dem meßbaren Tempo nach, manchmal aber auch der Metronomzahl nach – einem sozusagen »ethischen Andantino«. Und die Adagios werden zu Gebeten.

Solange diese Auffassung mit reiner Kraft vorgetragen wird, ist sie respektabel. Doch da wiederum befeuert Klemperer sein tonschönes, starkes, manchmal im Verhältnis zum Klavier allzu lautstarkes Neues Philharmonia-Orchester London nicht durchgehend. Wenn man das große Tutti-Vorspiel des Es-Dur-Konzerts etwa daran mißt, was Barenboims Leitbild Furtwängler einst aus der Partitur machte, dann spürt man, wie wenig es bei großer Interpretation allein darauf ankommt, ein Tempo durchzuschlagen und Besonderheiten herauszumeißeln. Das Befeuern der Streicher beim Crescendo, der glühende Nachdruck bei jeder Phrase, kurz: der belebende, alles durchorganisierende und prägende Ausdruck ist es, der Beethoven-Darstellungen groß und fesselnd macht. Ihn bleiben diese Platten meist schuldig. Wahrscheinlich war es für Klemperer zu spät, solch eine festlich-konzertante Musik aufzunehmen – und für Barenboim zu früh.

Langsam dürfte den Lesern dieser Barenboim-Charakterisierung das Wort »langsam« auf die Nerven gehen: die Zeitlupe allein sei doch noch kein Zauberstab! Was, außer dem Mut zum Adagio, rechtfertige denn noch die Behauptung von Barenboims »genialischer Musikalität«? Satz für Satz ließe sich dartun, was Barenboim – in Relation zu Artur Schnabel, Harold Bauer, Walter Gieseking, Claudio Arrau, Solomon, Glenn Gould und Friedrich Gulda – den 32 Beethoven-Sonaten abgewinnt.

Hier müssen wenige Einzelheiten zum Beleg einer großen Interpretations-Leistung hinreichen: Daniel Barenboim hat vorgeführt, daß die F-Dur-Sonate op. 10,2 sich zur »kleinen« c-Moll-Sonate op. 10,1 verhält wie »Pastorale« zur »Schicksals-Symphonie«. (Die 6. Symphonie folgte nicht nur unmittelbar auf die 5., sondern sie stand auch nach c-Moll in F-Dur.) Barenboim demonstriert ausdrucksvoll, wie sehr bereits die frühe F-Dur-Sonate Naturmystik vorwegnimmt. Gleich zu Beginn von Opus 10 Nr. 2 artikuliert Barenboims Rechte spielerisch, verbindlich, »mozartisch«. Aber die Akkorde der

Linken tönt Barenboim nicht nur als Begleitharmonien, sondern er spielt sie auffallend weich, getragen, pastoral. Später verwandelt er Echo-Effekte in tönenden Nachhall, in ein beinahe räumlich wahrnehmbares Innehalten, in ein Moment des Naturhaften. Kein Wunder, daß der zweite Satz der Sonate unter Barenboims Händen an Schubert (Moment musical op. 94 Nr. 6), fast gar an Bruckner erinnert. Die diesseitige Rapidität des Presto-Finales hat viel mit der (nur in diesem naturmystischen Zusammenhang wirklich sinnvollen) innerweltlichen Aktivität der großen Steigerungen des ersten Satzes der gleichfalls pantheistischen Waldstein-Sonate zu tun.

Man kennt auch den Kabinettstück-Glanz der G-Dur-Sonate op. 31,1 nicht, wenn man sie nicht von Barenboim gehört hat. Deren langsamer Satz ist von Beethoven mit »Adagio grazioso« überschrieben: Schulbeispiel einer contradictio in adjecto (also eines beigegebenen Widerspruchs). In diesem Adagio finden wir: eine gleichsam gezupfte Staccato-Begleitung, eine immer reicher verzierte Melodie in fast parodistischer Übersteigerung der sogenannten »Italianità«. Schnabel betont das Adagio, die Achtel, Gulda nimmt alles fast doppelt so rasch, Kempff unterstreicht das Opernhafte. Bei Schnabel gerät der Schluß mysteriös, bei Gulda der Verlauf heiter beschwingt. Barenboim stellt eine zwingend überzeugende Synthese her: er nimmt den Grazioso-Satz nicht ganz so gewichtig wie Schnabel, aber bedeutungsvoller als Gulda; er versteht, wie so oft, Musik als großen Entwurf. Statt also immer leichter zu spielen, je flüchtiger die Koloraturen werden, wählt Barenboim den umgekehrten Weg: je mehr die Melodie verziert und ausgesponnen erscheint, desto poetischer, reicher, bereicherter begreift er sie. Nach zart neutralem Beginn verklingt das Adagio unter seinen Händen lyrisch.

Am Ende des ersten Satzes der späten e-Moll-Sonate op. 90, wo die meisten Pianisten sich gar nichts denken, entdeckt Barenboims Hellhörigkeit einen durchaus vorgeschriebenen, riesigen Pianissimo-Ritardando-Zusammenbruch des Hauptthemas (Beispiel 20). Daß er den Beginn der As-Dur-Sonate op. 110 nicht nur schön, sondern logisch und reich abtönt, daß er im Variationssatz der »111« sogar das Freudenmotiv aus der 9. Symphonie sanft vorweggenommen und angedeutet findet, gehört gleichfalls zu den Geschenken, die er der Klavierwelt gemacht hat.

Barenboim ist neugieriger, intensiver, er liefert sich der Musik mehr

Aus: Beethoven, Klaviersonate Nr. 27 e-Moll op. 90, 1. Satz

Barenboim spielt den Schluß des ersten Satzes der e-Moll-Sonate mit geradezu schwindelerregender Musikalität. Was in den Noten steht, ist anscheinend kaum mehr als ein Vorhalt, eine e-Moll-Kadenz, und dann ein leises, angedeutetes Wiederkehren und Abbrechen des Hauptthemas (Takt 18–24 unseres Beispiels). Barenboim versteht es, aus dem immer leiser Werden eine geisterhafte Pianissimo-Katastrophe zu machen. Das erschreckende Verlöschen geschieht hier nicht dramatisch, sondern elegisch: die Musik wird um so untröstlicher, je leiser sie klingt. Und erst nach dem beinahe unendlichen Ritardando stellt der gleichsam regelmäßige e-Moll-Schluß (die letzten acht Takte des Beispiels) den Frieden wieder her. An solchen Zärtlichkeiten und Zartheiten spielen die meisten Pianisten vorbei. Barenboim macht leise, unvergeßliche, überwältigende Dramen daraus.

aus als etwa der mittlerweile doch allzu sehr auf Sicherheit bedachte Bruno Leonard Gelber, Barenboim spielt weitaus individueller, interessanter, bedeutungsvoller als Christoph Eschenbach, er wagt wohl mehr Schönheit, Gestaltung und Einsatz als irgendein anderer Pianist seiner Generation, er kennt andererseits Rubinsteins Selbstsicherheit und Arraus Pedanterie (noch) nicht. Er ist der Gegentyp zu Gulda und Gould – mit beiden letzteren verbindet ihn freilich, daß auch er nicht bloß, wie die Virtuosen alter Schule, für Klavierabende leben will. Was dem einen die Podiumsflucht ist, dem anderen der Jazz, das bedeutet Barenboim offenbar das Dirigieren.

Im Zusammenhang mit Barenboim sei hier ein junger Pianist genannt, dem – auf den ersten Blick – mit Barenboim kaum mehr gemeinsam zu sein scheint, als daß auch er zusammen mit Jacqueline du Pré Beethovens Sonaten für Cello und Klavier gespielt, daß auch er relativ jung und auch er gerade im Zusammenhang mit Beethovens Spätwerk bekannt geworden ist: Stephen Bishop. (Als Sohn jugoslawischer Eltern wurde Bishop 1940 in Los Angeles geboren. Er ist mithin zwei Jahre älter als Barenboim.) Von Stephen Bishop seien hier – außer den bereits erwähnten Beethovenschen Sonaten für Cello und Klavier (Opus 69 und Opus 102 Nr. 2) noch seine Interpretationen der Sonaten Op. 101 und 109, des Klavierkonzertes Es-Dur op. 73 sowie, vor allem, der Beethovenschen Diabelli-Variationen op. 120 aufgeführt. Der Ernst, die völlig uneitle Artikulationsfähigkeit, die stille Ausdruckskraft und sein zugleich scheues, aber großes Legato machen diesen Pianisten zu einem gewichtigen Beethoven-Interpreten. In seinen besten Augenblicken verbindet Bishop ruhig empfindungsstark Solomons harte Größe mit Klemperers gewaltiger Natürlichkeit. Noch fehlt es Bishop an Freiheit. Anders als Barenboim, der die ganze Literatur zu beherrschen scheint, der Fülle und Vielfalt braucht (und davon gefährdet wird), wirkt Bishop schwerfällig und schwerblütig: wenn Beethoven im Finale der A-Dur-Cellosonate op. 69 oder im zweiten Satz der Klaviersonate op. 101 Schumanns Brillanz antizipiert, dann spielt Bishop streng darüber hinweg: wirklich päpstlicher als der Papst. Aber die Konzentrationsfähigkeit, mit der er die Diabelli-Variationen gliedert und bewältigt, schön, erfüllt, groß (seine Kölner Fernsehfilmaufnahme – Bildregie: Klaus Lindemann – ist ein kleines visuellakustisches Wunder), die Glut, mit der Bishop die »unendliche Melodie« des ersten Satzes der A-Dur-Sonate op. 101 vorträgt: alles das macht aufhorchen – auch wenn Bishops majestätischer, aber etwas konventioneller Interpretation des Beethovenschen Es-Dur-Klavierkonzertes wohl noch die Flexibilität, die extrovertierte Großartigkeit fehlt. Ob Bishop noch den Sinn dafür entwickelt? Solche Wandlungen sind selten. Fast nie gelingt einem Künstler – oder einem Schriftsteller – das Allerschwerste: nämlich über das Niveau des Anfangs hinauszukommen. (Alle lernen zu, verändern sich, machen Neues, verbessern Altes, gewinnen Routine, verlieren Frische. Aber wer fing je als »kleiner« Poet an und wurde ein »großer«? Wer begann je zweitklassig und wurde erstklassig?) Manchmal kommt es vor. Alfred Brendels Karriere ist ein Beispiel dafür!

»Interessant«, in des Wortes hoher und bedenklicher Bedeutung, unternehmungslustig, anders als alle anderen, war dieser Alfred Brendel ja immer. Jetzt ist er über vierzig Jahre alt, aber schon vor einem Jahrzehnt hat er, beispielsweise, Beethovens sämtliche Klaviersonaten für Schallplatten eingespielt, hat er sich mit bestechender Passagentechnik an Ausgefallenes von Liszt gewagt.

Wer so vielseitig und so exzentrisch spielt, wer über eine so ungewöhnlich hohe musikalische Intelligenz verfügt wie Alfred Brendel, der wird – ob er alle seine Vorzüge und Möglichkeiten nun zu einer Form integrieren kann oder nicht – immer eine Gemeinde von Bewunderern haben, immer so »Geheimtip« sein, wie Alfred Brendel es nunmehr seit gewiß fast zwei Jahrzehnten ist. Freilich mußte man manchmal auch Angst haben um Alfred Brendel. Seine frühen Beethoven-Einspielungen blieben oft ein wenig äußerlich, noch 1964 hat er das Finale von Schuberts c-Moll-Sonate unangenehm und unsensibel überlistet, in einen motorischen Geschwindmarsch verwandelt. Zwischen Adagio-Empfindsamkeit und glanzvoller leerer Virtuosität fand Brendel keine Mitte.

Aber dann geschah etwas Ungewöhnliches, etwas, ehrlich gesagt, Unerwartetes. Brendel, der trotz seiner enormen Möglichkeiten, seiner vielen Platten und leidenschaftlichen Bewunderer wohl noch kein ganz großer Künstler gewesen war, veränderte sich. Seinem Spiel wuchsen abenteuerliche Dimensionen des Ausdrucks, der Versenkungskraft, der Musikalität zu. Als 40jähriger spielte Brendel Beethovens G-Dur-Konzert so großartig originell, daß man ihm gern geraten hätte, alle seine früheren Beethoven-Platten, falls möglich, zurückzuziehen, nachdem er eine solche Stufe interpretatorischer Kunst erreicht hatte. Im G-Dur-

Konzert, das oft als neutrale Schönheitsfeier veranstaltet wird, macht Brendel die Rolle des Solisten sinnvoll und zwingend, weil er mit nervös beherrschter, nuancenreicher Kunst bei jeder Antwort und Umspielung ausdrucksvoll über das vom Orchester Vorgetragene hinauszugehen vermag. Der Solist wiederholt und »umspielt« nicht bloß, sondern er erweitert passioniert individuell! Da bleibt nichts unbetont, nichts gleichgültig. Brendel hat sich ein non-legato erarbeitet, wie man es glänzender und differenzierter kaum hören kann. (Vielleicht verläßt er sich etwas zu häufig darauf. Die obertonreiche Leuchtkraft seines Passagenspiels, sein beherrschtes Pianissimo dürfen nie Selbstzweck werden.) Daß Brendel die weniger ausladende, expressiv gedrängte zweite Kadenz Beethovens wählt, daß er durch leises Verzögern bei der jeweiligen Klavierantwort im Andante rührende, im Finale witzige rhythmische Effekte hervorzubringen weiß, sei als charakteristische Einzelheit einer außerordentlich seriösen und überlegenen, nur den Andanteschluß verfehlenden Interpretation gewürdigt.

Kann Brendel halten, was er mit dieser Deutung des G-Dur-Konzertes versprach? Wenn Brendel heute Mozart spielt, macht er es weder sich noch uns leicht. Er verwandelt den Flügel in ein Mozart-Klavier, nimmt aber doch relativ viel Pedal; er legt sich freilich Wiederholungen und Phrasierungen beeindruckend intelligent zurecht, läßt allerdings einiges (weniges) Pianistische wie Notengeröll links liegen.

Schuberts große, nachgelassene A-Dur-Sonate spielt er heute mit exzentrischem Tiefsinn – zu denken, daß gerade er früher einmal über Schuberts Harmoniewechsel hinwegdonnerte! Brendel macht eine Winterreisen-Wanderer-Fantasie aus dem Spätwerk. Normalerweise gilt es als sentimental und altmodisch, falls die melodiösen Seitenthemen (wie es freilich andeutungsweise jeder Pianist tut, nicht nur einst Elly Ney oder Artur Schnabel, sondern heute noch auch ein Rhythmus-Fanatiker wie Gulda) langsamer, pathetischer genommen werden als das übrige. Doch wenn ein Künstler diese, sonst oft nur halb konventionell, halb unbewußt gespielten Tempoverschiebungen bewußt übertreibt, wenn er einen Sonatenkosmos in einen Schicksalszusammenhang umdeutet und den Eintritt des großen Seitensatzes zum großen Ereignis macht, wenn er Schubert nicht als späten Wiener Klassiker »historisch« versteht, sondern ihn aufbricht, wenn man hört, wieviel sehnsuchtsvolle Hysterie, wieviel Gustav Mahler, wieviel Alban Berg da schon klingt, zumindest mitklingt – dann gerinnen die schroffen

Tempowechsel zum Seelen-Roman. Brendel spielt die Einleitung herb flüchtig, gibt dem ersten Thema etwas nervös Unstetes, wie noch nicht zu sich selbst Gekommenes, stellt in den harmonisch immer drängenderen Überleitungsakkorden und -passagen weiträumige, architektonisch fesselnde, wie nach Erlösung sich sehnende Relationen her. Aber wenn er dann beim Seitenthema, einer großen Schubertschen Eingebung, angekommen ist, dann darf der Allegro-Verlauf, darf die Musik fast aufhören. Wer nie das »Verweile doch, du bist so schön« begriffen hat, in tausend Faust-Aufführungen: hier ist es zu erfühlen. Und die endlose Generalpause, die Brendel macht, bevor die Musik nach einem solchen Ereignis weitergehen kann: das ist Psychologie des Herzens. Solche Ablaufsketten kommen in der Durchführung wieder. Den Schluß des Satzes hüllt der Pianist in Magie. Als würde ein Schleier zwischen die Seele, die da von sich berichtet hat, und die übrige Welt geworfen.

Beim langsamen Satz ist nicht nur die Phrasierung der fis-Moll-Klage ein Wunder, sondern auch Brendels Mut, den Mittelteil, die Passagen-Explosionen, gerade nicht zu beseelen, irgendwie musikalisch zu retten, sondern die Läufe wie irre Natur-Ereignisse gleichsam im Wege stehen zu lassen. Im Scherzo sind wir leider wieder auf der Erde – zumal der Künstler das Trio verschenkt –, und dem melodischen Glück des Finales traut er nicht.

In Brendel geht offenbar mehr vor als in irgendeinem Pianisten seiner Generation. Aber seine Gestik, sein wildes Mienenspiel zeigen es: irgendwo zerbricht der Impuls, der bei Brendel zum Fortissimo führt. Die großen Akkorde bleiben flach, fast unsauber, nicht beherrscht. Es »klingt« nicht. Während Brendel auf Platten eine glanzvolle, scharfgezeichnete Klang-Oberfläche herstellen kann, wirken seine Ausbrüche im Konzertsaal manchmal grell, perspektivenlos, unintegriert – dafür verraten wiederum die Platten nicht, was für ein sensibler Pianissimo-Philosoph dieser Höchstbegabte sein kann.

Martha Argerich, Bruno Leonard
Gelber, André Watts

Martha Argerich, Bruno Leonard Gelber und André Watts: diese drei ganz außerordentlichen Künstler haben einiges Entscheidende gemeinsam. Sie haben auch alle drei mit einem ganz bestimmten Karriere-Problem zu kämpfen; nur daß die Antwort, die jeweils auf dieses quasi biographisch-entwicklungsmäßige Problem gegeben wird, jeweils ganz verschieden ausfällt.

Beginnen wir mit den Gemeinsamkeiten: alle drei sind relativ jung, sind in den vierziger Jahren geboren, also ein Jahrzehnt später als Gulda, Gould oder Brendel. Weiter: alle drei hatten früh, zwischen fünfzehntem und zwanzigstem Lebensjahr, schnellen und brillanten Erfolg. Seriösen Erfolg, wenn man so sagen darf – nicht nur Wunderkindkarriere, sondern mehr: was sie boten, war nicht bloß Versprechen, sondern bereits Erfüllung, setzte Standards, konnte ohne jeden unangebrachten Jugendschutz den Vergleich mit den größten Pianisten unserer Gegenwart aushalten. Martha Argerich und Bruno Leonard Gelber – deren »Bestes« durchaus an Interpretationen von Svjatoslav Richter oder Claudio Arrau gemessen werden kann – sind beide in Buenos Aires geboren. Und beide haben sie – wie auch André Watts, der 1946 als Sohn eines amerikanischen Soldaten und einer Ungarin in Nürnberg zur Welt kam, seit 1955 in Amerika lebt, dort als 17jähriger von Leonard Bernstein »ganz groß« herausgestellt wurde – offenbare Schwierigkeiten, mit den psychologischen Folgen eines so triumphalen Starts fertig zu werden. Was das spezifisch Pianistische betrifft, gehört Martha Argerich zu den interessanten Klavierspielern der Welt. Man kann sie durchaus mit ihrem Vorbild Horowitz vergleichen – ja, es gibt Momente, da sie fesselnder, entfesselter, unmanierierter zu spielen vermag als selbst der große Zauberer Wladimir. Nur: man kann sich wirklich nicht darauf verlassen. Das Unheimliche, ja Unstete an Martha Argerich ist, daß sie eigentlich sehr selten – und am seltensten auf Schallplatten – so gut spielt, wie sie »eigentlich« spielt, spielen kann, spielen könnte. Ich »verfolge« diese Künstlerin nun schon seit mehr als zehn Jahren. Ich sehe gleichsam einen Zickzack-Kurs zwischen soge-nannter »Krise« und phantastischem Gelingen. Diese »Krise« – ein Wort, das sehr optimistisch »Heilung« miteinzuschließen scheint – ist bei Martha Argerich nie eine technisch-pianistische Anfechtung. Sondern eine Frage der Konzentrationsfähigkeit, eine Frage der spezifischen Geistesgegenwart.

Manchmal hat ihr Spiel etwas Mechanisches, Unerfülltes, Motorisch-Starres, so als engagiere sie sich nicht, artikuliere sie nicht mehr hinrei-chend, wiederhole sie bloß bewußtlos, was sie halt sehr, sehr gut kann. Dann ist die Enttäuschung groß. Aber schon im nächsten Konzert kann sie dann ganz zu sich selbst kommen, mit sprühendstem und lebhafte-stem Ausdruck alles wagen, alles »treffen«. Dann scheint die Krise end-gültig abgetan, man spürt, daß sie endlich wieder Boden unter den Händen hat, endlich alles das gibt, was sie pianistisch und künstlerisch besitzt. Doch schon ein paar Monate später rollte sie dann Schumanns g-Moll-Sonate ohne Rücksicht auf Seitengedanken und musikalische Verluste herunter, spielt sie Bach, als wolle sie dem Moog-Synthesizer Konkurrenz machen, laufen die Finger ihrem Bewußtsein, ihrer see-lischen Engagement-Bereitschaft davon. Und diejenigen, die sie nur so kennen, können gar nicht recht begreifen, warum Martha Argerichs Bewunderer hemmungslos von dem Temperament, der Sensibilität und dem niederschmetternden virtuosen Zugriff der »Marthita« schwärmen. Doch davon muß einfach jeder Musikfreund schwärmen, der hörte (oder im Fernsehfilm sah, oder im Konzert dabei war), wie Martha Argerich Liszts Es-Dur-Konzert bewältigte (weit besser als auf Plat-ten), der die Fernsehaufzeichnungen kennt, wo Martha Argerich zwei späte Chopin-Mazurken (op. 59 Nr. 1 und 2) mit linder Bewegtheit, zärtlichem Ausdruck und herrlich beschwingter Vollendung spielt, lebendiger, berauschender sogar als Arturo Benedetti Michelangeli. Und der an einem »guten« Abend von ihr Prokofieff erlebte ...

Verweilen wir beim Tollsten, beim Lisztschen Es-Dur-Konzert. Liszt hat dieses großartige Stück als junger Mann entworfen, hat zwar nicht auf die Satzfolge, wohl aber auf die Form des »klassischen« Klavier-konzertes verzichtet, hat die Wahrheit von Messiaens Bemerkung gespürt, daß an der Sonatenform die Reprise gealtert sei. Im Es-Dur-Konzert – der kluge, aber sehr konservative Kritiker Hanslick nannte es abschätzig »Triangel-Konzert« – herrscht konzertante Direktheit: auf das immer gleiche Thema, beziehungsweise thematische Material, antwortet mit immer neuen Varianten und Weiterführungen das Solo-Instrument. Man könnte sagen, dieses Konzert setze nicht nur Finger-gegenwart, sondern auch Geistesgegenwart voraus. Es geht nicht nur um richtige Töne, sondern ums Leben. Passiver Ausdruck genügt nicht. Wenn Martha Argerich das Stück spielt – klug melodisch-rhapsodisch in den langsamen Partien, ungeheuerlich, ja geradezu berauscht brillant und wagemutig bei den Steigerungen –, dann geschieht etwas Singu-läres. Und die feurige, enthüllende Virtuosität, mit der Martha Arge-rich den letzten Satz, also das Allegro animato, spielt, stellt alles in den Schatten. Kopfüber stürzt sich die Pianistin in Oktaven und Passagen. So aufregend muß Wladimir Horowitz als junger Mann gewesen sein.

Dabei ist Martha Argerichs höchstes Ziel offensichtlich nicht eiskalte Perfektion. Es kommt vor, daß sie sich vergreift, auch Unsicherheiten (Unsicherheiten des Gedächtnisses, möglicherweise) werden für Bruch-teile von Sekunden spürbar. Aber das macht sie nicht nervös. Sie schließt beispielsweise die ein wenig zu spät begonnene Passage gleich-wohl mustergültig phrasiert ab, gibt Liszt die Rasse, die Klangfarbe, das Schwelgen im ritterlichen Ausdruck und den ungarischen Zirkus-glanz, der durchaus dazugehört. Verglichen damit wirkt die gewiß auch staunenswerte Total-Perfektion des manuell absurd begabten Nelson Freire (auch er stammt aus Südamerika, wurde 1944 in Boa Esperanza/Brasilien geboren) musterschülerhaft, gleichgültig. Diesen Nelson Freire regt so leicht nichts auf, darum ist er, ob er nun Liszt, Tschaikowski oder Schumanns Carnaval grausam unpoetisch vor-führt, doch eben weit langweiliger, unnervöser, spannungsloser als Martha Argerich.

Martha Argerich hat mit sechzehn, siebzehn, achtzehn Jahren ihr Publikum hingerissen. Was ihr einst leichtfiel, wurde ihr dann immer schwerer. Ich erinnere mich noch, wie sie 1959 mit übermütig-virtuosem Zugriff, keckem Charme und staunenswerter pianistischer Leichtigkeit Mozarts großes C-Dur-Konzert spielte. Gewiß: willkürlich, rasend, unbedenklich. Aber doch mit jenem faszinierenden, erfüllten Anschlag und Anspruch, den niemand »erarbeiten« kann.

Natürlich bekam sie damals Preise. Und was ihr noch weit wichtiger gewesen sein mag: ein Walter Gieseking hatte sie gelobt, ein Friedrich Gulda ihr Stunden gegeben, ein Wladimir Horowitz sein Staunen ge-äußert über jene bemerkenswerte Schallplatte, auf der Fräulein Arge-rich zwei große Chopin-Stücke mit virtuosem Charme, zwei Brahms-

Bruno Leonard Gelber

André Watts

Rhapsodien immerhin durchaus »persönlich« und Prokofieffs gefürchtete Toccata phantastisch-fesselnd gespielt hatte. Nach diesem Start und langem Intervall stellte sie sich wieder vor: mit Mozarts »kleinem« Es-Dur-Konzert KV 449. Während der geglückten Augenblicke merkte man: sie ist immer noch eine ungewöhnliche Pianistin, hat immer noch »Weltklasse«-Möglichkeiten. Manchmal tönte sie mit lebhafter Klangphantasie ab, manchmal verwandelte sich die technische Freiheit unmittelbar in perlenden Klavierausdruck. Dennoch lag über dem Konzert eine oft beinahe beängstigende Starrheit und Ungleichmäßigkeit. Nichts atmete. Rhythmische Ungleichmäßigkeiten, unbegreifliche Undeutlichkeiten erschreckten. Die Künstlerin spielte dann wie in passiver Trance, aber nicht hingerissen, sondern leblos. Warum sie eine Mozart-Kadenz wählte und diese dann so donnernd, so exzentrisch-virtuos spielte, als hätte sie eine tolle Tausig-Bearbeitung vor sich, blieb rätselhaft. Stilwille bei der Auswahl ist doch kein Alibi für die Stillosigkeit der Ausführung! Manches leichte, zärtliche Wort im Andante, auch im Finale, sprach Martha Argerich hingegen unmittelbar selbstverständlich, fast wie gegen ihren Willen.

Schumanns Klavierkonzert gehört gewiß nicht zu den Stücken, die ihr besonders liegen. Man würde es ja auch, falls man wählen dürfte, nicht gerade von Horowitz hören wollen. Denn neben den zahlreichen Ausdrucks- und Kraftnuancen, die Martha Argerich ausspielen kann (rhythmische Delikatesse, Brillanz, höchste Lebendigkeit der Stimmführung, lyrische Empfindsamkeit), verlangt ja dieses romantische Wunderwerk noch eine Eigenschaft, die der Argentinierin vielleicht nicht ganz in so hohem Maße gegeben ist: nämlich die Fähigkeit zu träumerischer, introvertierter Versenkung. An Feuer, Schwung und unbändiger Kraft dürfte niemand Martha Argerich übertreffen. Die keineswegs exaltierte Steigerung, die sie der Durchführung des ersten Satzes zuteil werden läßt, die Prokofieff-nahe Wildheit, mit welcher der letzte Satz rauschhaft und klar schließt (Schumann schrieb da wiederholt »brillante« vor), alles das hat bezwingendes Format.

Wenn es Martha Argerich gelingt, ihrem technischen Temperament mit äußerstem Engagement und beherrschtester Anstrengung Ton für Ton, Takt für Takt, einen gestaltenden Willen entgegenzusetzen, wenn sie Unruhe und motorische Monotonie beherrschen, in »Kunst« umsetzen kann, dann überwältigt sie. Martha Argerich verfügt nicht nur über ein absolutes Gehör, das sie auch vertrackteste Dissonanzen mühelos bezeichnen läßt, sie hat nicht nur ein immenses Gedächtnis, so daß sie sich kaum Fingersätze zu notieren braucht, nicht nur, wie ihre Freunde versichern, eine erstaunliche parodistische Begabung, die es ihr ermöglicht, ein Stück im Stil beliebig vieler großer Pianisten zu interpretieren, sondern sie kann sich in kurzer Zeit Werke ganz zu eigen machen, die so verschieden sind wie eine Beethoven-Sonate und ein Ravel.

Vielleicht hat sie manchmal zuviel Angst vor dem Kitsch, vielleicht mißtraut sie ihrem Temperament und will das Lyrische nicht auch in den Toccata-Sturm hineinwirbeln, vielleicht paßt ihr das satte Behagen nicht, mit dem sich Pianisten auf süßen Seitenthemen ausruhen. Da wo andere träumen, wo bei Kempff etwa die koketten und romantisch-persönlichen Überraschungen einsetzen, entstehen in ihrem Spiel, grob gesagt, Löcher. Da ist sie nicht unmusikalisch, aber unausgeglichen. Fast möchte man ihr raten, vor manchem lyrischen Aufschwung eine Atempause einzulegen, die Musik ruhig zu sich selbst kommen zu lassen und dem passiven Piano, das ihrem sonst so großartig lebensvollen Spiel keinen hinreichenden Kontrast bietet, niemals zu vertrauen. Freilich: wer so rasch spielen kann, muß noch extremer deklamieren, sonst wird Musik zum Perpetuum mobile. Aber wer hörte nicht lieber Künstler, deren genialisches Talent zu Übertreibungen verleitet, die aus der Fülle zuviel geben und tun, als jene freundlichen Durchschnittsbegabungen, die so ordentlich und korrekt spielen, daß Frau Musica, die mütterlich-leichtsinnige, das Haupt verhüllt und die Zuhörer alle so aussehen, als ob sie im Schlaf an ihre Steuererklärungen dächten.

Bruno Leonard Gelber begann seine Karriere ohne alle hysterischen oder dämonischen Gefährdungen ganz ungemein seriös, souverän und zuverlässig-virtuos, obschon er 1960 noch nicht einmal zwanzig Jahre alt war. Als er damals auf einer Konzertreise mit Brahms' d-Moll-Konzert debütierte, glich sein Spiel fast einem Wunder. Der junge Mann, aus Südamerika nach Europa gekommen, war als Klaviertalent erkennbar, dessen Grenzen beim d-Moll-Konzert von Brahms – weiß Gott keinem Bravourstück, mit dem es sich leicht glänzen läßt – jedenfalls noch nicht sichtbar wurden.

Man kann das d-Moll-Konzert anders spielen, man kann es zurückhaltender, düsterer, nebliger interpretieren. Gelber brachte ein südländisches Brio, ja mitunter sogar einen keineswegs ganz absurden Stretta-Charakter in die Komposition. Stellen, vor denen andere Pianisten mit

Recht zittern, wie etwa die Oktavendurchführung des Kopfsatzes, geht er mit entwaffnender pianistischer Verve an, die Oktaven-Triller klirren mit nie ermüdender Genauigkeit, schwungvoller Impetus belebt und steigert das ganze Werk.

Damals war Gelber keiner von jenen Brillanten, die in hellen Scharen aus Amerika herüberströmen, mit ihrer fast immer trefflichen Technik überraschen, musikalisch wenig zu sagen haben und sich kaum voneinander unterscheiden.

Die Sorgfalt, mit der Gelber phrasiert, die Ruhe, mit der er Melodien ausspielt, die Entschlossenheit: alles das hebt ihn, wie freilich auch seine technische Beschlagenheit, weit über das Niveau üblicher guter Klavierspielerei hinaus. Gewiß, manche Wendungen nimmt er zu leicht, andere Stellen, wo das Klavier nur virtuos zu begleiten hat, zu laut, zu selbstsicher, zu kraftvoll – aber doch nie etwa gedankenlos oder nichtssagend. Manchmal fehlt ihm das Strömende. Der Flügel ist ja ein tückisches Instrument: wie schwer es ist, ihm Klavierfülle abzutrotzen, zu vermeiden, daß Töne gewissermaßen vereinzelt dastehen und verklingen, kann man selbst bei einem solchen Talent konstatieren. Da spürt man erst, was Rubinstein vermag, wenn er, als sei das selbstverständlich, die öde Mechanik des Flügels zu hinreißender und mächtiger Sonorität belebt. Auf dem Wege zur singenden Kantilene kam Gelber freilich innerhalb weniger Jahre ein schönes Stück weiter.

Beethovens G-Dur-Klavierkonzert interpretierte der 22jährige mit rhythmischem Feuer, großer Frische und außerordentlicher Grazie, wie überhaupt ein Moment von jünglingshafter Eleganz sein Spiel zu verklären scheint. Bei Gelber bleibt kein Ton gleichgültig oder nur brillant-mechanisch. Auf diese Weise kommt heraus, wieviel verklärter Mozart in dem Passagen-Werk des G-Dur-Konzerts steckt. Bei den Ausbrüchen ist Gelber nicht zurückzuhalten, und an die Stelle von Verhaltenheit tritt feuriger, behender Schwung. In der Kadenz trumpft Gelber fast zu sehr auf, und auch im Schlußsatz läßt er es an Pfeffer nicht fehlen. Deutsche Pianisten spielen das anders. Was den großen Dialog des Andante betrifft, so spielt Gelber seinen Part nicht als jene traurige Stimme, die einem brutalen Orchester antwortet, sondern vielmehr wie ein schönes, melancholisches Volkslied, das sich durch die dazwischenfahrenden Streicher nicht stören läßt. Der Pianist gibt eine höchst selbständige, technisch makellose, manchmal um eine Spur zu brillante Interpretation. Ähnlich großartig-furios versteht er auch das c-Moll-Konzert Beethovens.

Aber gerade weil Gelber so sehr sein unroutiniertes Feuer, seinen Jünglingscharme ausspielte – und weil die Welt diesen Charme bezaubert goutierte –, hatte er es schwer, älter zu werden. Das erfüllt jeden wohlmeinenden Menschen mit ohnmächtiger Empörung: miterleben zu müssen, wie die Klischees stimmen. Wenn also wirklich das Millionärstöchterchen zur überzeugten Kommunistin oder der Schwabe zum geizigen Bauherrn oder der frisch-fröhliche Alkoholiker zum Leberleidenden wird. Oder wenn eben das geniale Wunderkind nach überwältigenden Anfangserfolgen in eine Krise gerät. Wer weiß, ob diese Klischees sich nicht nur aus dem gleichen ärgerlichen Grund erfüllen wie die bösen Prophezeiungen? Eben, weil es sie gibt.

Zehn Jahre nach seinen ersten europäischen Triumphen hat Gelber im Rahmen der Salzburger Solisten-Konzerte drei Scarlatti-Sonaten, Schumanns Symphonische Etüden, Schuberts Wanderer-Fantasie und die »Grande Polonaise brillante« (op. 22) von Chopin gespielt. Die außerordentlich sublime C-Dur-Sonate Scarlattis spielte Gelber eminent behutsam, ohne jeden Versuch zu historisieren. Manchmal klang es wie Schumanns »Vogel als Prophet«, nur noch ein bißchen modulationsreicher. Da gab es nichts Konventionelles – wenn auch der eisenharte Pianissimo-Rhythmus fehlte, den ein Michelangeli oder ein Horowitz bei Scarlatti durchzuhalten wissen (und der die Kühnheit dieser Musik eigentlich noch deutlicher macht, als wenn alles ohne rhythmischen Widerstand übertrieben wird).

Bei Schumanns Symphonischen Etüden hatte sich der Pianist einige sehr ausdrucksvolle agogische Eingriffe zurechtgelegt, er spielte das Stück, das nicht umsonst »symphonisch« heißt, mit voller, ungebrochener Kraft zu Ende. Es war zugleich, so paradox das klingt, altmodischdonnernd und jung ungebrochen. Schuberts Wanderer-Fantasie nach der Pause gelang nur da sehr gut, wo sie sehr massiv ist. Aber Gelber kann zwischen melodischer Intimität und bravouröser Entfaltung keine überzeugende Verschränkung herstellen. Er integriert die »schönen« Stellen nicht recht in den konzertanten Verlauf. Die Wanderer-Fantasie klang infolgedessen wie eine Liszt-Bearbeitung über Schubertsche Melodien. Und bei Chopin fehlt doch die große rhythmische und musikalische Durchdringung. Die Zugaben klangen platt, gekonnt, harmlos.

Was ist da geschehen? Sollte Gelber entdeckt haben, oder in Paris darauf gebracht worden sein, daß liebenswürdige und glanzvolle Virtuosität bereits satte Erfolge einbringt? Verläßt er sich nicht mehr auf die Kraft der Scheu, der Zurückhaltung, der Behutsamkeit? Wenn er noch ganz in den Werken drinsteckte, statt sie zu spielen wie jemand, der nur zu genau weiß, wie es weitergehen wird – dann könnte er nicht die tiefsinnig das cis-Moll-Motiv herbeiholende Überleitung zum Variationssatz der Wanderer-Fantasie wie etwas ganz Neues darbieten, so als ob da nicht die Riesenenergien des Beginns noch nachwirkten und nur langsam verhallten, dann könnte er sich nicht so sehr auf nur eine Klangfarbe, einen großen Forte-Ton (im Piano klang die Kantilene mitunter um eine Spur zu dünn, zu zufällig) zurückziehen. Dann würden sich Schumanns Schatten, Schuberts fahle Trauer und Chopins verträumte Nervosität auch im Gesamtverlauf der Werke mitteilen und nicht nur während einzelner herausgehobener, besonders pointierter Augenblicke.

Es ist ein schwerer Beruf, Virtuose zu sein, selbst wenn man eine außerordentliche und krampflose Grifftechnik sein eigen nennt; und es ist nicht leicht, älter zu werden, wenn man schon mit zweiundzwanzig das Äußerste erreicht hatte. Am Beispiel Gelbers läßt sich ermessen, welche Kraft der Vergegenwärtigung, welche ungeheure Stetigkeit jene großen Pianisten aufbrachten, die über die Jahrzehnte hin zu fesseln und ganz sie selbst zu sein verstanden. Zu diesen großen Pianisten könnte Gelber nach wie vor noch gehören, zumal wenn er erste Anzeichen einer Abnutzung ernst nimmt. Ein giftiger Musiker namens Dräseke sagte einst gehässig über Robert Schumann: »Er begann als Genie und endete als Talent.« Hoffentlich irren sich diejenigen, die an Gelber zu zweifeln beginnen, genauso wie damals Dräseke.

Noch rascher machten die Verführungen des frühen Erfolges dem jungen, gleichfalls staunenswert begabten farbigen Pianisten André Watts zu schaffen. Der war noch nicht achtzehn, als Bernstein ihn im Fernsehen mit einem Schlage (sozusagen An-Schlage) berühmt werden ließ; und als 22jähriger erreichte er spielend die Standards, an die nur die besten ihres Fachs uns gewöhnt haben.

Wie spielt er: in der Anlage so wie Svjatoslav Richter in seiner besten Zeit. Einwände gegen »Technisches« sind unmöglich, obwohl dieser Wunderpianist etwas verkrampft am Flügel sitzt, stilistisch Gott sei dank ein wenig unsicher, nie aber ausdruckslos. Sein Mozart-Spiel ist problematisch, nicht etwa, weil er einen *altmodischen* Mozart – so zwischen Rachmaninow und Edwin Fischer – spielt, sondern weil er das a-Moll-Rondo so leise nimmt, daß die Deutlichkeit und der Fluß leiden. Die Melodie klingt schwächer als die Verzierungen: Triller und Vorschläge dominieren, huldigen nicht dem Hauptgedanken, sondern verdrängen ihn. Auch spielt Watts die Mozart-Verzweiflung manchmal übermäßig, ja am Schluß fast tragisch-rhetorisch aus, während doch die Trauer noch unausweichlicher wirkt, wenn das Rondo sich fast monoton todtraurig im Kreise zu drehen scheint.

Groß und wild bewältigt er Beethovens Appassionata. Vor allem den langsamen und den pianistisch enthemmt vorbeijagenden, nur anfangs gezügelten letzten Satz. Der erste ist spannend, einem Mysterium ähnlich. Doch wie so viele Pianisten kann auch Watts mit dem Seitenthema nichts anfangen. Übrigens: im ersten Satz der Appassionata und der 9. Symphonie erscheint in der Durchführung das Hauptthema in Dur! Das ist keine selbstverständliche Formschablone, sondern beim reifen Beethoven fast Höhepunkt des schrecklichen, des schrillen Zugrundegehens eines elan vital. Kein Wunder, daß in der 9. die Pauke das Dur zertrümmert. In der Appassionata wirkt das F-Dur gleichfalls besonders wenig optimistisch. Warum? (»Dies alles ist geheim.«) Es ist fast beruhigend, daß auch ein hochmusikalischer 22jähriger André Watts darauf keine Antwort wissen konnte.

Aber schon zwei Jahre später schlich sich eine leichte Undeutlichkeit, eine merkwürdige Unschärfe in Watts Spiel. Und derselbe Pianist, der Brahms' B-Dur-Konzert, Beethovens Appassionata, Schwerstes von Chopin und Liszt mit respektabler Ausdrucksanstrengung, temperamentvoll, glänzend, mit staunenswerter Übersicht und Treffsicherheit gemeistert hatte, bot alles ein wenig billiger. Hochbegabt, aber undiszipliniert. So als sei er mit dem raschen, wohlverdienten Erfolg nicht fertig geworden, als erliege er plötzlich der Versuchung, so aufzuspielen, daß hübsche Stellen dem Publikum schmeicheln, grelle Effekte ankommen, Rhythmisches im Sentimentalen ertrinkt ... Ob er sich wieder fängt?

Wladimir Ashkenazy, Maurizio Pollini, Jean-Bernard Pommier

Die drei ganz großen außerordentlichen, wenn auch keineswegs gleichermaßen berühmten Pianisten, die nun vorzustellen und zu preisen sind, repräsentieren mehr als nur einen modernen, jeweils individuell abgewandelten Typus höchst entwickelten Virtuosentums. Das allein würde nicht hinreichen, sie deutlich hervorzuheben. Denn an glänzenden, oft kaum voneinander unterscheidbaren, fleißig übenden und brillierenden Technikern und Pianistinnen fehlt es ja, zumal in Rußland und Amerika, nicht – obwohl eine Virtuosität, wie sie Ashkenazy, Pollini und Pommier zu Gebote steht, doch nicht alle Tage vorkommt: glanzvolle Technik erscheint hier durchaus als Äußerung einer spezifischen Personalität und als Mittel, etwas ganz Bestimmtes auszudrükken. Jeder dieser drei relativ jungen Pianisten – der Russe Wladimir Ashkenazy gehört zum Jahrgang 1937, er hat seit 1963 England zur Wahlheimat gemacht und ist einer der beliebtesten Pianisten des Landes, manche sehen in ihm »den« designierten Horowitz-Nachfolger; der Italiener Maurizio Pollini ist fünf, der Franzose Jean-Bernard Pommier sieben Jahre jünger –, jeder dieser drei verhältnismäßig jungen Pianisten hat eben doch etwas ganz Besonderes zu sagen, etwas, was so, auf diese Art, kein anderer Künstler pianistisch ausdrücken kann. Vielleicht ist Pommier in gewisser, nicht ungefährlicher Weise sogar der »Fertigste« (und Begrenzteste!) dieser drei Ausnahme-Künstler.

Aber unsere drei Pianisten haben nicht nur glänzende gemeinsame Vorzüge, sondern auch ein gemeinsames Problem. Dieses Problem heißt Beethoven. Wenn Pollini die Appassionata, die Les-Adieux-Sonate oder das Es-Dur-Konzert interpretiert, dann sind glänzende Technik und musikalische Ernsthaftigkeit bewunderungswürdig – aber ein entscheidendes Spannungsmoment fehlt doch. Wenn Pommier das Es-Dur-Konzert spielt, dann wirkt seine sonst so bezwingende, intellektuell-beherrschte motorische Sensibilität und Kraft gleichsam befangen, selbst im Finale. Und wenn der Vielseitigste, Berühmteste der drei, nämlich Ashkenazy, sich kühnerweise gleich die Hammerklavier-Sonate vornimmt, sozusagen als Beethoven-Einstieg, dann bewältigt er das Werk zwar unvergleichlich besser als der tapfere Christoph Eschenbach, der damit doch noch ein wenig hätte warten sollen, aber die Espressivo-Freiheit, die Ashkenazy sich bei Chopin oder Schumann nimmt, findet er merkwürdigerweise im langsamen Satz der Hammerklavier-Sonate nicht, wenn Beethoven da während des Adagios weit und frei und einsam groß in romantische Bezirke vorstößt. Ashkenazy bleibt zu zahm, er hat offenbar eine viel zu strenge Stil-Vorstellung – Pianisten mit lebenslanger Beethoven-Erfahrung, wie Artur Schnabel, Claudio Arrau oder auch Wilhelm Kempff, riskieren mehr. Freilich gelingt es Ashkenazy dank seiner wirklich außerordentlichen Technik, die Dunkelheiten der oft unspielbar scheinenden großen Fugenentfaltung des letzten Satzes erstaunlich hell und überschaubar zu machen.

1972 hat Ashkenazy besonders inständig um Beethoven gekämpft, um die Pathétique op. 13 ebenso wie um die As-Dur-Sonate op. 110. Doch mit dem ersten Satz der Pathétique hatte er sogar technisch, wegen seines wilden Tempos, Mühe, und auch die späte As-Dur-Sonate wurde doch nur zur Offenbarung fabelhaft treffsicheren Klavierspiels, blieb sonst vordergründig. In Chopins »Trauermarsch«-Sonate ist dieser Künstler halt unendlich mehr zu Hause!

Aber warum sind die Beethovenschen Spannungen so schwer darstellbar? Wahrscheinlich deshalb, weil sie weder über sensualistisch-melancholische Einfühlung gewonnen werden können noch reinen oder exzentrischen Schubertschen Gefühls-Ausbrüchen gleichen noch – wie im Falle Liszt oder Rachmaninow oder Prokofieff – sozusagen identisch sind mit der extrovertierten Klaviersprache selbst. Immerhin führen die drei jungen Pianisten, um die es uns hier geht, den Kampf um Beethoven mit hohem, beispielhaftem Ernst.

Der Vielseitigste, Berühmteste und Älteste von ihnen ist Wladimir Ashkenazy. England und Amerika feiern ihn; er ist inzwischen Weltbürger geworden, mit einem Heim in Island und einem Sommerhaus in Griechenland (das er mit jener »Datscha« bei Moskau vergleicht, in der er einst die Sommermonate verbrachte). Ashkenazy lernte das russische Pianisten-Ausbildungssystem kennen und profitierte davon. Er wurde immer wieder in Wettbewerbe geschickt und gewann sie alle. Er galt damals als bester aller jungen russischen Pianisten. Heute, nicht mehr für Rußland spielend, warnt er freilich lebhaft und aus eigener Anschauung vor den politischen und antifreiheitlichen Tendenzen der UdSSR ... Dieser leidenschaftliche politische Bekenner ist ein Pianist der Mitte. Die Gleichmäßigkeit, Eleganz und leuchtende Genauigkeit seines Passagenspiels sind ungeheuerlich.

Chopins Etüden geben ihm Gelegenheit, diese typische Ashkenazy-Mixtur aus äußerster Brillanz und Unaufdringlichkeit darzubieten. Die Etüden Chopins wirken ja, wenn man sie im Konzertsaal hört, sehr kurz. Sie dauern im Durchschnitt kaum länger als je zwei Minuten. Während die Passagen rasch vorüberrieseln, vermag ein Unbefangener schwerlich zu ermessen, welch ein Riesengebiet pianistischer Ausdrucksmöglichkeiten der kaum zwanzigjährige Chopin dem Klavier da erobert hat. Aber diese Etüden gehören auch – von ihrer musikalischen Majestät ganz abgesehen – zu den schwersten Rätseln, die der Hand eines Pianisten je aufgegeben wurden. Viele Klavieradepten bemühen sich jahrelang (und nicht immer erfolgreich) darum, die schattenlose Marmorklarheit der ersten Etüde (Opus 10 Nr. 1) richtig herauszubekommen, also die das ganze Klavier umkreisenden gebrochenen Dreiklänge auszuspielen, ohne zu ermüden und unscharf zu werden. Die Etüde op. 10,2 in a-Moll, eine der vertracktesten chromatischen Balladen, die je geschrieben wurden, steht an der Grenze zum Unspielbaren. Was da dem bei allen Sterblichen trägen Ringfinger der rechten Hand an Mühsal und Akrobatik zugemutet wird, ist mehr als »schwer«, es ist eine Pianisten-Folter. Manche Klavier-Besessenen haben jahrzehntelang nach der richtigen Technik gesucht, verbissen geübt und sind doch einer Sehnenscheidenentzündung näher gekommen als der Vollendung. Die Etüde op. 10,3 in E-Dur, leichter und langsamer, ist inzwischen von der Schlagerindustrie adoptiert und geschändet worden. Man kann ihre innig-klagende Melodie nicht mehr hören, ohne daß der Text »In mir geht ein Lied«, der sich dank tausend unfreiwillig gehörter Rundfunksendungen im Hirn festkrallte, erwacht. In der Etüde op. 10,4 betritt der junge Chopin zum erstenmal den Bereich des dämonisch Wilden, Entfesselten, von dem die späteren Scherzi künden. Was da an Feuer, Kraft (und Treffsicherheit) verlangt wird, können auch die Talentiertesten nur in monatelanger Arbeit zuwege bringen. Die 5. Etüde heißt »Schwarze-Tasten-Etüde«, weil die rechte Hand nur die schwarzen Tasten des Klaviers benützt, von einer einzigen Ausnahme, über die sich die Pedanten grämen, abge-

217

sehen. Übrigens gibt es auch die Möglichkeit, dieses weiße F mit der linken Hand anzuschlagen ...

So geht es weiter, so hat jede der Chopinschen Etüden op. 10 und op. 25 ihren präzisen technischen Zweck, der von einem Klavier-Erfindergenie einer unverwelklich originellen musikalischen Substanz nebengeordnet wurde. Wenn Ashkenazy nun die beiden wohl doch schwersten Etüden, nämlich Opus 10 Nr. 1 und Opus 10 Nr. 2, spielt, dann gleicht das klingende Erlebnis einem Wunder. Kein Ton bleibt weg, die schweren Dezimen kommen hell und herrlich, der musikalische Sachverhalt wird grandios klar: trotzdem braucht die Etüde sich ihrer selbst nicht zu genieren, sie bleibt eine Etüde – muß sich nicht als falsches Seelendrama aufspreizen, kann kraftvoll geniales Bravourstück sein. Ashkenazy spielt Opus 10 Nr. 1 zwingender als Svjatoslav Richter. Seine Darbietung der Etüde op. 10,2 ist in womöglich noch höherem Maße technisch-pianistische Zauberei. Aber dabei entsteht vielleicht doch etwas zu wenig phantastisch balladeske Musik. Ashkenazy legt sich nämlich nicht die Virtuosen-Selbstverleugnung auf, etwas langsamer und expressiver zu sein – gleichwohl spielt er das Unspielbare keineswegs klappernd motorisch. Der Ausdruck bleibt, wie so oft bei ihm, auf der mittleren Linie: vollkommen aufrichtig, ohne Mogelei, ohne Affektiertheit – nur das technische Können ist extrem.

Ashkenazys Ausdrucks-Vorbild heißt Rudolf Serkin. Und er bewundert Svjatoslav Richter sehr – verehrt also zwei Künstler, die eigentlich ganz anders geartet sind als er selber, die durchaus exzentrische, glühende Interpretationen wagen. (Aber Guldas hochverehrtes Vorbild ist Alfred Cortot, eigentlich ja auch eher sein Gegentyp, sein pianistischer Antipode.)

Mit Ashkenazys Tendenz zu feingliedriger Zurückhaltung mag zusammenhängen, daß dieser glänzende Pianist – ob er nun Schumann oder Chopin, Prokofieff oder Liszt, Mozart oder Beethoven oder gar Rachmaninow spielt – zwar immer höchst ausgefeilte, gesittete und schöne, aber doch manchmal seelisch etwas zu ausgeglichene Interpretationen bietet. Es haftet ihnen kein direkter Makel an, sie sind nie dünn, nie langweilig, nie unmusikalisch: aber das Moment der inneren, spannungsvollen Exzentrizität gehört nun einmal auch zur Musik von Komponisten, die glühten wie Schumann, die wild und verzweifelt in sich hineinstarrten wie der archaisierende Brahms, die alle Geschmackshemmungen überwanden wie Prokofieff. Selbst Rachmaninows sentimental ekstatisches 3. Konzert spielte Ashkenazy viel zu schmächtig und zu vornehm. Es ist nicht untypisch, daß Ashkenazy zwar Skrjabin für einen der größten Komponisten aller Zeiten hält, ihn aber – laut »New York Times« – weder so idiosynkratisch wie Horowitz noch so besitzergreifend wie Svjatoslav Richter spielt. Er will ihn halt im »richtigen Licht« darstellen, ist aber wiederum bescheiden genug, auch an seiner eigenen Wahrheit zu zweifeln.

Auch Maurizio Pollini hat einige der größten Triumphe seiner Laufbahn den Chopinschen Etüden zu verdanken. Doch die Karriere dieses radikal kultiviert und wahrhaft nobel spielenden, 1942 in Mailand geborenen Pianisten ist in ihrem Schwanken von Auffassungsextrem zu Auffassungsextrem eher dem beängstigend genialischen Zick-Zack-Kurs Alfred Brendels zu vergleichen als der stetig brillanten Entwicklung Ashkenazys. Pollini hat, kaum zwanzig Jahre alt, einen damals vielbeachteten, dynamischen, klaren, großartig feurigen Chopin gespielt. Gewiß, Pollini machte damals, Anfang der sechziger Jahre, nicht etwa den Fehler, Chopin sachlich oder maschinell aufzufassen, was ja einfach falsch und dumm gewesen wäre. Er interpretierte ihn mit heller, feurig-drängender Klarheit. Gewisse Passagen, Doppelgriffe und pianistische Wunder stellte er kraftvoll schattenlos dar. Er spielte das alles rhythmisch glitzernd, er dynamisierte Chopin, ruhte sich nicht auf oft ausgekosteten Rubato-Stellen aus, sondern griff mit jugendlichem Ungestüm zu. Sein Chopin war nicht äußerlich, aber festlich – nicht unlyrisch, aber vorwärtsstrebend. Ob fis-Moll-Polonaise, cis-Moll-Mazurka oder, vor allem, e-Moll-Konzert: jedesmal brachte Pollini es fertig, daß eine Musik, die so oft zum Sentimentalischen verführt, plötzlich ihrer eigenen Würde und Majestät innezuwerden schien. Auch Friedrich Gulda hat das versucht, bereits in den fünfziger Jahren. Aber unter Guldas Händen klang Chopins e-Moll-Konzert wie ein schwacher Beethoven. Pollini brachte schon als junger Mann den Genius dieser Töne zum Sprechen, nur eben nicht so, wie man es von den Chopin-Spezialisten gewohnt war. Doch Pollini beließ es nicht bei dieser wirkungsvollen Chopin-Dynamisierung. Im Laufe eines Jahrzehntes wandelte er sich ... Die Technik wurde womöglich noch ausgeglichener und selbstverständlicher, hinzu kam ein betörender, völlig geschmackssicherer Sinn für Zartheiten. Und 1971 gelang Pollini – nachdem er jahrelang als etwas krisenumwobener, absagefreudiger Pianist gegolten hatte, nachdem er der Öffentlichkeit, die er als Zwanzigjähriger erobert hatte, gleichsam abhanden gekommen war – mit hochbedeutenden Schubert-, Schumann- und Chopin-Interpretationen (seine jüngste Strawinsky-Prokofieff-Schallplattenaufnahme ist zwar sorgfältig ausgefeilt, aber doch nur eine kalte Virtuosennummer) der Durchbruch ins Königreich des Klavierspiels. Es geschah im öffentlichen Konzert, nicht auf Schallplatten. Schuberts a-Moll-Sonate machte nicht nur aufhorchen, sondern betroffen. Der Klangsinn, mit dem Pollini jeden einzelnen Akkord dieses Stückes anders, und anders traurig, abzutönen versuchte, zeigte an, daß der Künstler vor allem träumen und nicht mehr nur brillieren will. Auch das aus der nichtssagenden Begleitung, einem achtundzwanzigmal wiederholten, manchmal akkordisch aufgefüllten E der linken Hand, machte Pollini ein Pochen, das Symbol eines Herzschlages, einer unruhigen Ruhe: es klang völlig untröstlich und völlig natürlich. Pollini nahm den ersten Satz langsam, wiederholte – während andere Angst vor Schuberts »Längen« haben – die Exposition und die einzelnen Variationen, erlaubte es seinen Hörern, sich in Schuberts Landschaft zu verlieren.

Bei Pollini steht Technisches völlig unter Kontrolle, im Dienste einer ungemein sensiblen, elegischen Klangvorstellung. Daß sein Spiel dabei manchmal schöner gerät als immerhin Michelangelis Interpretationen (der »frühe« Michelangeli ist Pollinis Vorbild, während der Michelangeli von heute, bei aller überwältigenden und erstarrenden Kunst, manchmal von der Sterilität des tausendmal Geübten bedroht scheint), hängt gewiß zusammen mit Pollinis nach wie vor ununterdrückbarem motorischen Elan unterhalb der lyrischen Oberfläche.

Dieser motorische Elan, der Pollini Chopins Etüden unvergeßlich spielen läßt – gemischt aus melancholischer Wildheit, brillant-unfehlbarer Technik und äußerstem Einsatz –, paßt vielleicht nicht ganz so genau zu Schumanns reiner Zerrissenheit, zur bizarren Hektik etwa der C-Dur-Fantasie. Auch da führt Pollinis Klangsinn zu wunderbaren Ergebnissen. Doch manchmal kommt der ritterliche Schwung zu kurz, bleibt der Verlauf zu rational-durchsichtig. Freilich, im letzten Satz der Phantasie schenkt Pollinis Klangsinn pures lyrisches Glück.

Pollini hat den Kampf mit Beethovens Spätwerken offenbar noch ausführlicher, inständiger aufgenommen als Ashkenazy und Pommier. Immer wieder setzt er Werke zwischen Opus 57 und 110 auf sein Programm. Wenn man, vielleicht unerlaubt minutiös, vergleicht, wie Pollini (im Gegensatz zu Rubinstein, zu Gulda, zu Edwin Fischer, ja selbst zum doch Beethoven-näheren Michelangeli) die großen frei improvisatorischen Einleitungs-Kadenzen aus dem Es-Dur-Klavierkonzert auffaßt, dann wird klar, wo (noch) seine Grenzen liegen. Bei ihm verwandelt sich pianistischer Überschuß nicht unmittelbar in Kraft-Überschuß, er löst das Problem dieser Kadenzen, die jeweils mit brillantem Forte-Fortissimo beginnen und dann in freiestem Espressivo enden, um eine entscheidende Dimension zu glatt. Er trifft die Ausdrucksartikulation, den fließenden Übergang von der Passage zum Rezitativ nicht mit der notwendigen Innenspannung, der notwendigen Kraft. Selbst wenn man zugesteht, daß er Appassionata und Les-Adieux-Sonate technisch souveräner spielt als die gesamte Welt-Konkurrenz: immer wieder muß man die schwer beweisbare Unterscheidung machen, daß der *leise Ausdruck* sich unter Pollinis sensiblen Händen zu leicht in *melancholischen Ausdruck* verändert (ja sogar das Finale aus der Appassionata gerät ihm zum elegischen Sturm!) und daß er, möglicherweise aus Geschmacksgründen, einer reserviert poetischen Haltung zuneigt, die der reinen Beethovenschen Herzenskraft nicht ganz angemessen erscheint.

Es ist überraschend, gewagt – und muß gewiß noch von der Zukunft vor der Zukunft gerechtfertigt werden –, daß neben so zweifelsfrei zur Weltelite zählenden Künstlern wie Ashkenazy und Pollini hier der 1944 in Béziers geborene Südfranzose Jean-Bernard Pommier genannt wird. Pommier, aus einer Musikerfamilie stammend, hatte zunächst Unterricht bei einer russischen Pianistin, wurde dann Schützling des großen Yves Nat, gab früh Konzerte, gelangte über Erfolge in Moskau zu einem relativen Weltruhm.

Pommier hat – gut, aber wohl nicht wirklich aufsehenerregend – Klavierkonzerte J. S. Bachs eingespielt, mit schlackenloser Technik Mozartsche Klaviersonaten etwas zu problemlos bewältigt, kräftigvirtuos dem Es-Dur-Konzert Beethovens sich gestellt. Alles das müßte Aufmerksamkeit erregen, aber eben nicht mehr. Dieses »mehr«, das Aufmerksamkeit in Spannung, Spannung in Bewunderung, Bewunderung aber in musikalische Erkenntnis verwandeln kann, enthalten Pommiers Schumann- und Debussy-Interpretationen.

Pommier hat entdeckt, daß Schumanns Novelletten großartige, erstaunlicherweise oft verkannte Klaviermusik sind (nur die erste Novellette, im Grunde die sinnfälligste und schwächste, ist populär). Er hat darüber hinaus gezeigt, daß man die letzte, achte Novellette (fis-Moll) als Schlüsselstück nicht nur der Schumannschen, sondern der romantischen Musik schlechthin begreifen muß, daß der Perspektiven- und Zeitdimensionswechsel, die komponierte Gegenwart und Vergangenheit, die bewußt hergestellte Nähe und Ferne in kaum einem Klavierstück des 19. Jahrhunderts zugleich eindeutiger und differenzierter vorgeführt werden als in diesem Meisterwerk.

Aber Pommiers Interpretation dieser letzten Novellette, oder aller acht Novelletten insgesamt, ist gerade nicht die Frucht oder die Konsequenz einer originellen »Einsicht«, eines bemerkenswerten oder glücklichen Fundes, sondern vielmehr das Ergebnis spezifisch pianistischen Zugriffs. Pommier spielt mit klarerer und sicherer Technik als sein berühmterer, so tragisch früh verstorbener französischer Kollege Samson François es tat. Pommiers rhythmische Genauigkeit ist fesselnd und durchdringt selbst das träumerischste Ritardando. Seine Kantilene ist hell, federnd und belebt – sie gibt sich nur dann neutral oder zurückhaltend, wenn die Melodien süßlich werden. Man könnte sagen, ein schlanker, ein dünner Lipatti sei wiedererstanden, ein Pianist, der Svjatoslav Richters Kraft mit spezifisch französischem Dessin und rascher Intelligenz vereint.

Jean-Bernard Pommier vermag motorische Energien einerseits zu schaffen, zu produzieren, zu entbinden, aber andererseits intelligent zu bändigen. Was nur allzu leicht zum stampfenden Selbstzweck wird und donnernde »Allegro-barbaro«-Effekte schafft, das wird unter seinen Händen zur Wünschelrute für intime Zusammenhänge innerhalb raschester Passagen. Dieser junge Mann besitzt also nicht nur einen klaren Sinn für Aufbau, für Brillanz, für Zartheit und Vitalität, sondern in seinem Spiel stoßen ordnende französische Intelligenz und ein unwiderstehlicher Zug nach vorn zusammen. Diese Fähigkeit, unterhalb einer höchst exakt hergestellten Oberfläche, Verwandtschaften, Relationen und weitreichende Zusammenhänge ahnen zu lassen, bewährt Pommier – siehe Notenbeispiel 21 – nicht nur bei Schumann, sondern auch bei Debussy. Wenn er die »Jardins sous la pluie« aus den Estampes meistert, dann ist da, genau so wie in den Novelletten Nr. 2, Nr. 7 und vor allem Nr. 8, der fantastisch federnde, gleichwohl sensible Toccata-Ton zugleich Selbstzweck und pianistische Erhellung: zwischen Schumann und Debussy schiebt sich ein unaufdringliches lisztsches Element.

Aber wirklich nur ein Element. Denn Pommier läßt es sich angelegen

a) aus: Schumann, Novellette op. 21,2

Pommier versteht es nicht nur, diese »Äußerst rasch und mit Bravour« vorzutragen-den Prestissimo-Takte aus Schumanns zweiter Novellette feurig, gleichmäßig und zwingend rhythmisch zu spielen, sondern er entdeckt – von den schweren, wichtigen und infolge eindeutiger musikalischer Logik hervorzuhebenden Melodietönen ab-gesehen – noch gleichsam mikrokosmische Zusammenhänge in dieser toccatahaften Fülle. Er konstituiert, indem er nicht nur jeweils das erste der vier Sechzehntel, son-dern manchmal auch das vierte quasi-auftakthaft akzentuiert, mitten im raschen Rausch noch geheime Querverbindungen, die das Stück reicher und geheimnisvoller machen.

Ähnlich souverän holt er einen klaren Fortschritt auf deutlich dunklem Untergrund im Prélude aus Debussys »Pour le Piano« heraus. Schumann und Debussy wirken verwandt. Aber alles das hat nichts »Gesuchtes«, sondern eher etwas »Gefundenes«.

b) aus: Debussy, Pour le Piano, Prélude

sein, die Suite »Pour le piano« gerade nicht zum impressionistischen Reißer zu machen. Er gibt dem »Prélude« mit Hilfe seiner motorisch-farbigen Sensibilität oft bewußt den schweren, geradezu an die deutsche Tradition gemahnenden Unterton Brahmsscher Gewichtigkeit, der ja überraschenderweise auch aus Debussys eigenen Interpretationen seiner Klavierwerke herausgehört werden kann. So wird die helle Intelligenz eines jungen Künstlers zur Wünschelrute für jene Adern, die unterhalb verschiedenartigster Oberflächen den gemeinsamen Grund großer Klaviermusik des 19. Jahrhunderts bilden.

Maurizio Pollini

Wladimir Ashkenazy

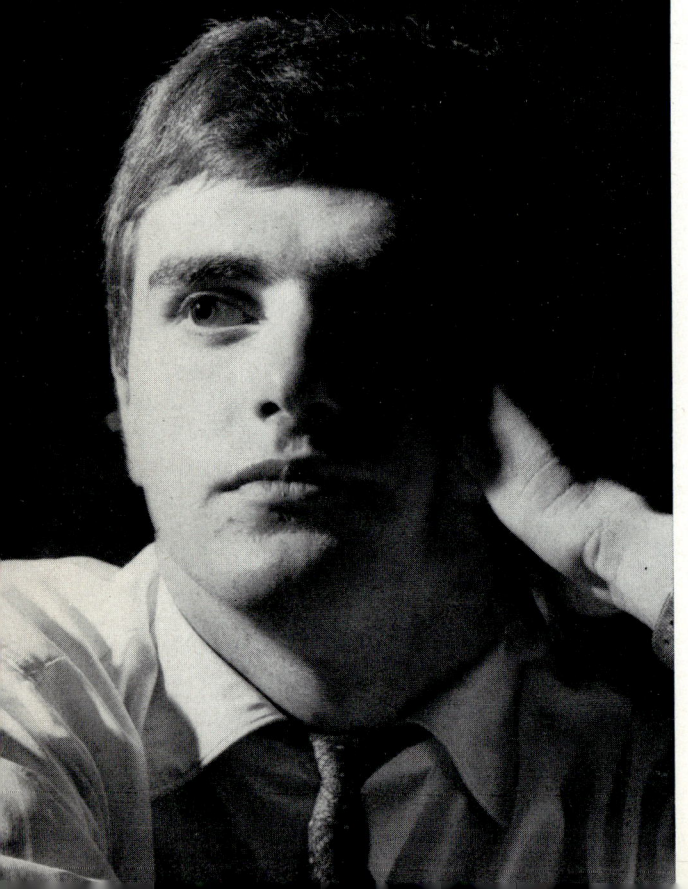

Jean-Bernard Pommier

Geza Anda - und andere Mozart-Interpreten

Wie es den im vorigen Kapitel charakterisierten Pianisten Wladimir
Ashkenazy, Maurizio Pollini und Jean-Bernard Pommier gemeinsam
war, daß sie sich trotz strahlender technischer Rüstung noch keinen
Zugang zu Beethoven hatten erkämpfen können – so ist Mozart, heutzutage, nicht nur für einige, sondern eigentlich für alle Musiker ein
nahezu unlösbares Problem. Mozart scheint noch heikler, noch schwie-
riger: Mozart-Spieler, die es zu jener Verbindlichkeit bringen, wie sie
den Beethoven-Interpretationen von Solomon, Arrau, Schnabel und
Gulda immerhin zugeschrieben werden kann, gibt es im Augenblick
wohl nicht, obwohl Barenboim, Ashkenazy, Kempff, Brendel, Gulda
und Gilels (Gilels freilich in den frühen sechziger Jahren eher als
heute) durchaus schöne, unvergeßliche Mozart-Darbietungen oder -Ein-
spielungen gelangen.

Das Mozart-Problem läßt sich verhältnismäßig leicht theoretisch
beschreiben, aber kaum je praktisch lösen. Es geht da natürlich nicht
nur um »Perlen«, um reines Gleichmaß, reinste Durchsichtigkeit und
das »singende Allegro« und um die Fülle des Wohllautes. Alles das ist,
bei großen Pianisten, selbstverständlich. Gefährlich selbstverständlich:
Wenn diese Selbstverständlichkeiten sich zur Manier steigern, dann
hört man, statt Mozart, ein Rokoko-Alibi, das als »Mozart-Stil« bekannt geworden und doch nur ein Manierismus ist – nämlich die Kultur des glatten, eleganten, melodischen, festlich offiziellen Mozart-
Spiels (eine Kultur, der man mißtrauen muß . . .).

Mozart ist viel schwerer.

Wie schwer er ist, kann man erkennen, wenn – und diese Abschweifung sei gestattet – man eine der berühmtesten Mozart-Interpretationen aller Zeiten genau prüft: nämlich die immer noch unübertroffene
»Don Giovanni«-Einspielung, die Fritz Busch 1936 gelang. Wenn man
da etwa die letzten 48 Takte des Presto-Schluß-Quintetts der Oper mit
ihren chromatischen Durchgängen in wirbelndstem Tempo – Takte, in
denen sich elegante Geigenfiguren, souverän geführte Singstimmen und

abgründige Harmonien vollkommen zwanglos miteinander verbinden – gleichsam analytisch hört, dann merkt man, daß selbst bei Busch die entscheidenden großen Momente vorbeifließen, als ob nichts wäre, auch kein Reichtum. Karl Böhm dirigiert das gewiß etwas schärfer und langsamer; aber deutlich und tiefgründig gelingt auch ihm die Stelle nicht. Das Presto überfährt die delikaten Mozartschen Harmonien.

Gegenfrage: müssen die schönen Stellen und Durchgänge denn hysterisch unterstrichen werden? Müssen die winzigen Abweichungen von der Norm, die unauffälligen Asymmetrien verdickt werden? Natürlich nicht. Es ist kein Paradox: Je »schwerer«, je »tragischer« Mozart komponiert hat, wie in der Fantasie c-Moll KV 475 oder in der c-Moll-Messe, desto leichter läßt er sich wohl noch treffen. Aber die beiläufigen harmonischen und agogischen Nuancen geben Rätsel auf. Die wahre Mozart-Mitte stellt sich wohl nur dann her, wenn der Interpret zwar instinktiv jede Ausdrucksnuance ahnt, fühlt und begreift, aber dabei so sicher ist im Rhythmus, in der motorischen Bewegung und im impulsiven Fortschreiten, daß die Mozartsche Musik eben nicht in lauter forcierte Stellen zerbricht.

Edwin Fischer hat einst die (weniger bekannte) c-Moll-Fantasie (KV 396) im Ton einer erlesenen, behutsamen Traurigkeit gespielt, »altmodisch«, voller pathetischer Melancholie. Das war 1934. Ein Menschenalter zuvor hatte Theodor Leschetitzky (aus dessen Schule viele große Pianisten hervorgegangen sind) Mozarts berühmte c-Moll-Fantasie zur Brahms-Karikatur übertrieben. Da stellte sich, wie bei allen romantisierenden Mozart-Interpretationen, überhaupt kein festes Tempo her, während doch Mozart selber, im Jahre 1777, an seinen Vater über die Tochter des Klaviermachers Stein höchst kritisch geschrieben hatte: »Sie wird das Notwendigste und härteste und die Hauptsache in der Musique niemalen bekommen, nämlich das Tempo, weil sie sich von Jugend auf völlig beflissen hat, nicht auf den Takt zu spielen.«

Inzwischen hat nun nicht nur Gilels Mozart-Aufnahmen vorgelegt (die zu unnervös, zu souverän-glatt sind), sondern auch Glenn Gould hat mehrere Mozart-Sonaten-Alben herausgebracht. Hört man sie, traut man den eigenen Ohren nicht. Die Überraschung ist so groß wie bei Goulds ersten Beethoven-Aufnahmen (Opus 109, 110, 111 – Opus 10 Nr. 1, 2, 3). Ich muß das Geständnis ablegen, daß ich mich mittlerweile an die exzentrischen Gould-Tempi von Opus 10 Nr. 1, beispielsweise, nicht nur gewöhnt habe, sondern sie großartig, aufregend und erhellend finde: Wildheit und wahnsinniger Schwung haben da anti-heroische, anti-klassizistische Sturm-und-Drang-Methode ...

Darum verweigere ich bei Goulds Mozart die naheliegende, spötti-sche Empörungshaltung trotz aller offensichtlichen Affektiertheit der Einspielung: Vielleicht wird man sich auch daran gewöhnen. Daran nämlich, daß Glenn Gould Mozart in bisher unerhörten Geschwindig-keiten herunterrast, nicht glättend, sondern explosiv. Verglichen mit Glenn Goulds abenteuerlichem Allegro assai aus der F-Dur-Sonate KV 332 war selbst Horowitz tantenhaft langsam, empfindsam, behä-big gewesen. (Einst schien Horowitz' Bestzeit von vier Minuten und 32 Sekunden für dieses Finale verrückt rasch; aber Glenn Gould ist tatsächlich schon in drei Minuten und 59 Sekunden beim letzten Ton!) Ob man sich daran je »gewöhnt«? Ich zweifle ... Nur beim fahlen Presto-Finale aus der a-Moll-Sonate KV 310 hat Goulds unentrinnbar graue und grausame Wildheit phantastischen Sinn. Verzweifelter Fata-lismus triumphiert niederschmetternd über alle Stilbedenken ...

Solche Exzentrizitäten würde sich Geza Anda, der Mozarts sämt-liche Klavierkonzerte eingespielt hat, bestimmt nicht leisten. Es gab Jahre, da Geza Anda offenbar mit Mozart nichts Rechtes anfangen konnte. Gefährlich ist in solchen Fällen nicht, daß ein Musiker, der mit Mozart oder Beethoven Schwierigkeiten hat, die betreffenden Kompo-nisten leer und nichtssagend spielt. Das ist nur ärgerlich und sollte eine aufmerksame Kritik auf den Plan rufen. Gefährlicher als die Aus-druckslücke ist der Versuch, sie *irgendwie* zu füllen. Es existieren ja so viele mögliche Interpretations-Stile nebeneinander her. Ein junger, intelligenter Musiker kennt sie doch alle. Warum soll er also nicht auf fremde Kosten ausdrucksvoll sein, statt sein eigenes Ausdrucksdefizit vorzuführen? Man kann den Rang eines ernsthaften und selbständigen Musikers gerade daran ermessen, daß er lieber nichts sagt – als Uneige-nes, Uneigentliches. Solang etwa ein Georg Solti noch nicht auf Beet-hoven gekommen war, blieb sein Beethoven dürftig: Aber dafür machte Solti es auch niemandem nach, kleisterte er nicht die eigenen Lücken mit fremden Auffassungen zu. Er ließ sich gewissermaßen die Chance, selbst darauf zu kommen. Und kam dann auch darauf. Mit Geza An-das Mozart-Auseinandersetzungen ging es ähnlich. Manchmal war, obschon sogar eine Clara Haskil ihn zum Partner für Mozarts Es-Dur-Doppelkonzert gewählt hatte, erschreckend spürbar, daß Geza Anda, der brillante Bartók- und César-Franck-Spieler, Mozart zwar technisch beherrschte, ihm aber dennoch nicht gewachsen war. Vieles blieb leer, virtuos, zufällig. Man spürte falsche Beklommenheit, aber auch falsche Unbefangenheit vor dem Mozartschen Genius.

Doch Geza Anda ließ sich nicht beirren. Obwohl er an einem Abend alle drei Bartók-Konzerte nacheinander spielen und Ovationen einheimsen konnte, obwohl er kaum 20 Jahre alt war, als Furtwängler den jungen Ungarn während des Zweiten Weltkrieges zum Solisten in Berlin erkor, obwohl Anda seinen Liszt sieghaft hinzulegen vermochte: er kümmerte sich weiter um Mozart. Dann, während jahrelanger intensiver Zusammenarbeit mit dem Salzburger Mozarteum-Orchester, entdeckte er ihn.

Der Mozart, den Anda sich und uns erarbeitet hat, ist ein Mozart von inniger Süße, sorgfältig hergestellter Klangrelation und solistischer Bescheidenheit. Natürlich gelangen nicht alle Konzerte, alle Aufnahmen gleich gut. Doch etwa das B-Dur-Konzert (KV 456) oder das große C-Dur-Konzert (KV 467) oder auch das d-Moll-Konzert (KV 466) und erst recht das unbekannte, von Geza Anda förmlich »entdeckte« D-Dur-Konzert (KV 451) hat dieser Künstler persönlich, männlich und schön gespielt. Wenn nämlich erst eine feste Stilbasis erarbeitet ist, dann besitzt ein Interpret plötzlich beinahe jede Freiheit. Dann kann er Ausdrucksphantasie walten lassen, es wird doch nicht so leicht »zu viel« werden und nie akademisch erstarren.

Nun muß man allerdings wissen, daß Anda auch dirigiert, während er Mozart-Konzerte spielt. Im öffentlichen Konzert hat diese Doppelfunktion oft Nachteile: Ein Solist, der zugleich auch dirigiert, kommt nie zur Ruhe, muß mit dem Kopf oder der freien Hand oder der Schulter Zeichen geben und einige Perfektion, einige pianistische Konzentration opfern. Freilich – und das merkt man bei Schallplatten besonders deutlich – ist auch Gewinn mit dieser Doppelfunktion verbunden. Wenn Anda zugleich dirigiert und spielt, dann bleibt er als Solist auffallend diskret. Er tritt nicht mit übertriebener Emphase auf, er achtet vielmehr auf wichtige Bläserstimmen. Er ist dem Geist des Ganzen stärker verpflichtet als dem pianistischen Effekt. Der Dirigent Anda nimmt auf dem Klavier alle die Stellen, die ohnehin vom Orchester gebracht werden, nicht mehr so dick, wie es doch beinahe jeder Solist gedankenlos tut. Erst dann, wenn Mozart das Klavier in mächtige Bewegung setzt, wird auch Anda strömend und brillant: Dafür läßt er wiederum keine winzige Ausdrucksnuance unbeachtet. Und wo Robert Casadesus manche Baß-Töne überlaut verlängert oder im Vertrauen auf sein Altherren-Temperament die weltberühmten klaren Sechzehntel zu pauschal rollen läßt, da ordnet sich Anda zart dem Genius der Mozartschen Bewegung unter.

Geza Anda verbindet zwingend den festlichen mit dem kammermusikalisch-galanten Ton. Es ist erstaunlich, in welchem Maße sich Anda von Robert Casadesus' kraftstrotzendem, allzu selbstsicherem Mozart freimachen konnte, ohne in das gegenteilige Extrem sachlicher Geläufigkeit zu verfallen. Dabei sind Andas motorische Energien auch seinem Mozart-Spiel noch durchaus anzumerken. Doch hat sich Andas Stilempfinden mittlerweile viel zu sehr gefestigt, als daß ihm störende Forciertheiten unterlaufen könnten. Nur die langsamen Mozart-Sätze klingen unter seinen Händen manchmal, weil er jede Romantisierung scheut, ein wenig neutral. Wir haben es also mit einem Künstler zu tun, der zum motorisch-virtuos veranlagten Interpreten spätromantischer, russischer und moderner Klavierliteratur bestimmt schien, zunächst beifallumrauscht dieser Bestimmung folgte, sich dann aber mit den musikalisch sehr viel komplizierteren Problemen beschäftigte, wie man Mozart, Beethoven und Schubert vollendet schön zum Klingen bringen kann.

Natürlich bleibt die Freude am eleganten, sprühenden und rhythmischen Impuls eine fabelhafte Versuchung für Geza Anda. Dennoch wirkt es geradezu rührend, wie sorgfältig Anda dieser Versuchung zu widerstehen trachtet. Charakteristischerweise stellt der distinguierte Schumann-Klang – die reine, bewegte, erhabene Linienführung besonders in den langsamen Davidsbündlertänzen – eine weitere Domäne Andas dar. Dabei ist es aber freilich eine Grenze dieses Künstlers, daß er *einerseits* aus Zurückhaltung und Intellektualität kein herb-elitäres Prinzip macht, sich aber *andererseits* dennoch nicht zum unbedingten Engagement, zum Pathos, zur großen Expressivität bekennen mag. Er wirkt, wenn er Schubert, Brahms oder Chopin spielt, nicht unbeteiligt, aber doch zu unbewegt. Distanz trägt keine Erkenntnis zu, sie schlägt bei Anda nicht in Pathos um, sondern in bloße Klavier-Kultur, in Freude an schönem Ton und flüssigem Gelingen. Es scheint dann (so unbeweisbar eine solche Behauptung auch ist) kein wahrhaft zwingendes »Muß« dahinterzustehen. Er *muß* nicht große Musik spielen – sondern er *kann* sie sehr schön spielen. Vielleicht gewinnt er, wie einst bei

Mozart, irgendwann auch für Schubert, Beethoven und Brahms dieses »Muß« – ohne welches Musik nur schön klingt, vielleicht zu schön, und darum in Wahrheit nicht schön genug.

Über Ingrid Haeblers Spiel liegt nie jene Tendenz zur Neutralität, die sich bei Anda manchmal erkennen läßt. Im Gegenteil: Auf dem Wege zu Mozart hat sie eine sentimentalische Ernsthaftigkeit gewonnen, eine ausdrucksvolle Langsamkeit, einen unvergleichlich zarten Sinn für Nuancen. Freilich fehlt es ihrem (allzu) runden, schönen Spiel manchmal an der Härte der Architektur, an Schärfe, Gewicht, an zwingendem Fortschreiten: Musik zerfällt in schöne Seufzer. Weil alles gleichermaßen ausdrucksvoll erscheint, kommt das wahrhaft Besondere dann nicht immer hinreichend heraus. Ingrid Haebler hat manchmal etwas klavier-pädagogisch Tiftliges, die Passagen verblassen im Mezzo zu rasch. Es fehlt am Schwung, am festen Feuer. Doch die bedeutungsschwere Voraussetzung – nämlich ein allerfeinstes Gefühl für die Seele Mozartscher Musik – ist bei Ingrid Haebler etwas so Selbstverständliches und Schönes, daß ihr auch Momente reinen Glückes, herzlichster Perfektion gelingen: Mozarts B-Dur-Konzert (KV 456) spielt Ingrid Haebler mit dem hier glänzend korrespondierenden Dirigenten Christoph von Dohnanyi (Wiener Symphoniker) überwältigend. Da vollbringt sie zwingend und schön, was selbst der großen Annie Fischer in ihren besten Augenblicken nur selten (und etwas altbackener) möglich war. Im B-Dur-Konzert gewinnt Ingrid Haeblers Spiel – und das gilt auch für einige ihrer Beethoven- und Schubert-Interpretationen – jene persönliche Dringlichkeit, die dem seltsam unpersönlich temperamentvollen Christoph Eschenbach anscheinend noch fehlt.

Zwischen Intellektualität und Virtuosität

Darüber, ob die »Öffentlichkeit« einen unfehlbar sicheren oder doch nur einen modenabhängig-platten Geschmack hat, lassen sich verschiedene Aussagen machen. Es gibt, zum Beispiel, Dramatiker wie Edward Albee und Pianisten wie John Ogdon, die von der öffentlichen und der veröffentlichten Meinung schon erstaunlich hoch eingestuft wurden und berühmt waren, noch ehe sie etwas dieser hohen Meinung Entsprechendes hervorgebracht hatten. Da war denn der Instinkt von Kritikern und Enthusiasten sozusagen den Tatsachen voraus. Die »Öffentlichkeit« wußte besser, was der Autor der »Zoogeschichte« oder der ziemlich mittelmäßige Rachmaninow-Interpret John Ogdon gleichsam »absolut« wert waren, als es die damaligen Leistungen dieser beiden Künstler verrieten; die Öffentlichkeit hatte da also einen klaren, unbeirrbaren Qualitäts-Instinkt (ich wähle die Beispiele Albee und Ogdon selbstkritisch, denn weder nach meiner Begegnung mit Albees erstem, etwas langatmigem, wenn auch ungewöhnlichem Stück noch nach meiner ersten Begegnung mit John Ogdon und seiner wenig überzeugenden Interpretation des Beethovenschen Es-Dur-Konzertes vermochte ich zu erkennen, daß ich es mit außerordentlichen Talenten zu tun hatte...). Nach »Wer hat Angst vor Virginia Woolf« und »Tiny Alice« beziehungsweise nach John Ogdons maßstabsetzender Interpretation der 10 Skrjabin-Sonaten ist es leichter, den Rang dieser Figuren zu fixieren.

Aber man kann sich, zumindest als Zeitgenosse, leider nicht verlassen auf das sichere Urteil der Öffentlichkeit. »Volkes Stimme – Gottes Stimme«, sagt ein deutsches Sprichwort, doch wer weiß schon, was der liebe Gott von Kunst versteht – wahrscheinlich muß er sich bei komplizierten musikalischen Fragen doch an die heilige Cäcilie wenden ... Denn des (Klavier-)Volkes Stimme befand auch einige Jahre lang, Van Cliburn sei ein bedeutender Pianist – während doch der junge Mann nur ein konventioneller, manuell begabter Preisträger war; das »Klavier-Volk« schätzt den Ungarn György Cziffra, dem technische

Aus: Skrjabin, Klaviersonate Nr. 3 fis-Moll op. 23, 2. Satz

Probleme (aber leider auch die Artikulationsprobleme großer, spannungserfüllter Musik) überhaupt kein Kopfzerbrechen bereiten – und der alles gleichermaßen herunterspielt, ohne sich um Aufbau und Gewicht und Gewalt der Musik zu kümmern. In ähnlicher Weise, aber da sind noch Überraschungen möglich, wird von Musikfreunden und von der Deutschen Grammophon Gesellschaft wahrscheinlich Christoph Eschenbach überschätzt, der, wie ich finde, recht unpersönlich, nur eben frisch, mit passiver Linker, manchmal empfindsam, doch ohne jeden großen Zug bedeutende Werke der Klavierliteratur, etwa Mozarts letzte Sonate, vorträgt. Immerhin macht Eschenbachs Interpretation des schwierigen zweiten Klavierkonzertes von Hans Werner Henze, machen einige kräftige Allegro-Impulse bei Mozart und einige Empfindsamkeiten in Beethovens Sonate op. 109 skeptisch gegenüber allzu großer Skepsis: vielleicht (nach einigen gründlich formenden, durchgreifenden menschlichen und künstlerischen Erfahrungen) wird Eschenbach doch noch (nach-)liefern, was seine Freunde und Bewunderer jetzt schon aus seinem Spiel heraushören.

John Ogdon, dieser ungemein »interessante« britische Pianist, führt eine originelle Schizophrenie vor. Er erlaubte und erlaubt sich, in einen altmodischen Rachmaninow-Retter und einen avancierten Skrjabin-Interpreten zu zerfallen. Er ist ein intelligenter Künstler, aber eben doch ein »Künstler« – und darum gibt er den hochmütigen Theoretikern, die zwischen Rachmaninows sanfter Eleganz und Skrjabins überwältigend kühner Differenziertheit unterscheiden, vielleicht theoretisch recht, aber er gibt ihnen nicht nach. Er spielt Rachmaninows zwei

---

Skrjabins Klavierwerke, zumal seine Sonaten, bieten nicht nur eminente pianistische, sondern vor allem auch intellektuelle Probleme: denn die Sonaten entwickeln kompromißlos und großartig deutliche Konzeptionen. Das wohl erste grandiose Beispiel dafür bietet die 3. Sonate. Selbst der rasch vorüberhuschende 2. Satz, dem wir die obenstehenden Takte entnehmen, arbeitet in überwältigender Weise mit streng entwickelten Modellen: dem produktiv gemachten Querstand (Wechsel der Dur- und Moll-Terz – Takt 1 und 2 unseres Beispiels), einer fieberhaften rhythmischen Steigerung (Takt 5 und Takt 9 ff.) sowie einer hier überraschenden, neobarocken Sequenz (Takt 9–12). Diese Momente kehren dann, gleichsam verklärt, als Mischung aus russisch-mystifizierenden und rokokohaft spielerischen Elementen im As-Dur-Mittelteil wieder. John Ogdon kann alle diese Elemente mit einer selbstverständlich wirkenden geistigen Überlegenheit und einem mindestens ebenso notwendigen, fieberhaften Impuls darstellen: seine Skrjabin-Deutungen übertreffen sogar Glenn Goulds Interpretation der 3. Sonate, und sie kommen Horowitz' sensationell sensibler Darbietung der 9. Sonate zumindest gleich! (Man beachte, wie etwa der drittletzte Takt unseres Beispiels den Hauptrhythmus, samt Terz-Motivik, gleichsam verklärend wiederholt!)

Sonaten ebenso wie die zehn von Skrjabin. Und was er aus Skrjabins dritter Sonate herausholt – *richtiger* als Glenn Gould, *intelligenter* als der immerhin bei Skrjabin sehr sorgfältig und schön spielende, die beiden Jugendsonaten liebevoll berücksichtigende Michael Ponti, *differenzierter* als der zu pauschalen und dicken Effekten neigende Skrjabin-Spezialist Roberto Szidon –, das ist höchster Bewunderung wert. Man kann in der Konzeption des ersten Satzes der dritten Sonate Skrjabins noch viel Jugendstil und antizipierten Richard Strauss, im phantastischen zweiten Satz Schumanns neobarocke Sequenzen und einen heißen Atem vernehmen (nichts Chopinhaftes): und man kann das alles doppelt deutlich hören, wenn Ogdon diesen zweiten Satz mit temperamentvoller Akribie herstellt (Beispiel 22).

Diese intellektuelle und trotzdem donnerfreudige Neugier des 1937 geborenen John Ogdon bewährt sich auch bei gemäßigter »Moderne« (Schostakowitsch, Busoni), bei seiner eigenen, sehr ehrgeizig instrumentierten Klavierkonzert-Partitur genauso wie bei Spätromantischem. So seltsam es vielleicht klingt: Ogdon spielt wie ein letzter Liszt-Schüler – womit zugleich sein Rückwärtsgewandtes benannt wie Liszts Tendenz, immer kühn, immer flammend-intellektuell, immer neugierig zu sein, bezeichnet wäre. Dieser Problematiker mit derber, virtuoser Donnerfreude geht Beethovens Hammerklavier-Sonate und Liszts h-Moll-Sonate mit nahezu den gleichen Mitteln an: mit Intellektualität und Virtuosität. Das ist bei Beethoven viel, aber nicht expressiv genug – bei Liszt originell, aber nicht delikat genug. Für die Coda des ersten Satzes der Hammerklavier-Sonate fehlt es Ogdon an feurigem Wagemut und hochdramatischer Entschlossenheit. Er spielt die Alterswildheit (die gebrochenen Achtel-Oktaven und grandiosen Akkord-Kontraste) des späten Beethoven um eine Spur zu pianistisch, als Fleißaufgabe für Virtuosenfinger und als Phrasierungsaufgabe für ein wohlgeschultes Hirn. Aber ohne hinreichende Größe im ersten und dritten Satz. In Liszts h-Moll-Sonate gliedert Ogdon gescheit die harmonischen Zusammenhänge auf. Wo andere sich verstricken, bleibt er trotz schärfster Tempi ordnend und überlegen. Nur der Dolce-Duft, das Weltmännisch-Zarte, die Lisztsche Noblesse, dafür interessiert er sich offenbar weniger.

Seit 1970 scheint die Welt eine Liszt-Renaissance zu erleben. Wiederentdeckt werden dabei gerade diejenigen Werke, die bisher nur am Rande interessierten, also Liszts symphonische Dichtungen, sein vernachlässigtes A-Dur-Klavierkonzert, seine religiöse Musik und seine staunenswerten späten Klavierstücke, die oft ganz frei monothematisch Bartóks Kühnstes antizipieren.

Liszt wird wieder ernst genommen, viel gespielt und wohl noch mehr analysiert. Die Rhapsodien, die Franziskus-Legenden, auch die geistreichen Transskriptionen und Phantasien treten demgegenüber eher etwas zurück. Die nur virtuose Bewältigung Lisztscher Schwierigkeiten genügt gerade den Liszt-Freunden nicht mehr. *Ludwig Hoffmann* zum Beispiel bringt alle pianistischen Voraussetzungen mit, ein Liszt-Spieler von Weltrang zu sein. (Der Künstler lebt und lehrt gegenwärtig in München.) Aber was fehlt? Ein Blick auf Hoffmanns geradezu sensationell perfekte Interpretation des Tschaikowskischen b-Moll-Klavierkonzertes kann es vielleicht lehren. Mit größerer Brillanz, funkelnder, richtiger, kraftvoller dürften die schwierigen Stellen dieses Reißers im öffentlichen Konzert kaum je zu hören sein. Beim »Allegro con spirito« nimmt Hoffmann ein Tempo, das man wirklich für verrückt halten müßte. Gilels hat's nicht so schnell gespielt, von kleineren Meistern ganz zu schweigen. Aber Hoffmann schafft dieses Tempo, wenn auch nicht ohne Anstrengung. Und die ans Unglaubliche grenzende Brillanz, mit der er im letzten Satz loslegen kann, müßte ihn längst zu einem weltberühmten Virtuosen gemacht haben.

Aber warum ist er es offenbar (noch) nicht? Zunächst einmal vielleicht deshalb nicht, weil er gelegentlich auch Werke auf sein Programm setzt, im Fernsehen oder auf Schallplatten einspielt, die ihm nicht liegen (Beethoven). Sodann, weil bei ihm die Tempo-Schwankungen manchmal zu groß, genauer gesagt: zu beliebig sind. Wilde Stücke zerfallen dann in Sentimentales und Stürmisches. Nicht die Kraft fehlt diesem Pianisten, aber der große stürmische Zug. Er regt sich nicht auf, darum regt auch sein Spiel nicht genügend auf, so rasch und makellos es ist. Noch etwas, etwas Äußerliches, kommt hinzu. Hoffmann sitzt ruhig und robust da, gelegentlich nervös an die Hornbrille greifend. Er wirkt wie ein Sekretär, der Oktaven-Glissandi unfehlbar zuverlässig einordnet, je nach Dienstvorschrift in die oberen oder unteren Fächer. Daß er sie fabelhaft und fesselnd spielt, könnte man hören. Aber *man*, das Publikum, »sieht« es nicht auch, und darum glaubt es offenbar nicht ganz daran. Wer weiß, ob Paganini Karriere gemacht hätte, wenn er beispielsweise ausgesehen hätte wie ein Kinderarzt.

Die Liedtransskriptionen und Opernfantasien von Franz Liszt

wird heute gewiß selbst ein Verehrer der Lisztschen Muse nicht vorbehaltlos als gediegene oder gar große Musik bezeichnen wollen. Das sind oft nur geniale Pianistenscherze, rauschende Huldigungen eines großen Künstlers für die Werke Größerer. Vieles davon ist unerträglich geworden. Aber zum Beispiel die Don-Juan-Fantasie, die »Erinnerungen an Don Juan« heißt, wird heute noch in Konzerten gespielt und häufiger auf Platten festgehalten. Daß dieses Stück mehr auf Schallplatten als im Konzert zu hören ist, hängt übrigens auch mit seinen Schwierigkeiten zusammen. Liszt hat in seiner Don-Juan-Fantasie der romantischen Verehrung für die dämonische Don-Giovanni-Welt stürmisch, allzu stürmisch Ausdruck verliehen. Am Anfang wird das d-Moll-Thema aus der »Don Giovanni«-Ouvertüre pathetisch vorgestellt, dann offeriert das Stück mehrere Variationen über »Reich mir die Hand, mein Leben«, und in die letzte dieser Variationen braust mit stürmischem Schwung wieder das Komtur-Thema hinein. Es ist eine Klavier-Fantasie, wo die Funken stieben. Geschmacklosigkeiten und Genialitäten halten sich die Waage. Wenden wir uns der ersten großen Steigerung zu, die »tempestuoso«, also wild-stürmisch, gespielt werden soll (Beispiel 23).

Der berühmte *Shura Cherkassky* spielt diese erste große Steigerung aus Liszts Don-Juan-Fantasie mit beachtlicher Vehemenz. Doch sowohl den Schwung als auch die musikalischen Strukturen dieses grausam schweren Ausbruchs kann Ludwig Hoffmann weit zwingender herausholen. Schon zu Anfang bringt er die Oktaven-Blitze, die da eine Art Dreistimmigkeit vortäuschen – die linke Hand spielt Mozarts Bässe, die rechte muß in der Mittellage die Streicherakkorde anschlagen und zugleich in der Höhe Akzente setzen –, sehr viel deutlicher und erkennbarer. Und am Schluß vermag er die Oktaven-Passagen der rechten Hand so rasch zu bringen, daß man die musikalisch sinngebenden Akkorde der Linken wirklich als zusammengehörig erkennt. Bei Cherkassky mußte man glauben, der linken Hand sei da nur irgendeine Begleitung anvertraut. So kann kein Zweifel daran bestehen, daß Ludwig Hoffmann einfach größere Möglichkeiten hat als der weit berühmtere Cherkassky.

Charles Rosen, ein vielseitiger, hochgebildeter, etwas gehemmter Musiker, hat sich mit Beethoven-, Schumann-, Debussy-, Ravel-, Bartók-, Strawinsky- und Schönberg-Aufnahmen einen Namen gemacht. Er spielt unsere Liszt-Stelle zwar ein wenig langsamer als Cherkassky und

Aus: Liszt, Erinnerungen an Don Juan

Daran, wie jemand die pianistischen Aufgaben der Takte 1–3 und 10–11 unseres Beispiels löst, kann man Grifftechnik und pianistische Intelligenz – im Hinblick auf Lisztsche Anforderungen – beurteilen.

Ludwig Hoffmann, aber auch behutsamer, pianistisch weniger exzentrisch, glänzend und beherrscht. Auch er vermeidet, im Gegensatz zu Cherkassky, alle Undeutlichkeiten.

Bei Hoffmann klingt Liszt entwaffnend virtuos, hinreißend brillant und – als entfesseltes Klavierspiel – vielleicht ein wenig unseriös. Selbst Liszts Effekte wollen relativ verstanden werden. Charles Rosen hingegen bemüht sich zumindest, die wilden Passagen noch im Bereich des Kunstschönen zu halten. All die Undeutlichkeiten und Verlegenheiten, die sich während der Passagen bei Shura Cherkassky heraushören lassen, existieren nicht für ihn.

Was Ludwig Hoffmann kann, was in ihm steckt, merkt man ohne jeden Abstrich vielleicht am besten, wenn er von Strawinsky an die Kette gelegt wird. In Strawinskys Konzert für Klavier und Bläser, einem Stück, in dem expressionistische Fantastik und neoklassizistische Hemmungslosigkeit sich faszinierend mischen, muß jeder selbstbewußte Klaviertitan sich zum schuftenden Roboter erniedrigen lassen. Wenn Strawinskys Sohn Soulima Strawinsky sich diesem gefährlichen Opus seines Vaters unterwirft, dann hat man das Gefühl reiner Akkordarbeit. Ludwig Hoffmann spielt dieses Klavierkonzert von Strawinsky mit einer beängstigenden Perfektion. Und er bekommt es sogar fertig, daß eine wüste, dumpfe Trauer über den Effekten des eigentlich fälschlich Klavier genannten Schlagzeugs liegt. Da kann kein Salonlüftchen wehen, keine Selbstgefälligkeit sich entfalten, da muß ein Pianist gehorchen, leiden oder triumphieren, Amboß oder Hammer sein. Hoffmann triumphiert. Zumal wenn der griechische Dirigent Miltiades Caridis sich als ebenbürtiger Partner erweist. Der von den Bläsern vorgetragene langsame Anfangsrhythmus wirkt wie eine schwarze Parodie auf das Thema des Chopinschen Trauermarsches. Und wenn dann das Klavier im Forte-Allegro hinzustößt, erweist sich, daß die Klangmischung aus herbem Bläserton und starrem Klavierton im Zusammenhang mit der Abwesenheit aller schwelgerischen Streichersentimentalität ein Komponistenkunstgriff höchsten Ranges ist (Beispiel 24).

Nikita Magaloff verkörpert den Typus des unaufgeregten, ruhig lächelnden Virtuosen. Seine milde Bravour, seine Treffsicherheit, aber auch sein Geschmack stehen außerhalb jeder Diskussion. Aber die völlige Absenz eines entschiedenen Interpretationswillens, die zu gleichsam passiver pianistischer Perfektion führt, ist bei Magaloff schlechthin

Aus: Strawinsky, Konzert für Klavier und Bläser, 1. Satz

Strawinskys Klaviersatz ist gnadenlos. Wer da, wie Ludwig Hoffmann, klaren Kopf und unfehlbare Finger behält, hat in der Welt der schwarzen und weißen Tasten nichts Technisches mehr zu fürchten.

verblüffend! Man nimmt notgedrungen die Neutralität für eine Absicht, der man irgendwie nicht ganz folgen kann.

Der italienische Pianist *Aldo Ciccolini* hat mehr Werke von Liszt eingespielt als Horowitz und Rubinstein zusammen. Er hat sich bemüht, die Stücke als ganze zwar nicht domestiziert, aber doch lateinisch humanisiert vorzutragen, hat darauf verzichtet, einzelnes effektvoll herauszubringen, was etwa der (meist unterschätzten) »Dante-Sonate« aus Ciccolinis Gesamteinspielung der »Année de Pèlerinage« vorzüglich bekam. Denn wenn Liszt mit zu großer, geistlos selbstgerechter technischer Sicherheit und Geschwindigkeit gespielt wird (L. Berman zum Beispiel kann die zwölf »transzendentalen« Etüden schneller und virtuoser herunterdonnern als selbst ein Ashkenazy), dann ergibt sich ein fast komischer Effekt: »Mazeppa« wird zur zirkushaft beschwingten Tiernummer, die »Eroica«-Etüde zum gespreizten Oktaven-Akt. Wie Virtuosität dann komisch gerät, wenn sie die Personalität des Virtuosen völlig übertönt (Cziffra und Cherkassky leisten da Erstaunliches sowohl an übrigens keineswegs fehlerloser Virtuosität und auch an Naivität), so kann freilich auch Intellektualität zur bloßen Struktur-Zeichnung geraten. »Interpretieren«, also »Spielen«, heißt ja nicht: Strukturen freilegen – sondern vielmehr Strukturen so freilegen, daß sie Musik sinnvoll zu tragen vermögen und sich nicht als Selbstzweck vordrängen.

Diese Gefahr aber scheint zu bestehen, wenn einer der intelligentesten und scharfsinnigsten Pianisten unserer Gegenwart, nämlich der 1928 in San Francisco geborene *Leon Fleisher* – er studierte zehn Jahre bei Artur Schnabel! –, die beiden Klavierkonzerte oder auch die Händel-Variationen von Brahms vorträgt. Thematische Zusammenhänge, eine sinnvolle und überraschende Gliederung des Verlaufs, kleine und umfangreiche melodiöse Gruppierungen und rhythmische Kontraste trägt Fleisher mit konzentrierter Gescheitheit vor. Nicht Trockenheit gefährdet sein Spiel, sondern konstruktivistische Strenge. Er vermag seine überragende Intelligenz nicht völlig in die Totalität der Musik zu integrieren. Überschuß führt hier dazu, daß ein Rest bleibt ... Am wenigsten vielleicht, wenn Fleisher die Händel-Variationen von Brahms spielt – wo er mit scharfsinnigem Temperament dazu imstande ist, beinahe jede Variation aus einem anderen Impuls, in anderer Farbe und fast sogar in einem jeweils spezifischen neuen Stil auszudeuten.

Geza Anda

John Ogdon

Ludwig Hoffmann

Fleisher kommt da noch über die Kraft und den herrlichen Attacca-Impuls des tragisch früh verstorbenen *Julius Katchen* hinaus, der seinerseits wiederum als einziger die Brahmsschen Paganini-Variationen in einer stürmisch tiefsinnigen Aufnahme so vollendet einzuspielen vermochte, daß seine Interpretation immerhin Michelangelis wunderbarer Deutung dieses Werkes vergleichbar war, ja gleichkam. Es genügt, nur wenige Stücke aus diesen erstaunlicherweise musikalisch immer so grotesk unterschätzten (und pianistisch meist ebenso grotesk verfehlten) Paganini-Variationen von Brahms, wie Katchen sie spielt, mit so bemühten, aber technisch doch unzuständigen und darum auch musikalisch ledernen Einspielungen etwa von Milana Klicnika (ČSSR) oder von V. Merzanow (UdSSR) zu vergleichen, um zu ermessen, wieviel die Klavierwelt verlor, als Julius Katchen, dem anfangs alles so leicht geworden war, im Jahre 1969 starb, erst 42 Jahre alt.

Katchen wußte oder ahnte ziemlich lange, an welcher tödlichen Krankheit er litt, und er wußte oder ahnte auch, daß er in absehbarer Zeit würde sterben müssen. Wenn man das ermißt, dann hört man die letzten Schallplattenaufnahmen, die Katchen gemacht hat, anders. Und Katchen hat gewiß auch anders gespielt ... Sein Pianisten-Leben war ja, neben vielen Bemühungen, auch ein Kampf um Brahms. Er hat das gesamte Klavierwerk von Brahms »eingespielt«, er hat es technisch beherrscht wie kaum ein zweiter. Er ist nach beinahe wunderkindhaftem Star-Anfang – der Auftritt des jungen Julius Katchen gleich nach dem Zweiten Weltkrieg in Paris war ein sensationelles Debüt, an das sich viele Pariser Musikfreunde heute noch erinnern – zu einem immer seriöseren, immer bedeutenderen Künstler geworden. Wenn man nun aber hört, wie Julius Katchen in seiner wohl allerletzten Brahms-Aufnahme (es handelt sich um die Einspielungen der Klavier-Trios op. 8 und op. 101, zusammen mit dem Geiger Josef Suk und dem Cellisten Janos Starker) den Anfang des H-Dur-Trios spielt, dann ist man doch überwältigt.

Dieser Anfang zählt zu den schönsten, melodiösesten Eingebungen, die Brahms je hatte. Kein Wunder, daß der alte Brahms noch einmal auf sein hinreißend jugendfrisch inspiriertes Trio zurückkam, es revidierte, umschrieb, die Redseligkeit des Jugendwerkes kürzte, in hohem Alter Kunstverstand und eigentlich unpassende sehnsüchtige Resignation auf seinen Kammermusik-Erstling verwandte. Der erste Satz ist »Allegro con brio« überschrieben – und die Musiker-Anekdote ist wohl bekannt, derzufolge Edwin Fischer sich einst mit seinen Trio-Kollegen verabredet hatte, wirklich einmal das vorgeschriebene, höchst zügige Tempo zu nehmen. (Als dann der Konzertabend da war, spielte Fischer es natürlich doch gegen alle Abrede langsam, ruhig und schön.) – Katchen, kurz vor seinem Tod, findet für diesen Anfang ein herrliches Legato. Schon in der ersten Note, dem Auftakt, verbirgt sich ein deutliches, atmendes Innehalten. Und dann singt die Melodie so ruhig, ihrer Schönheit so unbeschreiblich gewiß, so sanft und wehmütig-heiter abgesetzt in immer größerer, ausladenderer Entfaltung, daß sie zu einer Phantasmagorie wird von reinstem Glück. Im phänomenal raschen Scherzo spürt man, welche technischen Reserven der ehemalige Virtuose besitzt, der dramatisch wilde Schluß des letzten Satzes setzt sich dann in der gleichfalls großartigen Interpretation des c-Moll-Trios op. 101 fort. Wenn man diese Platte hört, spürt man sogleich, wie glücklich Katchen war, zu solcher Kammermusik gefunden zu haben, und wie er sich auf weitere Trio-Aufnahmen freute, zu denen es nicht hat kommen dürfen.

Julius Katchen wurde 1926 in Long Branch, New Jersey (USA), geboren, er schwankte einige Zeit, ob er Philosophie- oder Literatur-Professor werden sollte. Offenbar tendierten auch seine Eltern dazu, ihm die mühselige Konzertpianisten-Laufbahn zu ersparen. Aber so leicht kommt ein geborener Künstler nicht von seiner Berufung ab. Der Pariser Erfolg entschied 1946 Katchens Pianisten-Leben, das 1969 endigte.

Schallplattenverzeichnis

Die Schallplatten, deren Bestellnummern ich hier mitteile, haben mir geholfen, die in diesem Buch charakterisierten Pianisten genauer kennenzulernen und ihr Spiel zu analysieren. Natürlich werden hier nicht sämtliche verfügbaren Platten der besprochenen Pianisten aufgeführt. Das Verzeichnis soll auch eine *Anthologie* sein. Alle hier genannten Platten sind entweder besonders reizvoll und hörenswert oder besonders charakteristisch. Da natürlich sämtliche »wichtigen« Aufnahmen, etwa von Kempff, Rubinstein oder S. Richter, im Textteil keineswegs auch nur gestreift werden konnten, soll der aufmerksame Leser hier aber auch Titeln begegnen, die im Text aus Platzgründen nicht erwähnt wurden. Mit Hilfe der Notenbeispiele und der hier aufgeführten Platten kann jeder interessierte Leser nun kritisch nachprüfen, wie der Verfasser zur »Urteilsfindung« kam.

Allerdings gründen sich die Urteile und Charakterisierungsversuche, die dieses Buch wagt, nur partiell auf Schallplatten. Der Eindruck, den öffentliche Konzerte vermitteln, war mir für die Charakterisierung eines Künstlers fast immer wichtiger. Hinzu kommt, daß ich — etwa bei Friedrich Gulda und Ludwig Hoffmann — auch Rundfunkaufnahmen berücksichtigte, die Privatpersonen meist gar nicht zugänglich sind.

Der Verfasser ist immer noch klaviervernarrt und neugierig genug, die Leser zu bitten, sie möchten ihm doch besonders gelungen scheinende Platten lebender Pianisten mitteilen, die hier nicht aufgeführt sind. Bei dem grotesk verworrenen Zustand des internationalen Plattenmarktes sind »Trouvaillen« immer möglich.

Ein solches Buch will natürlich nach wie vor immer nur ein Anfang, Provokation zum Widerspruch oder zur Ergänzung sein. Unmöglich kann ich hier auch nur andeutungsweise allen den Lesern oder (meist sehr wohlwollenden) Kritikern danken, die mich auf zu Unrecht vernachlässigte, manchmal aber auch ganz bewußt unterdrückte, Klavierplatten und Pianisten aufmerksam gemacht haben — wobei ich wohl weiß, daß etwa von Artur Schnabel oder Walter Gieseking hochbedeutende Interpretationen vorliegen, die nur eben nicht in den zeitlichen Rahmen hineingehören, den sich dieses Buch setzte.

Unser Schallplattenverzeichnis soll also, seinem Wesen nach, eine Anthologie sein. Was die Einzelplatten betrifft, ist hier tatsächlich keine Platte aufgeführt, die ich nicht selber besitze oder besessen habe (neither a borrower nor a lender be; »kein Borger sei und auch Verleiher nicht«) oder zumindest wiederholt hören konnte. Wegen der explosionsartigen Ausweitung der Schallplattenproduktion in aller Welt dürfte es aber mittlerweile unmöglich geworden sein, sich einzubilden oder vorzutäuschen, man könne ein mehr oder weniger sicheres Urteil über alle existierenden Klavierplatten »unserer Zeit« abgeben. Die hier vorliegende Anthologie ist zwar persönlich, das heißt: ein »persönliches Werturteil«, aber gewiß keine objektive Bestandsaufnahme. (Selbst im *Guide Michelin* fehlen doch manche besonders guten Restaurants!)

Ich möchte noch drei weitere Vorbemerkungen machen. Einfachheitshalber sind hier, erstens, etwa im Hinblick auf Beethoven- oder Schubert- oder Ravel-Kassetten, auch *Gesamteinspielungen* angeführt. Das heißt dann, beispielsweise im Falle Wilhelm Backhaus, natürlich nicht, daß ich die betreffenden Interpretationen einer jeden Sonate für besonders würdig oder gelungen halte. Nur wäre es unangebracht pedantisch gewesen, bei solchen unteilbaren Kassetten penibel zwischen gelungen und nicht gelungen zu unterscheiden. Gesamteinspielungen haben normalerweise doch immer zumindest eine gewisse Signifikanz.

Ich habe, zweitens, trotz vieler vernünftiger andersmeinender Ratschläge keineswegs darauf verzichtet, hier Platten aufzuführen, die in den gängigen Katalogen schon längst nicht mehr vorkommen. Der Verkaufspolitik der Schallplattenfirmen wollte ich mich nämlich nicht beugen! Ganz bewußt wollte ich auch die Leser auf mühsame Fährten hetzen, in der vagen Hoffnung, daß die Firmen vielleicht doch zu Neuausgaben zu bewegen seien, wenn immer wieder beispielsweise eine so grandiose Einspielung verlangt wird wie etwa die fast unzugängliche Interpretation der Brahmsschen g-Moll-Rhapsodie op. 79, 2, der Appassionata oder der Beethovenschen c-Moll-Sonate op. 111 durch Solomon. . . Und wenn man uns bedeutende Interpretationen des »frühen« Gulda oder des jungen Glenn Gould vorenthält, dann werden leidenschaftlich Interessierte sich möglicherweise doch in Antiquariaten erfolgreich die Finger schmutzig machen wollen... Drittens schließlich: In ganz wenigen Fällen wird der Leser hinter den nüchternen Schallplattenangaben Ausrufungszeichen finden. Diese Ausrufungszeichen mögen nicht überbewertet werden, sie sollen nur andeuten, daß ich die betreffenden Platten, vielleicht über ihren »objektiven« Wert hinaus, mit allergrößtem Vergnügen hörte, ja »erlebte« und ihnen auf diese Weise meinen Dank abstatten möchte. Nach wie vor bin ich von Herzen gern bereit, mich auf Neuaufnahmen junger und alter Pianisten aufmerksam oder auf Überhörtes hinweisen zu lassen.

J. K.

Herrn Claus-Dieter Schaumkell, der das Schallplattenverzeichnis sorgfältig überarbeitet und zahlreiche, im Laufe der Jahre aus irgendwelchen Gründen veränderte Bestellnummern auf den neuesten Stand gebracht hat, sowie der freundlichen, geduldigen Hilfe von Dr. Albrecht Roeseler und Fräulein Inge Kühl schulde ich herzlichen Dank.

J. K.

GEZA ANDA

Bartók Klavierkonzert Nr. 1 + Rhapsodie für Klavier und Orchester op. 1 (Radio-Symphonie-Orchester Berlin, Ferenc Fricsay)
DG 138708

Bartók Klavierkonzerte Nr. 2 und 3 (Radio-Symphonie-Orchester Berlin, Ferenc Friscay)
DG 138111

Beethoven Diabelli-Variationen op. 120
DG 138713

Brahms Klavierkonzert Nr. 2 B-Dur op. 83 (Berliner Philharmoniker, Herbert von Karajan)
DG 139034

Chopin 24 Préludes op. 28
DG 138084

Grieg Klavierkonzert a-Moll op. 16 — Schumann Klavierkonzert a-Moll op. 54 (Berliner Philharmoniker, Rafael Kubelik)
DG 138888

Mozart Klavierkonzerte Nr. 1—27 (Camerata Academica des Salzburger Mozarteums, Solist und Dirigent: Geza Anda)
DG 2720030 (12 LPs)

Schumann Kreisleriana op. 16 + Davidsbündlertänze op. 6
DG 139199

Schumann Symphonische Etüden op. 13 + Fantasie C-Dur op. 17
DG 138868

MARTHA ARGERICH

Chopin Klaviersonate Nr. 3 h-Moll op. 58 + Polonaise Nr. 7 As-Dur op. 61 + Polonaise Nr. 6 As-Dur op. 53 + Mazurkas op. 59 Nr. 1 a-Moll + Nr. 2 As-Dur + Nr. 3 fis-Moll
DG 139317

Chopin Klavierkonzert Nr. 1 e-Moll op. 11 + Liszt Klavierkonzert Nr. 1 Es-Dur (London Symphony Orchestra, Claudio Abbado)
DG 139383

Chopin Scherzo Nr. 3 cis-Moll op. 39 + Barcarolle Fis-Dur op. 60 — Brahms Rhapsodien op. 79 Nr. 1 h-Moll + Nr. 2 g-Moll — Liszt Ungarische Rhapsodie Nr. 6 Des-Dur — Prokofieff Toccata op. 11 — Ravel Jeux d'eau
DG 138672

Liszt Klaviersonate h-Moll — Schumann Klaviersonate Nr. 2 g-Moll op. 22
DG 2530193

Ravel Klavierkonzert G-Dur — Prokofieff Klavierkonzert Nr. 3 C-Dur op. 26 (Berliner Philharmoniker, Claudio Abbado)
DG 139349

CLAUDIO ARRAU

Beethoven Konzerte für Klavier und Orchester Nr. 1—5 (Philharmonia Orchestra London, Alceo Galliera)
EMI I C 047-50501/505

Beethoven Sämtliche Klaviersonaten
Phonogram 6747009 (13 LPs)

Brahms Konzerte für Klavier und Orchester Nr. 1 d-Moll op. 15 + Nr. 2 B-Dur op. 83 (Concertgebouw-Orchester, Bernard Haitink)
Phonogram 6700018 (2 LPs) oder 6500018 + 6500019

Brahms Konzert für Klavier und Orchester Nr. 1 d-Moll op. 15 (Philharmonia Orchestra, Carlo Maria Giulini)
EMI I C 063-00519

Chopin Etüden op. 10 + Allegro de Concert A-dur op. 46
Angel 35413

Chopin Etüden op. 25 + Trois Nouvelles Etudes op. posth.
Angel 35414

Grieg Klavierkonzert a-Moll op. 16 — Schumann Klavierkonzert a-Moll op. 54 (Philharmonia Orchestra, Alceo Galliera)
Trianon-EMI TRX 6124

Liszt Vallée d'Obermann + Petrarca-Sonett Nr. 104 + Les jeux d'eaux à la Villa d'Este + Ballade Nr. 2 h-Moll + Valse oubliée Nr. 1 Fis-Dur
Phonogram 802906 LY

Liszt Benédiction de dieu dans la Solitude + Gnomenreigen + Waldesrauschen + Sonate h-Moll
Phonogram 6500043

Schumann Arabeske C-Dur op. 18 + Faschingsschwank aus Wien op. 26 + Humoreske op. 20
Phonogram 839709 LY

Schumann Davidsbündlertänze op. 6 + Nachtstücke op. 23
Phonogram 6500 178

Schumann Carnaval op. 9 + Fantasie C-Dur op. 17
Phonogram 802746 LX

WLADIMIR ASHKENAZY

Beethoven Klaviersonate Nr. 29 B-Dur op. 106 (Hammerklavier-Sonate)
SXL 21174-B

Brahms Klavierkonzert Nr. 2 B-Dur op. 83 (London Symphony Orchestra, Zubin Mehta)
Decca SXL 6309

Chopin Balladen Nr. 1—4 + Trois Nouvelles Etudes op. posth.
Decca SXL 21104—B

Chopin Etüden Nr. 1 C-Dur op. 10,1 + Nr. 15 F-Dur op. 25,3 + Nr. 23 a-Moll op. 25,11 + Ballade Nr. 2 F-Dur op. 38 + Mazurkas Nr. 21 cis-Moll op. 30,4 + Nr. 28 H-Dur op. 41,3 + Scherzo Nr. 4 E-Dur op. 54
Heliodor 89646

Chopin Scherzo Nr. 4 E-Dur op. 54 + Nocturne Nr. 17 H-Dur op. 62,1 — Debussy L'isle joyeuse — Ravel Gaspard de la nuit
Decca SXL 6215 (UK) — London 6472 (USA)

Liszt Douze études d'exécution transcendante Nr. 1, 2, 3, 5, 8, 10, 11 + Gortschakoff-Impromtu + Mephistowalzer
Decca SXL 21222-B

Prokofieff Klaviersonate Nr. 7 B-Dur op. 83 + Klaviersonate Nr. 8 B-Dur op. 84 + Romeo und Julia (Klavierfassung): Romeo und Julia vor der Trennung/Masken
Decca SXL 6346

WILHELM BACKHAUS

Beethoven Klaviersonaten Nr. 1—32
Decca SRK 25034-D/1—10

Beethoven 33 Variationen über einen Walzer von Diabelli op. 120
Decca SMD 1206

Brahms Klavierkonzert d-Moll op. 15 (Wiener Philharmoniker, Karl Böhm)
Decca SLA 25036-D/1—5

Brahms Klavierkonzert B-Dur op. 83 (Wiener Philharmoniker, Karl Böhm)
Decca SLA 25036-D/1—5 + Decca SXL 6322

Chopin Sonate b-Moll op. 35
Decca LW 50146

Wilhelm Backhaus spielt Klaviermusik der Romantik: **Schubert** Valses nobles op. 77, 1–12 + Impromptu B-Dur op. 142,3 — **Mendelssohn** Rondo capriccioso op. 14 + Lieder ohne Worte op. 62 Nr. 1 und 6 + Lieder ohne Worte op. 67 Nr. 4 — **Brahms** Ballade g-Moll op. 118,3 + Intermezzo es-Moll op. 118,6 + Intermezzo Es-Dur op. 117,1 + Rhapsodie h-Moll op. 79,1 + Fantasie E-Dur op. 116,6 + Intermezzo e-Moll op. 119,2 + Intermezzo C-Dur op. 119,3
Decca SXL 21053–B

Sein letztes Konzert: **Mozart** Sonate Nr. 11 A-Dur KV 331 — **Schubert** Impromptu As-Dur op. 142,2 — **Beethoven** Sonate Nr. 18 Es-Dur op. 31,3 (1.–3. Satz) — **Schumann** Des Abends
Decca SXL 20090

DANIEL BARENBOIM

Bartók Klavierkonzerte Nr. 1 und 3 (New Philharmonia Orchestra London, Pierre Boulez)
EMI 1 C 063-01914

Beethoven Konzerte für Klavier und Orchester Nr. 1–5 + Chorfantasie op. 80 (New Philharmonia Orchestra, London, Otto Klemperer)
EMI 1 C 063–01978/82 oder EMI SLS 941 (UK)

Beethoven Klaviersonaten Nr. 1–32
EMI SLS 794 (12 LPs) (UK)

Brahms Klavierkonzerte Nr. 1 d-Moll op. 15 + Nr. 2 B-Dur op. 83 (New Philharmonia Orchestra London, Sir John Barbirolli)
EMI SME 91687 + 1 C 063–00384

Mozart Klavierkonzerte Nr. 5 D-Dur KV 175 + Nr. 9 Es-Dur KV 271 (Englisches Kammerorchester, Daniel Barenboim)
EMI 1 C 063-01964

Mozart Klavierkonzerte Nr. 13 C-Dur KV 415 + Nr. 17 G-Dur KV 453 (Englisches Kammerorchester, Daniel Barenboim)
EMI 1 C 063-00361

Mozart Klavierkonzerte Nr. 14 Es-Dur KV 449 + Nr. 15 B-Dur KV 450 (Englisches Kammerorchester, Daniel Barenboim)
EMI SME 91552

Mozart Klavierkonzerte Nr. 20 d-Moll KV 466 + Nr. 23 A-Dur KV 488 (Englisches Kammerorchester, Daniel Barenboim)
EMI 1 C 063-00329

Mozart Klavierkonzerte Nr. 27 B-Dur KV 595 + Nr. 21 C-Dur KV 467 (Englisches Kammerorchester, Daniel Barenboim)
EMI 1 C 063-01864

ARTURO BENEDETTI MICHELANGELI

Beethoven Klaviersonate Nr. 4 Es-Dur op. 7
DG 2530197

Chopin Zehn Mazurkas (!!) + Prélude cis-Moll op. 45 + Ballade g-Moll op. 23 + Scherzo b-Moll op. 31
DG 2530236

Debussy Children's Corner + Images, Serien I und II
DG 2530196

Galuppi Sonate Nr. 5 C-Dur — **Scarlatti** Sonaten c-Moll L 352 + C-Dur L 104 + A-Dur L 483 — **Beethoven** Klaviersonate Nr. 32 c-Moll op. 111
Decca SMD 1199

Ravel Klavierkonzert G-Dur — **Rachmaninow** Klavierkonzert Nr. 4 g-Moll op. 40 (Philharmonia Orchestra, Ettore Gracis)
EMI 1 C 053-00140

Bach/Busoni Chaconne aus der Partita Nr. 2 d-Moll BWV 1004 — **Brahms** Variationen über ein Thema von Paganini op. 35 — **Mozart** Klavierkonzert Nr. 15 B-Dur KV 450 (Orchester der Maifestspiele Florenz, Ettore Gracis)
EMI C 061-00656 M

L'arte di Benedetti Michelangeli: **Chopin** Scherzo Nr. 3 b-Moll op. 31 + Mazurka Nr. 47 a-Moll — **Scarlatti** Sonaten c-Moll + d-Moll — **Galuppi** Presto aus: Sonate B-Dur — **Albeniz** Malaguena — **Granados** Spanischer Tanz Nr. 5 — **Marascotti** Fantasque — **Debussy** Images Serie I: Reflets dans l'eau
EMI QALP 10341 — 3 (061-17017 M)

L. BERMAN

Dupont Fantasie und Fuge C-Dur — **Jongen** Campeador — **Debussy** Etude Nr. 6 — **Ravel** Ondine — **Prokofieff** Toccata op. 11
Kultusministerium der UdSSR Gost 5289-56 D 3252/53 (V)

Liszt Études d'exécution transcendante (!)
Made in the USSR 5318-5321

STEPHEN BISHOP

Beethoven Klaviersonate Nr. 5 c-Moll op. 10,1 + Klavierkonzert Nr. 1 C-Dur op. 15 (BBC-Symphony-Orchestra, Colin Davis)
Phonogram 6500179

Beethoven Diabelli-Variationen op. 120
Phonogram 839702 LY

Beethoven Sonaten für Cello und Klavier A-Dur op. 69 + D-Dur op. 102,2 (mit Jacqueline du Pré)
EMI HQS-1029

Grieg Klavierkonzert a-Moll op. 16 — **Schumann** Klavierkonzert a-Moll op. 54 (BBC-Symphony-Orchestra, Colin Davis)
Phonogram 6500166

ALFRED BRENDEL

Beethoven Klaviersonaten Nr. 23 f-Moll op. 57 (Appassionata) + Nr. 32 c-Moll op. 111
Phonogram 6500138

Beethoven Klaviersonaten Nr. 24 Fis-Dur op. 78 + Nr. 29 B-Dur op. 106 (Hammerklavier)
Phonogram 6500139

Beethoven Klaviersonaten Nr. 17 d-Moll op. 31,2 + Nr. 21 C-Dur op. 53 (Waldstein)
Turnabout TVS 34115

JOHN BROWNING

Ravel Sonatine + Le Tombeau de Couperin + Gaspard de la nuit
RCA LSC 3028-B

ROBERT CASADESUS

Debussy Six épigraphes antiques für Klavier zu vier Händen + En blanc et noir für zwei Klaviere (mit Gaby Casadesus)
Philips A 01225 L

Mozart Konzert für 3 Klaviere und Orchester F-Dur KV 242 — **Bach** Italienisches Konzert F-Dur BWV 971 + Konzert für 3 Klaviere Nr. 12 d-Moll BWV 1063 (mit Gaby und Jean Casadesus, Philadelphia Orchestra, Eugene Ormandy)
CBS 72150

Ravel Gesamtaufnahme des Klavierwerkes
CBS Odyssey 32360003 (3 LPs) (USA)

Ravel Konzert für die linke Hand D-Dur —
Mozart Konzert für zwei Klaviere Es-dur KV
365 (mit Gaby Casadesus, Philadelphia Orchestra, Eugene Ormandy)
CBS MS-6274 (USA)

ALDO CICCOLINI

Liszt Années de Pèlerinage (Gesamtaufnahme)
EMI CVB 1772/74–B

Liszt Harmonies poétiques et religieuses (Gesamtaufnahme)
EMI C 063-10688/9–B

CLIFFORD CURZON

Brahms Klavierkonzert Nr. 1 d-Moll op. 15
(London Symphony Orchestra, George Szell)
Decca SXL 6023

Brahms Klavierkonzert Nr. 2 B-Dur op. 83
(Wiener Philharmoniker, Hans Knappertsbusch)
Decca ACL 320 (UK)

Brahms Klaviersonate Nr. 3 f-Moll op. 5
Decca SXL 6041(UK)

Brahms Quintett für Klavier und Streichquartett
f-Moll op. 34 (Budapester Streichquartett)
CBS Odyssey 32160173 (USA)

Liszt Klaviersonate h-Moll + Liebestraum Nr.
3 As-Dur + Valse oubliée Nr. 1 Fis-Dur +
Gnomenreigen + Berceuse
Decca SXL 21079–B

Mozart Klavierkonzert Nr. 23 A-Dur KV 488 +
Klavierkonzert Nr. 24 c-Moll KV 491 (London
Symphony Orchestra, Istvan Kertész)
Decca SAD 22029

Schubert Moments musicaux op. 94 — Beethoven
»Eroica«-Variationen op. 35
Decca SXL 6523

Schumann Fantasie C-Dur op. 17 + Kinderszenen op. 15
Decca ND 607

CHRISTOPH ESCHENBACH

Henze Klavierkonzert Nr. 2 (London Philharmonic Orchestra, Hans Werner Henze)
DG 2530056

Schumann Kinderszenen op. 15 + Abegg-Varia-
tionen op. 1 + 6 Intermezzi aus op. 4 +
Waldszenen op. 82 Nr. 1, 3, 7, 9
DG 139183

LEON FLEISHER

Beethoven Konzerte für Klavier und Orchester
Nr. 1–5 (Cleveland Orchestra, George Szell)
CBS 77410 (4 LPs)

Brahms Klavierkonzerte Nr. 1 d-Moll op. 15 +
Nr. 2 B-Dur op. 83 (Cleveland Orchestra, George
Szell)
CBS 77259

Brahms Variationen und Fuge über ein Thema
von Händel op. 24 + Walzer op. 39
Columbia 33 CX 1839

BRUNO LEONARD GELBER

Beethoven Klaviersonaten Nr. 3 C-Dur op. 2,3
+ Nr. 13 Es-Dur op. 31,3 + Nr. 19 g-Moll op.
49,1 + Nr. 20 G-Dur op. 49,2
EMI SME 81109

Beethoven Klaviersonaten Nr. 15 D-Dur (Pastorale) + Nr. 26 Es-Dur (Les Adieux)
EMI SMC 80988

Beethoven Klavierkonzert Nr. 3 c-Moll op. 37
(New Philharmonia Orchestra, Ferdinand Leit-
ner)
EMI SME 91667 — SXLP 20107 (UK) Seraphim
S-60130 (USA)

Beethoven Klavierkonzert Nr. 5 Es-Dur op. 73
(New Philharmonia Orchestra, Ferdinand Leitner)
EMI 1 C 063-10452 — SXLP 20104 (UK) Seraphim S-60131 (USA)

Brahms Klavierkonzert Nr. 1 d-Moll op. 15
(Münchner Philharmoniker, Franz-Paul Decker)
EMI 1 C 063-10448

EMIL GILELS

Beethoven Klavierkonzert Nr. 1 C-Dur op. 15
(Leningrader Philharmoniker, Kurt Sanderling)
Melodia-Auslese 77453 KK

Beethoven Klavierkonzert Nr. 5 Es-Dur op. 73
(Philharmonia Orchestra, Leopold Ludwig)
EMI IC 053-00666

Beethoven Klavierkonzert Nr. 3 c-Moll op. 37
Rachmaninow Klavierkonzert Nr. 3 d-Moll op.
30 — Chopin Klaviersonate Nr. 2 b-Moll op. 35
— Mozart Klaviersonate Nr. 16 C-Dur KV 545
EMI IC 153 — 11626/628 M

Medtner Sonate g-Moll op. 22 — Beethoven Klaviersonate Nr. 3 C-Dur op. 2,3 (!)
Kultusministerium der UdSSR D 02305 — 02306

Brahms Klavierkonzert Nr. 2 B-Dur op. 83
(Chicago Symphony Orchestra, Fritz Reiner)
RCA VICS 1026

Chopin Klavierkonzert Nr. 1 e-Moll op. 11
(Philadelphia Orchestra, Eugene Ormandy)
CBS 72338

Tschaikowski Klavierkonzert Nr. 1 b-Moll op.
23 (Chicago Symphony Orchestra, Fritz Reiner)
RCA Victrola VICS 1039 (USA)

Mozart Klavierkonzert Nr. 21 C-Dur KV 467 —
Haydn Klavierkonzert D-Dur (Moskauer Kam-
merorchester, Rudolf Barshai)
Melodia-Auslese 77291 ZK

C. P. E. Bach Sonate für Klavier A-Dur — Cle-
menti Sonate C-Dur op. 34,1 — Haydn Sonate
Nr. 20 c-Moll — Rameau Pièces de clavecin II
Nr. 7 + 8 — Scarlatti Sonaten F-Dur L 116 +
f-Moll L 118 + A-Dur L 395 + d-Moll L
442 + d-Moll L 423 + h-Moll L 449 + G-
Dur L 487
Melodia-Eurodisc 80291

Schubert Moments musicaux op. 94 D. 780 —
Schumann Nachtstücke op. 23
Melodia-Eurodisc 80155 KK

Debussy Clair de Lune aus: Suite Bergamasque —
Ravel Prélude, Forlane und Toccata aus: Le
Tombeau de Couperin — Mozart Klaviersonate
c-Moll KV 457
Made in the UdSSR Gost 5289-56
D-04046 (B) 04047 (B)

Scarlatti Sonaten h-Moll + G-Dur + E-Dur +
A-Dur + C-Dur — Schostakowitsch Drei Prälu-
dien und Fugen D-Dur, D-Dur, d-Moll aus op. 87
Made in the UdSSR Gost 5289-56
D 02828 (B) — 02829 (B)

Mozart Fantasie d-Moll KV 397 — Schumann
Arabeske C-Dur op. 18 — Schubert Impromptu
f-Moll op. 142,1 (!) — Weinberg Sonate Nr. 4
op. 56
Made in the USSR D 07937-07938

Emil Gilels at Carnegie Hall: Beethoven Kla-
viersonate Nr. 14 cis-Moll op. 27,2 (Mondschein-
Sonate) + Variationen c-Moll WoO 80 —
Busoni Präludium und Fuge D-Dur — Chopin
Etüde Nr. 14 f-Moll op. 25,2 + Trois Nouvel-

247

les Etudes: Nr. 2 As-Dur — **Medtner** Klavier-
sonate a-Moll op. 38 — **Prokofieff** Marsch und
Scherzo aus: Die Liebe zu den drei Orangen —
Ravel Jeux d'eau + Pavane pour une Infante
défunte — **Bach/Siloti** Präludium h-Moll
EMI 1 C 187–91525/526
Klavierabend im Bolshoi-Saal des Moskauer
Konservatoriums, Oktober 1961: **Chopin** Kla-
viersonate Nr. 2 b-Moll op. 35 — **Liszt** Klavier-
sonate h-Moll — **Schumann** Klaviersonate fis-
Moll op. 11 + Werke von Strawinsky, **Bach/
Siloti** und Ravel
Made in the USSR Do 011278–11279 (a)

GLENN GOULD

Bach Das Wohltemperierte Klavier, Teil I, BWV
846–869
CBS 77225 (2 LPs)
Bach Das Wohltemperierte Klavier, Teil II, BWV
870–893
CBS 77337 (3 LPs)
Bach Partiten Nr. 1 BWV 825 + Nr. 3 BWV
827 + Nr. 6 BWV 830
CBS 72521
Bach Partiten Nr. 2 BWV 826 + Nr. 4 BWV
828 + Nr. 5 BWV 829
CBS 72522
Bach Goldberg-Variationen BWV 988
CBS 72261
Bach Italienisches Konzert F-Dur BWV 971 +
Partita Nr. 1 B-Dur BWV 825 + Partita Nr. 2
c-Moll BWV 826
Columbia ML 5472
Bach Inventionen und Sinfonien Nr. 1–15 BWV
772–801
CBS MS - 6622 (USA)
Beethoven Klavierkonzert Nr. 2 B-Dur op. 19 —
Bach Klavierkonzert d-Moll Nr. 1 BWV 1052
(Columbia Symphony Orchestra, Leonard Bern-
stein)
Columbia ML 5211
Beethoven Klaviersonaten Nr. 5 c-Moll + Nr.
6 F-Dur + Nr. 7 D-Dur op. 10,1–3
CBS 72357 (UK) — MS-6686 (USA)
Beethoven Klaviersonaten Nr. 8 (Pathétique)
+ Nr. 9 E-Dur + Nr. 10 G-Dur
CBS MS-6945
Beethoven Klaviersonaten Nr. 30 E-Dur op. 109
+ Nr. 31 As-Dur op. 110 + Nr. 32 c-Moll
op. 111
CBS Col. ML-5130
Beethoven Konzerte für Klavier und Orchester
Nr. 1–5 (1 + 2: Columbia Symphony Orchestra,
3 + 4: New Yorker Philharmoniker, 5: Ameri-
can Symphony Orchestra; 1: Wladimir Golsch-
mann (!) 2 + 3 + 4: Leonard Bernstein, 5:
Leopold Stokowski)
CBS 77409 (4 LPs)
Beethoven 32 Variationen c-Moll WoO 80 + 6
Variationen über ein Originalthema F-Dur op.
34 + 15 Variationen mit Fuge Es-Dur op. 35
(Eroica-Variationen)
CBS 72882
Beethoven/Liszt Klavierfassung der Sinfonie Nr.
5 c-Moll op. 67
CBS 72714
Brahms Klavierstücke op. 76 + op. 118 + op.
119 (!) Fantasien op. 116 + Intermezzi op. 117
CBS MS-6237 (USA)
Mozart Klaviersonaten Nr. 8 a-Moll KV 310 +
Nr. 10 C-Dur KV 330 + Nr. 12 F-Dur KV 332
+ Nr. 13 B-Dur KV 333
CBS M-31073
Prokofieff Klaviersonate Nr. 7 B-Dur op. 83 —
Skrjabin Klaviersonate Nr. 3 fis-Moll op. 23
CBS 72776

Strauss Enoch Arden (Sprecher: Claude Rains) (!)
CBS Monaural-ML 5741
Berg Klaviersonate op. 1 — **Schönberg** Drei Klavierstücke op. 11 — **Křenek** Klaviersonate Nr. 3
op. 92
Columbia ML 5336
Schönberg Klavierwerk-Gesamtausgabe: 3 Klavierstücke op. 11 + 6 kleine Klavierstücke op.
23 + Suite für Klavier op. 25 + 2 Klavierstücke op. 33 a und b
CBS MS-8098
Schönberg Klavierkonzert op. 42 (CBS Symphony Orchestra, Robert Craft. Rückseite: Violin-
konzert op. 36, Israel Baker, Violine)
CBS MS-7039 (USA) — 72642 (UK)

FRIEDRICH GULDA

Beethoven Klaviersonaten Nr. 1–32
Amadeo ASY 906434/44 (11 LPs)
Beethoven Klaviersonaten Nr. 1 f-Moll op. 2,1
+ Nr. 2 A-Dur op. 2,2 + Nr. 26 Es-Dur
op. 81 a (Les Adieux) + Eroica-Variationen
Es-Dur op. 35
Decca KD 11004/1–2
Beethoven Konzerte für Klavier und Orchester
Nr. 1–5 (Wiener Philharmoniker, Horst Stein)
Decca SKB 25060-D/1–4
Chopin Klavierkonzert Nr. 1 e-Moll op. 11 +
Préludes op. 28 (London Philharmonic Orchestra,
Sir Adrian Boult)
Decca KD 11016/1–2
Debussy Préludes, Livres I + II
BASF-MPS CVB 857 (2 LPs)
Mozart Konzert für Klavier und Orchester Nr.
14 Es-Dur KV 449 — **Strauss** Burleske für Kla-
vier und Orchester d-Moll (London Symphony
Orchestra, Anthony Collins) (!)
Decca LXT 5013
Encores mit Friedrich Gulda: **Bach** Präludium
und Fuge Nr. 3 BWV 848 — **Beethoven** Album-
blatt für Elise a-Moll + Andante favori F-Dur
+ 6 Ecossaisen Es-Dur — **Chopin** Walzer Nr. 6
Des-Dur op. 64,1 (Minutenwalzer) + Nr. 14
e-Moll — **Debussy** Feux d'artifice aus: Préludes,
Livre II — **Händel** Passacaglia g-Moll — **Mozart**
Rondo Nr. 1 D-Dur KV 485 + Alla Turca aus:
Klaviersonate Nr. 11 A-Dur KV 331 — **Ravel**
Toccata aus: Le Tombeau de Couperin —
Schubert Impromptu Nr. 4 As-Dur op. 90,4 —
Schumann Träumerei aus: Kinderszenen op. 15
Amadeo AVRS 6274

INGRID HAEBLER

Chopin Nocturnes Nr. 1–21
Vox SVUX-52007 (2 LPs)
Chopin Walzer Nr. 1–19
Vox 511970 + Phonogram 6500117 (Neuaufnahme!)
Mozart Klavierkonzerte Nr. 5–27 + Rondos
für Klavier und Orchester Nr. 1 D-Dur KV 382
+ Nr. 2 A-Dur KV 386 (mit Ludwig Hoffmann,
Sas Bunge, Klavier; London Symphony Orche-
stra, Alceo Galliera, Witold Rowicki, Colin Da-
vis)
Phonogram C 75 AX 200 (12 LPs)
Mozart Klavierkonzerte Nr. 19 F-Dur KV 459
+ Nr. 20 d-Moll KV 466 (Wiener Symphoni-
ker, Carl Melles)
Vox 511010
Schubert Moments musicaux op. 95 D. 780 +
Deutsche Tänze op. 33 D. 783 — **Schumann**
Kinderszenen op. 15
Phonogram 802738 LY

248

LUDWIG HOFFMANN

Liszt Liebestraum Nr. 3 As-Dur op. 62 + Sechs Paganini-Etüden + Rigoletto-Paraphrase
Telefunken NT 365

Tschaikowski Klavierkonzert Nr. 1 b-Moll op. 23 (Bamberger Symphoniker, Horst Stein)
Europa-Exquisit 1209

Tschaikowski Klavierkonzert Nr. 1 b-Moll op. 23 (Londoner Philharmonisches Orchester, Gunnar Staern)
Somerset 543 oder Marble Arch MAL 554 (UK)

WLADIMIR HOROWITZ

Beethoven Klavierkonzert Nr. 5 Es-Dur op. 73 (RCA-Victor Symphony Orchestra, Fritz Reiner)
RCA-Victrola VICS 1636 (USA)

Beethoven Klaviersonaten Nr. 14 cis-Moll op. 27,2 (Mondschein) + Nr. 21 C-Dur op. 53 (Waldstein)
RCA LM 2009 (USA)

Beethoven Klaviersonaten Nr. 7 D-Dur op. 10,3 + Nr. 23 f-Moll op. 57 (Appassionata)
RCA LSC 2366 (USA)

Beethoven Klaviersonate Nr. 8 (Pathétique) — **Chopin** Etüden Nr. 12 op. 10 + Nr. 17 op. 25 + Scherzo h-Moll op. 20 — **Debussy** Aus Préludes Livre II: Nr. 16, 17, 18
CBS 72180 (UK) — MS 6541 (USA)

Brahms Klavierkonzert Nr. 2 B-Dur op. 83 (NBC Symphony Orchestra, Arturo Toscanini) — **Rachmaninow** Klavierkonzert Nr. 3 d-Moll op. 30 (RCA-Victor Symphony Orchestra, Fritz Reiner) — **Tschaikowski** Klavierkonzert Nr. 1 b-Moll op. 23 (NBC Symphony Orchestra, Arturo Toscanini)
RCA Vic. MA 25007-R/1—3

Chopin Ballade Nr. 1 g-Moll op. 23 + Andante spianato et Grande Polonaise Es-Dur op. 22 + Etüde Nr. 4 cis-Moll op. 10,4 + Impromptu Nr. 1 As-Dur op. 29 + Mazurka Nr. 32 cis-Moll op. 50,3 + Nocturne Nr. 2 Es-Dur op. 9 + Scherzo Nr. 1 h-Moll op. 20 + Walzer Nr. 7 cis-Moll
RCA-Victrola Vic 1605 (USA)

Chopin Etüde Nr. 5 Ges-Dur op. 10,5 + Introduktion und Rondo op. 16 + Mazurka Nr. 13 a-Moll op. 17,4 + Polonaisen Nr. 6 As-Dur op. 53 + Nr. 7 As-Dur op. 61 + Walzer Nr. 3 a-Moll op. 34,2
CBS 72969

Chopin Mazurkas Nr. 38 fis-Moll op. 59,3 + Nr. 26 cis-Moll op. 41,1 + Nr. 20 Des-Dur op. 30,3 + Nr. 21 cis-Moll op. 30,4 + Nr. 40 f-Moll Nr. 63,2 + Nr. 41 cis-Moll op. 63,3 + Nr. 32 cis-Moll op. 50,3 — Schumann Kinderszenen op. 15
His Master's Voice ALP 1069

Chopin Scherzi Nr. 2 b-Moll op. 31 + Nr. 3 cis-Moll op. 39 + Nocturnes Nr. 3 H-Dur op. 9,3 + Nr. 4 F-Dur op. 15,1 + Nr. 7 cis-Moll op. 27,1 + Nr. 2 Es-Dur op. 9,2 + Barcarolle Fis-Dur op. 60
RCA LM 2137 (USA)

Chopin Sonate b-Moll op. 35 + Ballade Nr. 1 g-Moll op. 23 + Nocturne Nr. 5 op. 15,2 — **Liszt** Au bord d'une source + Ungarische Rhapsodie Nr. 6
His Masters Voice ALP 1087

Clementi Sonaten g-Moll op. 34,2 + f-Moll op. 14,3 + fis-Moll op. 26,2
RCA LM 1902 (USA)

Liszt Années de Pèlerinage: Petrarca-Sonett Nr. 104 + Au bord d'une source (!) + Les Funérail-

les + Ungarische Rhapsodien Nr. 2, 6, 15 + Valse oubliée Nr. 1
RCA LM 2584-C

Liszt Klaviersonate h-Moll (!) + Les Funérailles — **Schumann** Toccata C-Dur op. 7 + Arabeske C-Dur op. 18 + Presto passionato
Seraphim 60114 (Elec. 80901)

Mendelssohn Variations sérieuses d-Moll op. 54
RCA LVT 1043 (B-Seite: Liszt) (USA)

Mussorgski Bilder einer Ausstellung — **Tschaikowski** Klavierkonzert Nr. 1 b-Moll (NBC Symphony Orchestra, Arturo Toscanini; Aufnahme 1941)
RCA KR 11013/1—2

Rachmaninow Etudes-Tableaux es-Moll + C-Dur op. 33 + D-Dur op. 39 + Moment musical h-Moll op. 16 + Sonate Nr. 2 b-Moll op. 36 + Prélude Nr. 23 gis-Moll op. 32,12
CBS 72940

Scarlatti 12 Sonaten
CBS MS 6658 (USA) 72274 (BRD)

Schumann Variationen über ein Thema von Clara Wieck op. 14 + Kreisleriana op. 16
CBS 72841

Bach/Busoni Choral und Präludium für Orgel »Nun freut euch, liebe Christen g'mein« — **Scarlatti** Andante mosso aus: Sonate h-Moll + Presto aus: Sonate G-Dur — **Beethoven** 32 Variationen c-Moll WoO 80 — **Chopin** Etüden Nr. 4 cis-Moll op. 10,4 + Nr. 5 Ges-Dur op. 10,5 + Nr. 8 F-Dur op. 10,8 + Mazurkas Nr. 7 f-Moll op. 7,3 + Nr. 27 e-Moll op. 41,2 + Nr. 32 cis-Moll op. 50,3 + Scherzo Nr. 4 E-Dur op. 54 — **Debussy** Étude Nr. 11 »Pour les arpèges composés« — **Poulenc** Pastourelle + Toccata
La Voix de son Maître COLH 300

Chopin Klaviersonate Nr. 2 b-Moll op. 35 — **Rachmaninow** Étude-Tableaux C-Dur op. 33,2 + es-Moll op. 39,6 — **Schumann** Arabeske op. 18 — Liszt/Horowitz Ungarische Rhapsodie Nr. 19
CBS 72067 — KS 6371 (USA)

Schumann Blumenstück op. 19 — **Skrjabin** Sonate Nr. 10 G-Dur op. 70 — **Debussy** L'Isle joyeuse — **Chopin** Nocturne Nr. 19 e-Moll op. 72,1 + Mazurka Nr. 25 h-Moll op. 33,4 — **Liszt** Vallée d'Obermann aus: Années de Pèlerinage
CBS 72794 (UK)

Schumann Kinderszenen + Toccata C-Dur op. 7 — **Scarlatti** Sonaten E-Dur + A-Dur + G-Dur — **Schubert** Impromptu Nr. 3 Ges-Dur — **Skrjabin** Poème Fis-Dur op. 32,1 + Etüde Nr. 1 cis-Moll op. 2 + Etüde Nr. 12 des-Moll op. 8
CBS 72117

Schumann Variationen über ein Thema von Clara Wieck op. 14 — **Scarlatti** Sonate E-Dur — **Chopin** Mazurka Nr. 17 b-Moll op. 24,4 + Polonaise Nr. 7 As-Dur op. 61 — **Haydn** Sonate Nr. 52 Es-Dur — **Brahms** Intermezzo Nr. 3 b-Moll op. 117,2 — **Moszkowski** Etincelles — **Skrjabin** Prélude D-Dur op. 11,5 + Prélude gis-Moll op. 21 — Sousa/Horowitz Stars and Stripes forever (!!)
RCA LM 1957 (USA)

Der junge Horowitz: **Kabalewski** Klaviersonate Nr. 3 op. 46 — **Tschaikowski** Dumka — Scarlatti Klaviersonate Nr. 375 — **Chopin** Mazurka Nr. 21 cis-Moll op. 32,4 + Walzer Nr. 7 cis-Moll op. 64,2 — Paganini/Liszt Etüde Nr. 2 — **Debussy** Sérénade for the doll aus: Children's Corner — Horowitz Danse excentrique f-Moll — **Dohnányi** Capriccio
RCA LM 2993 (USA) — RB 6767 (UK)

Carnegie-Hall-Konzert am 9. Mai 1965: Bach/Busoni Toccata, Adagio und Fuge C-Dur für

Orgel — **Schumann** Fantasie C-Dur op. 17 —
Skrjabin Klaviersonate Nr. 9 op. 68 + Etüde
Nr. 8 F-Dur op. 10 + Poem Fis-Dur op. 32,1
+ Etüde cis-Moll op. 2,1 — **Chopin** Mazurka
Nr. 21 cis-Moll op. 32,4 + Etüde Nr. 8 F-Dur
op. 10,8 + Ballade Nr. 1 g-Moll op. 23 — **De-
bussy** Sérénade for the doll aus: Children's
Corner — **Moszkowski** Etüde As-Dur op. 72,2 —
Schumann Träumerei aus: Kinderszenen op. 15
CBS 72376/77 (UK) M2S-728 (USA) 77265 (BRD)

Carnegie-Hall-Konzert 1966: Chopin Nocturne
Nr. 19 e-Moll op. 72,1 + Mazurka Nr. 25
h-Moll op. 33,4 — **Haydn** Klaviersonate Nr. 23
F-Dur — **Liszt** Vallée d'Obermann — **Schumann**
Blumenstück op. 19

The Horowitz Collection enthält Kompositionen von Czerny, Chopin, Mozart, Clementi,
Schumann, Mendelssohn, Skrjabin, Barber, Prokofieff, Moszkowski, Saint-Saëns und Liszt/Ho-
rowitz
RCA 2 Vic. LD 7021 (USA)

Horowitz on Television: Chopin Ballade Nr. 1
g-Moll op. 23 + Nocturne Nr. 15 f-Moll op.
55,1 + Polonaise Nr. 5 fis-Moll op. 44 — **Scarlatti** Sonaten E-Dur + G-Dur — **Schumann**
Arabeske C-Dur op. 18 — **Skrjabin** Etüde des-
Moll op. 8,12 — **Bizet/Horowitz** Carmen-Varia-
tionen
CBS 72720

JULIUS KATCHEN

Beethoven Klaviersonate Nr. 32 c-Moll op. 111
+ Bagatellen op. 126 + Polonaise C-Dur
Decca SAD 22036

Brahms Klavierkonzert Nr. 2 B-Dur op. 83 (London Symphony Orchestra, János Ferencsik)
Decca SMD 1240

Schubert Wanderer-Fantasie C-Dur op. 15 —
Schumann Carnaval op. 9
Decca ECS 590 (UK)

WILHELM KEMPFF

Beethoven Konzerte für Klavier und Orchester
Nr. 1—5 (Berliner Philharmoniker, Ferdinand
Leitner)
DG 2711004

Beethoven Klaviersonaten Nr. 1 f-Moll + Nr.
12 As-Dur + Nr. 19 g-Moll + Nr. 20 G-Dur
DG 138935

Beethoven Klaviersonaten Nr. 2 A-Dur + Nr.
3 C-Dur
DG 138936

Beethoven Klaviersonaten Nr. 5 c-Moll + Nr.
6 F-Dur + Nr. 7 D-Dur
DG 138937

Beethoven Klaviersonaten Nr. 15 D-Dur (Pasto-
rale) + Nr. 21 C-Dur (Waldstein) + Nr. 24
Fis-Dur + Nr. 25 G-Dur
DG 139301

Beethoven Klaviersonaten Nr. 16 G-Dur + Nr.
18 Es-Dur + Nr. 22 F-Dur
DG 138940

Beethoven Klaviersonaten Nr. 29 B-Dur (Hammerklavier) + Nr. 30 E-Dur
DG 138944

Beethoven Klaviersonaten Nr. 31 As-Dur +
Nr. 32 c-Moll
DG 138945

Brahms Intermezzi op. 117 + Klavierstücke op.
118 + op. 119
DG 138903

Mozart Klavierkonzert Es-Dur KV 271 + Klavierkonzert B-Dur KV 450 (Stuttgarter Kammerorchester, Karl Münchinger)
Decca ND 246

Mozart Klaviersonate A-Dur KV 331 + Kla-
viersonate a-Moll KV 310 + Fantasie d-Moll
KV 397 + Fantasie c-Moll KV 475
DG 138707

Schubert Sämtliche Klaviersonaten
DG 2730024 (9 LPs)

Schubert Impromptus op. 90 D. 899 + Impromptus op. 142 D. 935
DG 139149

Schubert Moments musicaux op. 94 D. 780 +
Wanderer-Fantasie C-Dur op. 15 D. 760
DG 139372

Schumann Symphonische Etüden op. 13 — **Brahms**
Variationen und Fuge über ein Thema von Hän-
del op. 24
Heliodor 2548017

Schumann Kreisleriana op. 16 + Fantasie C-
Dur op. 17
Heliodor 2548035

JOHN OGDON

Bach Präludium und Fuge Nr. 5 D-Dur (aus dem
Wohltemperierten Klavier) — **Mozart** Fantasie
für Klavier d-Moll KV 397 — **Beethoven** Andante favori F-Dur — **Chopin** Scherzo Nr. 3
cis-Moll op. 39 + Mazurka Nr. 17 b-Moll op.
24,1 — **Schumann** Nachtstück Nr. 4 F-Dur op.
23 — **Debussy** Clair de lune + Danse de Puck
+ La fille aux cheveux de lin — **Liszt/Busoni**
La campanella (Paganini-Etüde Nr. 3 gis-Moll)
EMI ASD 546 (UK)

Beethoven Klaviersonate Nr. 29 B-Dur op. 106
RCA LSC 3123

Liszt Ungarische Fantasie für Klavier und Orchester (Philharmonia Orchestra, John Pritchard)
— **Liszt/Busoni** Rhapsodie espagnol — **Liszt** Klaviersonate h-Moll
EMI WRC ST 697 (UK)

Liszt Etude de concert Nr. 3 Des-Dur + Wal-
desrauschen + Gnomenreigen + Etude d'exé-
cution transcendante Nr. 3 F-Dur + Paganini-
Etüde Nr. 2 Es-Dur + Funérailles (Harmonies
poétiques) + Ungarische Rhapsodie Nr. 15 +
Notturni Nr. 1 + Nr. 3 As-Dur (Liebesträume)
+ Polonaise Nr. 2 E-Dur + Valse oubliée
Nr. 1 Fis-Dur
EMI ASD 2416 (UK)

Skrjabin Etüde Nr. 12 des-Moll op. 8 + Al-
bumblatt Nr. 12 op. 58 + Deux Morceaux +
Etüde Nr. 1 cis-Moll op. 2 + Deux Poèmes
op. 63 + Prélude und Nocturne für die linke
Hand op. 9,1 + 2 Préludes op. 67 + 4
Préludes op. 48 + 5 Préludes op. 74 + Sonate
Nr. 1 f-Moll op. 6 + Sonate Nr. 2 gis-Moll op.
19 + Sonate Nr. 3 fis-Moll op. 23 + Sonate
Nr. 4 Fis-Dur op. 30 + Sonate Nr. 5 Fis-Dur
op. 53 + Sonate Nr. 6 G-Dur op. 62 + So-
nate Nr. 7 Fis-Dur op. 64 + Sonate Nr. 8 A-
Dur op. 66 + Sonate Nr. 9 F-Dur op. 68 +
Sonate Nr. 10 C-Dur op. 70 + Vers la flame
op. 72
EMI SLS 814 (UK)

MAURIZIO POLLINI

Chopin Polonaise Nr. 5 fis-Moll op. 44 + Mazurka Nr. 32 cis-Moll op. 50,3 + Impromptu
Nr. 3 Ges-Dur op. 51 + Nocturne Nr. 13 c-Moll
op. 48,1
Heliodor 89510

Chopin Ballade Nr. 1 g-Moll op. 23 + Nocturnes Nr. 4 F-Dur op. 15,1 + Nr. 5 Fis-Dur op.
15,2 + Nr. 7 cis-Moll op. 27,1 + Nr. 8 Des-
Dur op. 27,2 + Polonaisen Nr. 5 cis-Moll op.
44 + Nr. 6 As-Dur op. 53
EMI 1 C 063-01897

Chopin Klavierkonzert Nr. 1 e-Moll op. 11
(Philharmonia Orchestra, Paul Kletzki)
EMI 1 C 053-00182

JEAN-BERNARD POMMIER

Bach Konzerte für Klavier und Orchester Nr. 1
a-Moll BWV 1052 + Nr. 4 A-Dur BWV 1055
+ Nr. 5 f-Moll BWV 1056 (Consortium Musi-
cum de Cologne, Jean-Pierre Marty)
CBV 2089

Beethoven Klavierkonzert Nr. 5 Es-Dur op. 73
(Orchester-Vereinigung Lamoureux, Dimitri
Chorfas)
Elite Spezial SMLP-5004

Debussy Pour le piano + La Cathédrale engloutie + Feux d'artifice + Arabesques Nr. 1
und 2 + La plus que lente + Jardins sous la
pluie + La fille aux cheveux de lin + L'isle
joyeuse + Clair de lune
EMI C 053-11271-D

Schumann Novelletten op. 21
EMI CVC 2063-B

MICHAEL PONTI

Skrjabin Klaviersonaten Nr. 1–12
Vox SVBX 5461

SVJATOSLAV RICHTER

Bach Das Wohltemperierte Klavier (Erster Teil)
Melodia Eurodisc 80651 XK

Beethoven Rondo für Klavier und Orchester B-
Dur op. posth. + Klavierkonzert Nr. 3 c-Moll
op. 37 (Wiener Symphoniker, Kurt Sanderling)
DG 138848

Beethoven Klaviersonaten Nr. 12 As-Dur (mit
dem Trauermarsch) + Nr. 23 f-Moll (Appassionata)
RCA VICS 1427

Beethoven Klavierkonzert Nr. 1 C-Dur op. 15
+ Klaviersonate Nr. 22 F-Dur op. 54 (Boston
Symphony Orchestra, Charles Münch)
RCA VICS 1478

Beethoven Klaviersonate Nr. 7 D-Dur op. 10,3 +
Haydn Klaviersonate C-Dur Hob. XVI, 50
Melodia-Auslese 80093 ZK

Beethoven Klaviersonate Nr. 8 c-Moll op. 13
(Pathétique) + Bagatellen F-Dur op. 33,3 +
C-Dur op. 33,5 + C-Dur op. 119,2 + C-Dur
op. 119,7 + a-Moll op. 119,9 + G-Dur op. 126,1
+ b-Moll op. 126,4 + Es-Dur op. 126,6
Melodia Eurodisc 74597 MK

Brahms Klavierkonzert Nr. 2 B-Dur op. 83
(Chicago Symphony Orchestra, Erich Leinsdorf)
RCA Victrola VICS 1563

Brahms Quintett für Klavier u. Streichquartett
f-Moll op. 34 (mit Borodin-Quartett)
Melodia-Auslese 78 435 ZK

Chopin Ballade Nr. 4 f-Moll op. 52 + Etüden
Nr. 1 C-Dur op. 10,1 + Nr. 2 c-Moll op. 10,2
+ Polonaise Nr. 7 As-Dur op. 61 — Debussy
Estampes — Skrjabin Klaviersonate Nr. 5 Fis-
Dur op. 53
DG 138849

Liszt Klavierkonzerte Nr. 1 + 2 (London Symphony Orchestra, Kyrill Kondraschin)
Phonogram 835474 LY

Prokofieff Klavierkonzert Nr. 1 Des-Dur op. 10
— Rachmaninow Klavierkonzert Nr. 1 fis-Moll
op. 1 (Moskauer Staatsphilharmonie, Kyrill Kondraschin)
Melodia-Eurodisc 74807 KK

Rachmaninow 6 Préludes aus op. 23 + 7 Préludes aus op. 32
Melodia Eurodisc 85744

Rachmaninow Klavierkonzert Nr. 2 c-Moll op.
18 (Leningrader Philharmonie, Kurt Sanderling)
— Prokofieff Klaviersonate Nr. 7 B-Dur op. 83
Melodia-Auslese 80553 ZK

Rachmaninow 10 Préludes aus op. 23 u. op. 32
+ Novelletten op. 21: Nr. 1, 2, 8
CBS 72450

Schubert Klaviersonate a-Moll op. 42 D. 845 +
Impromptu Nr. 2 Es-Dur op. 90,2 D. 899
Monitor 2027 (USA)

Schubert Klaviersonate D-Dur op. 53 D. 850
Monitor 2043 (USA)

Schumann Humoreske op. 20 (!) — Franck Präludium, Choral und Fuge
Monitor Collectors Series MC 2022

Schumann Fantasie C-Dur op. 17 — Beethoven
Sonate Nr. 17 d-Moll op. 31,2
Electrola SME 80776

Schumann Marsch Nr. 2 g-Moll op. 76,2 +
Waldszenen op. 82 + Sechs Stücke aus Fantasie-
stücke op. 12
DG LPM 18355

Schumann Faschingsschwank aus Wien op. 26
+ Papillons op. 2 + Klaviersonate Nr. 2 g-
Moll op. 22
EMI SME 80737 — Angel S 36104 (USA)

Schumann Symphonische Etüden op. 13 + Beethoven Klaviersonate e-Moll op. 90
Melodia-Eurodisc 85742 MK (NE)

Schumann Bunte Blätter op. 99 — Brahms Aus
Sechs Klavierstücke op. 118: Nr. 1, 3, 6
Melodia Eurodisc 85743 MK (NE)

Schumann Allegro appassionata und Introduction
G-Dur op. 92 + Novellette F-Dur op. 21,1 +
Toccata C-Dur op. 7 + Klavierkonzert a-Moll
op. 54 (Nationalphilharmonie Warschau, Stanis-
law Wislocki)
DG 138077

Tschaikowski Große Sonate G-Dur op. 37 +
Schubert Impromptu As-Dur op. 142,2 D. 935
Melodia-Auslese 78347 ZK

Svjatoslav Richter at Carnegie Hall, October
19th, 1960: Beethoven Klaviersonaten Nr. 3 C-
Dur op. 2,3 + Nr. 7 E-Dur op. 14,1 + Nr. 22
F-Dur op. 54 + Nr. 12 As-Dur op. 26 + Nr. 23
f-Moll op. 57 (Appassionata)
CBS 72449 + 72023

HANS RICHTER-HAASER

Beethoven Diabelli-Variationen op. 120
Seraphim S-60027 (USA)

Brahms Klavierkonzert Nr. 2 B-Dur op. 83
(Berliner Philharmoniker, Herbert von Karajan)
EMI 1 C 053-01973

CHARLES ROSEN

Beethoven Klaviersonaten Nr. 27 e-Moll op. 90
+ Nr. 29 B-Dur op. 106 (Hammerklavier)
CBS 61173 (UK)

Beethoven Klaviersonaten Nr. 30 E-Dur op. 109
+ Nr. 31 As-Dur op. 110
CBS 61172 (UK)

ARTHUR RUBINSTEIN

Beethoven Klavierkonzert Nr. 1 C-Dur op. 15 (Symphony of the Air Orchestra New York, Josef Krips)
in der Gesamtaufnahme RCA Victor LSC - 6702

Beethoven Klavierkonzert Nr. 3 c-Moll op. 37 (NBC Symphony Orchestra, Arturo Toscanini) (+ Rudolf Serkin als Interpret des G-Dur-Konzertes)
RCA VRA 2017

Beethoven Klavierkonzert Nr. 3 c-Moll op. 37 (Symphony of the Air Orchestra New York, Josef Krips)
in der Gesamtaufnahme RCA Victor LSC - 6702

Beethoven Klavierkonzert Nr. 5 Es-Dur op. 73 (Symphony of the Air Orchestra New York, Josef Krips)
in der Gesamtaufnahme RCA Victor LSC - 6702

Beethoven Klaviersonate Nr. 3 C-Dur op. 2,3 + Klaviersonate Nr. 23 f-Moll Nr. 57 (Appassionata)
RCA LSC 2812-B

Beethoven Klaviersonate Nr. 8 c-Moll op. 13 (Pathétique) + Klaviersonate Nr. 23 f-Moll op. 57 (Appassionata)
RCA LSC 4001

Beethoven Klaviersonate Nr. 8 c-Moll op. 13 (Pathétique) + Klaviersonate Nr. 14 cis-Moll 27,2 (Mondschein-Sonate) + Klaviersonate Nr. 26 Es-Dur op. 81 a (Les Adieux)
RCA LM LSC 2654

Beethoven Klaviersonate Nr. 18 Es-Dur op. 31,3 + Klaviersonate Nr. 21 C-Dur op. 53 (Waldstein-Sonate)
RCA LM - 2311 - C

Beethoven Sonate Nr. 5 für Violine und Klavier F-Dur op. 24 + Sonate Nr. 9 für Violine und Klavier A-Dur op. 47 (mit Henryk Szeryng)
RCA LSC 2377 - B

Brahms Klavierkonzert Nr. 1 d-Moll op. 15 (Chicago Symphony Orchestra, Fritz Reiner)
RCA LM - 1831

Brahms Klavierkonzert Nr. 2 B-Dur op. 83 (Boston Symphony Orchestra, Charles Münch)
RCA LM - 1728

Chopin Klavierkonzert Nr. 1 e-Moll op. 11 (New Symphony Orchestra London, Stanislaw Skrowaszewski)
RCA LSC 2575-B; RCA RK 11525/1-2

Chopin Klavierkonzert Nr. 2 f-Moll op. 21 (Philadelphia Orchestra, Eugene Ormandy)
RCA LSC 3055 B

Chopin Klaviersonate Nr. 2 b-Moll op. 35 + Klaviersonate Nr. 3 h-Moll op. 58
RCA LSC 2554-B; LSC 3194

Chopin Scherzi Nr. 1-4 (!)
RCA LSC 2368 - B

Chopin Balladen Nr. 1-4
RCA LSC 2370 - B

Chopin Préludes op. 28 (!)
RCA LM 1163 (USA) + RB 16110 (UK)

Grieg Klavierkonzert a-Moll op. 16 (RCA Symphony Orchestra, Alfred Wallenstein) — Rachmaninow Klavierkonzert Nr. 2 c-Moll op. 18 (Chicago Symphony Orchestra, Fritz Reiner)
RCA RK 11513/1-2

Liszt Sonate h-Moll + Schubert Wanderer-Fantasie op. 15
RCA LSC 2871-B

Mozart Klavierkonzert Nr. 21 C-Dur KV 467 + Klavierkonzert Nr. 23 A-Dur op. 481 (RCA Symphony Orchestra, Alfred Wallenstein)
RCA LSC 2634

Mozart Klavierkonzert Nr. 24 c-Moll KV 491 (Orchester unter Josef Krips) + Rondo a-Moll KV 511
RCA LSC 2461

Schumann Carnaval op. 9 + Fantasiestücke op. 111
RCA LSC 2669 - B

Tschaikowski Klavierkonzert Nr. 1 b-Moll op. 23 (Minneapolis Symphony Orchestra, Dimitri Mitropoulos)
RCA LM 1028

Arthur Rubinstein spielt in der Carnegie Hall: Debussy La Cathédrale engloutie + Poissons d'or + Hommage à Rameau + Ondine — Symanowsky 4 Mazurken op. 50 — Prokofieff 12 Visions fugitives aus op. 22 — Villa-Lobos Prole do Bébé
RCA LSC 2605-B

Arthur Rubinstein spielt im Oktober 1964 in Moskau: Chopin Barcarolle Fis-Dur op. 60 + Nocturne Nr. 8 Des-Dur op. 27,2 + Etüden Nr. 17 e-Moll op. 25,5 (!!) + Nr. 4 cis-Moll op. 10,4 + Impromptu Nr. 3 Ges-Dur op. 51 — Debussy Ondine — Villa-Lobos Prole do Bébé
USSR Records Firm Melodiya 014969–14970 (a)

RUDOLF SERKIN

Beethoven Klaviersonaten Nr. 8 (Pathétique) + Nr. 14 (Mondschein) + Nr. 23 (Appassionata)
CBS 72148

Beethoven Konzerte für Klavier und Orchester Nr. 1–5 + Fantasie für Klavier, Chor und Orchester c-Moll op. 80 (Philadelphia Orchestra, Eugene Ormandy, New Yorker Philharmoniker, Leonard Bernstein)
CBS S 77407

Beethoven Diabelli-Variationen op. 120
CBS CML - 5246

Beethoven Sonaten für Cello und Klavier Nr. 3 A-Dur op. 69 + Nr. 4 C-Dur op. 102,1 (mit Pablo Casals)
Columbia SL - 201 ML 4878

Beethoven Sonaten für Cello und Klavier Nr. 1 F-Dur op. 5,1 + Nr. 5 D-Dur op. 102,2 (mit Pablo Casals)
Columbia SL - 201 ML 4876

Brahms Klavierkonzert Nr. 1 d-Moll op. 15 (Philadelphia Orchestra, Eugene Ormandy)
CBS 72017

Brahms Klavierkonzert Nr. 2 B-Dur op. 83 (Philadelphia Orchestra, Eugene Ormandy)
CBS BRG 72003

Mozart Klavierkonzert Nr. 17 G-Dur KV 453 + Klavierkonzert Nr. 25 C-Dur KV 503 (Columbia Symphony Orchestra, George Szell)
Fontana 699 011 CL

Mendelssohn-Bartholdy Capriccio brillante op. 22 — Schumann Introduktion und Konzertallegro op. 134 — Strauss Burleske d-Moll (Philadelphia Orchestra, Eugene Ormandy)
CBS 72 861

SOLOMON

Bach/Busoni »Wachet auf, ruft euch« — Scarlatti Sonate F-Dur L 334
His Master's Voice C. 3768 (78 pm)

Beethoven Klavierkonzert Nr. 2 B-Dur op. 19 (Philharmonia Orchestra, André Cluytens)
His Master's Voice BLP 1024

Beethoven Klavierkonzert Nr. 3 c-Moll op. 37 (Philharmonia Orchestra, Herbert Menges) + Klaviersonate Nr. 22 F-Dur op. 54
His Master's Voice ALP 1546

Beethoven Klavierkonzert Nr. 4 G-Dur op. 58
(Philharmonia Orchestra, André Cluytens) +
Klaviersonate Nr. 27 e-Moll op. 90
His Master's Voice XLP 3002

Beethoven Klavierkonzert Nr. 5 Es-Dur op. 73
(Philharmonia Orchestra, Herbert Menges)
His Master's Voice 1300

Beethoven Klaviersonaten Nr. 1 f-Moll op. 2, 1
+ Nr. 7 D-Dur op. 10,3
His Master's Voice ALP 1573

Beethoven Klaviersonaten Nr. 8 (Pathétique)
+ Nr. 14 (Mondschein) + Nr. 26 (Les Adieux)
EMI Regal 1064

Beethoven Klaviersonaten Nr. 13 Es-Dur op.
27,1 + Nr. 31 As-Dur op. 110 (!!)
His Master's Voice ALP 1900

Beethoven Klaviersonaten Nr. 17 d-Moll op.
31,2 + Nr. 23 f-Moll op. 57 (Appassionata) (!)
RCA Victor LM - 1964

Beethoven Klaviersonate Nr. 21 C-Dur op. 53
(Waldstein) — Schumann Carnaval op. 9
EMI HQM 1077

Beethoven Klaviersonaten Nr. 28 A-Dur op. 101
+ Nr. 29 B-Dur op. 106 (Hammerklavier)
EMI I C 047—01936

Beethoven Sonaten für Cello und Klavier Nr. 1
F-Dur op. 5,1 + Nr. 2 g-Moll op. 5,2 + Nr.
3 A-Dur op. 69 + Nr. 4 C-Dur op. 102,1 +
Nr. 5 D-Dur op. 102,2 (mit Gregor Piatigorsky)
RCA Victor LM 6120—3

Brahms Rhapsodie g-Moll op. 79,2 (!) + Intermezzo b-Moll op. 117,2
His Master's Voice C. 3406 (78 pm)

Brahms Variationen und Fuge über ein Thema
von Händel op. 24
His Master's Voice C. 3301—3303 (78 pm)

Brahms Klavierkonzert Nr. 1 d-Moll op. 15
(Philharmonia Orchestra, Rafael Kubelik)
His Master's Voice LHMV 1042

Brahms Klavierkonzert Nr. 2 B-Dur op. 83
(Philharmonia Orchestra, Issay Dobrowen)
EMI XLP 30093

Grieg Klavierkonzert a-Moll op. 16 — Schumann
Klavierkonzert a-Moll op. 54 (Philharmonia
Orchestra, Herbert Menges)
EMI I C 053—00154

Haydn Klaviersonate D-Dur
His Master's Voice C. 3494 (78 pm)

Haydn Klaviersonate Nr. 35 C-Dur — Mozart
Klaviersonate Nr. 11 A-Dur KV 331 — Schubert
Klaviersonate A-Dur D. 664
EMI XLP 30053

Mozart Klavierkonzerte Nr. 23 A-Dur KV 488
+ Nr. 24 c-Moll KV 491 (Philharmonia Or-
chestra, Herbert Menges)
His Master's Voice ALP 1316

Schubert Klaviersonaten A-Dur D. 664 + a-
Moll D. 784
His Master's Voice ALP 1901

DINORAH VARSI

Schumann Klaviersonate Nr. 2 g-Moll op. 22 +
Kreisleriana op. 16
Phonogram 802908 LY

ANDRÉ WATTS

Brahms Klavierkonzert Nr. 2 B-Dur op. 83
(New Yorker Philharmoniker, Leonard Bern-
stein)
CBS 72688

Chopin Klavierkonzert Nr. 2 f-Moll op. 21
(New Yorker Philharmoniker, Thomas Schippers)
— Liszt Klavierkonzert Nr. 1 Es-Dur (New Yor-
ker Philharmoniker, Leonard Bernstein)
CBS 72570

Register